"融媒体研究丛书"
受四川大学"985工程"
经费资助

U0464034

"融媒体研究丛书"编委会

丛书主编　蒋晓丽

编委会主任　蒋晓丽

编委会委员　陈华明　黄顺铭

　　　　　　肖尧中　曹漪那

　　　　　　杨　珊

▶ 融媒体研究丛书 ◀

丛书主编　蒋晓丽

变迁与革新：

传播格局演进下的媒体效果实证研究

Change and Innovation:
Empirical Studies of Media Effect under the
Evolution of Communication Pattern

王　迪　夏晓非　方璘琰　叶　茂　著

四川大学出版社

图书在版编目（CIP）数据

变迁与革新：传播格局演进下的媒体效果实证研究 / 王迪等著 . — 2 版 . — 成都：四川大学出版社，2024.4
（融媒体研究丛书 / 蒋晓丽主编）
ISBN 978-7-5690-6650-0

Ⅰ . ①变… Ⅱ . ①王… Ⅲ . ①传播媒介—研究 Ⅳ . ① G206.2

中国国家版本馆 CIP 数据核字（2024）第 044260 号

书　　　名：变迁与革新——传播格局演进下的媒体效果实证研究
　　　　　　Bianqian yu Gexin——Chuanbo Geju Yanjin xia de Meiti Xiaoguo Shizheng Yanjiu
著　　　者：王　迪　夏晓非　方璘琰　叶　茂
丛 书 名：融媒体研究丛书
丛书主编：蒋晓丽

选题策划：张伊伊
责任编辑：张伊伊
责任校对：罗永平
装帧设计：墨创文化
责任印制：王　炜

出版发行：四川大学出版社有限责任公司
　　　　　地址：成都市一环路南一段 24 号（610065）
　　　　　电话：（028）85408311（发行部）、85400276（总编室）
　　　　　电子邮箱：scupress@vip.163.com
　　　　　网址：https://press.scu.edu.cn
印前制作：四川胜翔数码印务设计有限公司
印刷装订：成都金龙印务有限责任公司

成品尺寸：148 mm×210 mm
印　　张：10.5
插　　页：2
字　　数：314 千字

版　　次：2020 年 6 月 第 1 版
　　　　　2024 年 6 月 第 2 版
印　　次：2024 年 6 月 第 1 次印刷
定　　价：55.00 元

本社图书如有印装质量问题，请联系发行部调换

扫码获取数字资源

四川大学出版社
微信公众号

版权所有 ◆ 侵权必究

总　序

　　随着新媒介技术的迅猛发展，传播媒介的融合已是必然之势。以移动互联网为代表的融媒体，在不断撼动传统媒体地位的同时，也正在塑造着全新的融合性传播生态。在这个新的传播生态中，不仅各类媒介以移动互联网为平台实现了有机融合与再造，各家媒体集团也在理念和业务领域实现了多元融合的转向。与此同时，大数据技术和人工智能技术的强势来袭，也使当前的融合性传播生态不断呈现出泛媒介化和智媒介化的发展趋势。受此影响，社会系统的运行、人的认知与行为以及人与社会、人与自然之间的相互作用都在发生着深刻的变化，呈现出越来越浓厚的融媒介化的烙印。

　　毋庸置疑，传播领域发生的这一系列变革不仅颠覆了传统的传播格局，同时也正在改变和重塑人类社会的方方面面。这个聚合裂变带来的各种问题也成为错综复杂、融汇纠结的世纪难题，无论是学界还是业界都必须应对由此而至的严峻挑战。因此，系统而深入地探讨融媒介背景下新闻传播业发展的现状及趋势，聚焦融合性传播生态下新闻传播面临的各类问题和矛盾，关注融媒介革命对社会的重大作用和深刻影响等具有较高的学术价值和时代意义。

　　融媒体研究丛书由四川大学蒋晓丽教授组织和指导，汇聚十余位新闻传播学领域的青年学者，从融媒介的技术发展趋势入手逐渐深入，选取近年备受关注的媒介研究视角，结合社会学、心理学、经济学、伦理学、符号学等诸多学科，从互联网站传播、网络民意表达、传播伦理、社交媒体、传播的符号化等方面论述与研究融合性的媒介、媒体生态系统，探求传统媒体与新媒体的互动合作以及媒介融合发展的新态势。

本套丛书以综合、立体、动态的系统思维指导研究，采用质性研究与量化研究相结合的研究方法，从宏观视角切入、微观视角深化，力图打破传统的媒介融合研究壁垒，对融合性媒介及融合性媒体在各个方面的实践进行系统的探讨。此外，本套丛书还将紧密结合大数据的时代背景，探究全新的技术条件下，融合性媒介及融合性媒体发展的新规律和新样态，从而为媒介融合的发展打下坚实的理论基础，以期能有效地指导媒体业务发展。

融媒体研究丛书由四川大学"985 工程"经费资助出版，其作为新闻传播学跨学科研究的著作，适合高校修习新闻传播和与之相关跨学科课程的博士、硕士研究生及高年级本科生作为教辅使用；此外，本丛书多元化的选题、系统深入的理论分析与案例研究，同样适合新闻传播学和社会科学研究方面的其他理论工作者阅读。丛书主编、编委会委员以及各位作者力求将研究做到全面、系统、细致、深入，如有未尽之处，也敬请各位读者批评指正。

丛书主编：蒋晓丽

2016 年 10 月 25 日

前　言

当今世界，信息革命加速演进，舆论生态、媒体格局、传播方式发生深刻变化。以大数据、人工智能、移动互联网、云计算等为代表的前沿技术，通过对用户浏览页面、停留时间、访问频次、内容偏好、价值取向等信息进行撷取、管理和处理，实现了新闻数据的实时备份、挖掘分析、智能推送等功能，对媒体的传播效率、传播效果、传播效用产生了重要影响，使信息传播格局一再发生变化，不断变迁。新闻传播格局的演进与革新，促使信息生产和传播机制呈现新特点，网民个体的自生产、再传播成为普遍行为。国际国内、线上线下、虚拟现实、体制内外等界线的愈益模糊，促进了越来越复杂网络环境的形成，使传播行为具有自发性、突发性、公开性、多元性、冲突性、匿名性、无界性、难控性等特点。

面对这样的传媒语境，媒体在其中发挥着怎样的作用，如何产生影响，这些作用与影响有何新特征等问题，既是对业界传媒生态的回应，也是学界研究不能回避的若干方面。正是在这一背景下，《变迁与革新：传播格局演进下的媒体效果实证研究》一书逐步酝酿成型。本书试图以实证的研究方法来分析不同新型媒体的传播效果，探索传播格局演进下新型媒体的效用机制，据此解读移动互联网时代传播效果的新问题，并提出新思考。

本书分为五章。绪论探讨的是全媒体背景下传统媒体与新型媒体面临的困境与挑战，并从传播效果的角度出发，采用实证的研究方法对新型媒体的四个案例对象进行分析与思考。之所以将这一问题放在本书的开篇之处，是因为在当前智能化生态格局下，新旧媒体的转型与变革是适应媒介融合发展的必然趋势，传统媒体无时无刻不受到技术变革的挑战与海量信息的冲击；受众阅读方式的转变与新闻娱乐化的趋势，使得新型媒体也应该深思同质化现象与技术的双面效应，高度重视对于新型媒体的监管规范与伦理问题等。从新型媒体的个案出发，综合考评其传播效果，为当前媒体发展形势提供建设性的分析和思考，是本章关注的重点。

本书第一章以网络学术社区小木虫论坛为研究对象，借用动机理论、技术接受模型等理论视角来研究人文社科研究人员在小木虫论坛的使用行为，考察用户使用动机与使用粘度之间的关系，目的在于总结与梳理当下网络学术社区的生存状况，并为其未来的不断壮大提供可行性的思考与建议，同时充分发挥网络学术社区的功能，在发挥学术资源交流功能时提供更纵深的社交功能以引导信息交换。

本书第二章以微信运动为研究对象，引入技术接受模型，探究大学生微信运动使用意向与行为的影响因素，并进行实证分析，以期在拓展技术接受模型应用范围的同时，对大学生微信运动的使用意向与行为做出一个很好的解释，从实践的角度提出针对微信运动的可行的运营建议和推广策略，使其更好地满足用户需求，并引导大学生正确看待和使用微信运动，培养大学生的新媒体素养。

本书第三章以图解新闻为研究对象，基于使用与满足理论的视角，采取实证研究路径，分析图解新闻阅读行为背后受众从媒介期待到新闻接触，再到各类需求得以满足的过程，以期为新闻从业者的图解新闻生产实践提供理论引导，从而提升图解新闻作品的传播效果。

本书第四章主要以赛博空间为研究对象，将新媒体的灾难新闻报道和百科词条书写作为主要的研究视角，探寻在赛博空间这一场域下，关于汶川地震灾难的新媒体报道议程与记忆书写的系列竞争和对话。

本书第五章是对于前四章关于新型媒体的具体研究的结论与反思，从而为网络学术社区、微信运动、图解新闻与赛博空间提出一系列具有可行性的建议，对相关研究发现进行更立体、综合的研判，以期为新型媒体应对变革的传播格局提供借鉴与参考。

　　本书从上述内容出发，对移动互联网时代的媒体传播效果做出全方位解读——从网络学术社区到微信运动、图解新闻再到赛博空间，多角度扫描不同性质的新型媒体如何在剧烈变化的传播格局中生产、传播信息，抓取用户；从实证为主的研究方法出发，将其他学科的理论和方法及其影响系统与新闻学、传播学结合起来考察，在学理讨论及对策应用层面尽可能覆盖研究话题的广度和深度，以完善当下传播效果的研究体系。

　　大数据凭借其海量信息、用户互动、超文本传播等技术优势，尤其是 5G 网络的诞生和基于这一网络的移动新型媒体，让信息生产和传播的各构成部分之间紧密交织，相互影响，协同发展，这对传播效果的再研究具有重要意义。如何在媒体融合进程中实现媒体传播效果的优化与升级，促成全媒体的立体化传播成为重点、难点。习近平总书记曾明确阐释了"全媒体"概念，认为全媒体不断发展，出现了全程媒体、全息媒体、全员媒体、全效媒体，信息无处不在、无所不及、无人不用，导致舆论生态、媒体格局、传播方式发生深刻变化，新闻舆论工作面临新的挑战。

　　互联网教父凯文·凯利（Kevin Kelly）曾说道："互联网是世界上最大的复印机……但是在新的经济形态里面，这样的复制品已经没有价值了。"生活在互联网世界中的我们，既在时刻生产"复制品"，又在不断传播"复制品"。如何让生产的过程和传播的效果更加合理、科学，如何审视这个不断往复又螺旋上升的过程，正是我们需要正视的现实。

目　录

绪　论

在信息技术发展的今天，文化和社会秩序正经历着深刻的改变，人们的社会经验也随着媒体形态的变化而变化。马歇尔·麦克卢汉（Marshall McLuhan）提出了"媒介即讯息"，这对社会而言，意味着真正有意义的信息不是特定时代媒体所传播的系列内容，而是媒体的特点以及媒体将会带来的变化。① 通过回顾全球的新闻传播史可以发现，没有一种媒介能够独立存在，借用保罗·莱文森（Paul Levinson）在他的著作《人类历程回放：媒介进化论》提出的媒介进化规律"人性化趋势"② 一说，新旧媒介的演化、更迭之态势不可抵挡，媒介融合是全媒体时代媒介发展的必然趋势。

因此，在全媒体的背景下，智能化传播生态格局对于传统媒体的转型出路提出了进一步的要求；而在"万物皆媒"的今天，新媒体也要适应社会环境的变化。媒体变革正在发生并愈加深化。传统媒体与新媒体要认真识变、主动应变、变中求新、积极融合。显然，无论是传统媒体还是新型媒体都面临着来自各个方面的挑战和冲击，来自行业内部的"内卷化"现象与来自其他行业的高强度竞争，使传统媒体与新型媒体作为社会组织中的一员亟须提升专业化程度，加强传播效果，扩大社会影响力。

本书从传播效果出发，利用实证的研究方法，选取新型媒体中的

---

① 喻国明. 社会舆情演变的特点及机制［J］. 人民论坛，2015（12）：64—65.

② 保罗·莱文森. 人类历程回放：媒介进化论［M］. 邬建中，译. 西南师范大学出版社，2017.

四个案例对象，采取量化方法对研究对象进行文献梳理、研究设计、数据分析与讨论，对研究发现进行更为深入的思考和更立体、综合的研判。以个案为立足点，分析新型媒体在媒介融合进程中所呈现出的样态、面临的问题，尝试性地提出可行性思考，以期为以后的媒体融合研究提供参考。

第一节　传统媒体之困局

随着时代的变迁，大众的新闻资讯阅读行为背后，不仅仅是基于新闻资讯的环境监测功能，触发新闻资讯阅读行为的动机也日益多样化。根据伊莱休·卡兹（Elihu Katz）和布鲁姆勒（Blumler）提出的"社会因素＋心理因素→媒介期待→媒介接触→需求满足"的媒介接触过程，大众在选择使用某种媒介时，其需要满足的需求，并非是一致、恒定不变的。社会条件的变迁和个人特性因素交织在一起，共同影响着每个受众的媒介接触需求。在当今庞大的信息洪流中，传统媒体如何使其新闻报道获得更广大的受众群体，增强其传播效果，其实就是如何应对新的社会形势带来的诸多挑战，如何满足新的时代背景下受众的多样化需求问题。

社会条件的变迁与受众需求的转变，主要体现在如下几个方面。

一、技术革新的挑战

首先，网络传输技术的飞速发展，以及 PC、移动设备的日益普及，对传统媒体带来了极大的冲击。网络传输技术的飞速进步，带来网络新闻的蓬勃发展，传统媒体的新闻报道在信息传播的时效性上，逐渐处于劣势。与报纸、杂志相比，网络新闻的实时性、动态更新，以及参与式新闻的蓬勃发展，都对传统媒体的新闻报道形成了巨大的挑战。从 Web 1.0 到 Web 3.0，技术的革新催生了一系列论坛、博客、空间、微信、微博、新闻客户端的出现，一步步影响着传统媒体的新闻报道方式。

同时，移动通信设备的变革与普及，也正在逐渐改变大众的新闻阅读习惯。与电脑、移动通信设备相比，传统的报刊所承载的信息量极为有限，通过电脑、手机、平板电脑等设备阅读新闻资讯，在大众的新闻阅读行为中已经成为常态。因此，即便传统媒体有着专业的新闻采编团队和优质的内容，能够进行深度调查报道，但若不顺应时代变迁，也难免陷入危机与困境。

所以，从第二代移动通信技术发展至今，无论是手机报、新闻门户网站、数字化报刊，还是日益重视"两微一端"信息发布的传统媒体，都是传统媒体应对技术变革所带来的挑战的体现。而在新闻报道方式上，从最初的文字报道加新闻照片的形式，再到图片新闻的发展，最终一步步催生出图解新闻的报道方式。图解新闻，是"在读图时代与大数据语境下应运而生的一种全新的新闻文体和报道样式，将新闻的主要内容及与其密切相关的事件以一定的逻辑关系整合并运用示意性图画构建出来的一种视觉性新闻"①。

二、"信息爆炸"的冲击

"信息爆炸"现象也对传统媒体形成了一定的冲击。对于新闻事实的传播而言，各类网络社区、微博、微信公号和新闻手机客户端，往往能在短时间内为大众提供海量的信息，而受众的注意力是有限的，必须在海量的信息中进行选择性阅读。如何与各类新型媒体抢夺受众的注意力，是传统媒体面临的一个重要挑战。

与微信、微博及其他资讯类手机客户端应用相比，传统媒体的文字、声音、图像报道，不仅在内容的时效性和生动性上存在不足，在媒介的易获取性上，也存在劣势。与报纸杂志相比，新型媒体往往依托移动智能设备，能够随时随地为用户提供各类资讯。而传统媒体所拥有的优势，则主要体现为专业的新闻采编能力和强大的公信力。如何使大众关注传统媒体提供的优质内容，是传统媒体亟须解决的问题。

---

① 陈功，周鹏. 图解新闻的传播特征、适用范围与发展趋势［J］. 当代传播，2015 (4)：100.

三、受众阅读习惯的转变

随着社会的发展，大众的生活节奏变快，在信息寻求过程中，其阅读行为日益呈现"碎片化"特征。碎片化阅读，不仅体现于阅读内容的碎片化，也体现于大众在阅读时间、阅读习惯上的碎片化特征。一方面，智能移动设备的普及和移动通信技术的发展，使人们能够随时随地阅读各类信息；另一方面，经济社会的发展与生活节奏的加快，使人们难以有足够的时间阅读报纸、杂志上的长篇报道和深度内容。如何通过简洁明了的形式，使受众在最短的时间内了解新闻资讯的核心信息，是传统媒体需要解决的一个问题。此外，与"碎片化阅读"相伴而来的，是阅读层次上的浅显化趋势，"浅阅读"成为大众阅读行为中的另一个重要特征。如何将传统媒体的深度新闻报道转化为受众容易理解的形式，是传统媒体需要解决的另一个问题。

四、新闻娱乐化趋势的蔓延

在新闻报道领域，愈演愈烈的娱乐化趋势也给传统媒体带来了一定的挑战。

根据使用与满足理论，社会条件和个人特性共同影响着受众的媒介接触需求。在社会条件方面，受消费社会的影响，追求轻松、娱乐的文化氛围日益浓厚，而对于受众个体而言，沉浸于娱乐至上的大众文化中，使得受众在使用媒介时，越来越注重其娱乐功能，即希望借助各式媒介来缓解当今快节奏社会带来的压力。无论是大众对各类娱乐八卦资讯的青睐，还是微博、短视频 App 等媒介形式的兴盛，都与传播领域的娱乐化倾向息息相关。往往当大众在移动设备上狂刷各类信息流时，接收资讯反而成为次要目的，通过使用此类媒介，他们希望能够打发时间、纾解压力，于此，媒介的娱乐功能得到凸显。

而在新闻传播领域，新闻的娱乐化趋势，也对媒体的传统报道方式形成了挑战。"这种消费的、闲暇的以'娱乐'为特征的文化氛围，影射到媒介传播中，必然要求放松的、愉快的、平民化的'娱乐化'

传播方式。"① 受新闻娱乐化倾向的影响，随之而来的是软新闻比例的上升，对资讯内容趣味性、故事性、人情味的追求。如何提升新闻的娱乐价值，是传统媒体面临的又一大问题。

时代背景的变迁改变了媒介技术和媒介形式，影响了受众的阅读习惯，同时也在潜移默化中影响受众的心理特性，由此在新闻阅读过程中，催生出新型的、多样化的需求，受众动机的改变则反过来影响传统媒体的报道行为，为图文融合、通俗易懂的图解新闻的兴盛带来了契机。因此，发展图解新闻这种独特的新闻报道方式，是传统媒体在新形势下应对困境的方式之一。

积极践行报纸的数字化，大力发展新闻媒介机构的"两微一端"，都是传统媒体面临挑战时的应对之策。在发展微信公号、微博和手机新闻客户端的过程中，除了将报刊的文字报道简单地转移至新媒体，对传统的新闻报道进行再度加工，也成为一个重要的发展方向。例如，财经新闻中存在着大量的数据，新闻从业者对其进行的文字性分析，对其受众而言往往显得格外枯燥，受众也通常没耐心阅读完整篇报道，而将数据加工、转化为图表，以图片的形式呈现，则更为生动、形象。在对传统文字报道的再加工过程中，通过线条、图表、漫画等元素，将传统文字报道转化为精美的图片，通过图文融合的方式，让受众在看图的过程中接收高度综合性的信息，是传统媒体争夺受众注意力，使自身的优质内容在信息洪流中脱颖而出的一种巧妙方式。

第二节　新型媒体之险境

互联网新技术的背景下，自 2003 年起，移动电视、网络、桌面视窗、数字电视、数字电影、触摸媒体等新型媒体迅速崛起并逐渐发展起来。新型媒体以新的技术支撑体系为基础，以电脑、手机和电视等为终端，以互联网、无线通信技术等为渠道，发展势头迅猛。当前

---

① 梅琼林. 解析新闻"娱乐化"倾向的成因 [J]. 新闻与传播研究，2006（1）：22.

新型媒体不仅包括网站、手机应用软件、网络论坛、博客、微博等形式，还包括即时通讯工具、网络直播等形式，向社会公众提供多元化的互联网新闻信息服务。[①] 目前我国新型媒体正处于快速发展的时期，新型媒体具有强大的影响力与市场前景，伴随着移动互联网、人工智能、大数据、可穿戴技术、VR 技术、AR 技术等的不断升级，新型媒体面临着自身产业升级与外部行业压力的双重难关，同时，新型媒体的泛娱乐化、大众化、多元化、低门槛等特点，诱发了一系列相关问题，这要求新型媒体正确认识相关的风险。

一、同质化现象突出

某种程度上，新型媒体对技术的依赖甚于传统媒体对技术的绝对性需要，而新型媒体所依托的互联网技术正在飞速普及，受众能够借助技术的便利条件成为内容的生产者和传播者，诚然，这在一定意义上扩大了信息的生产和流动范围，不过，受众显然和专业的信息生产者、传播者（媒体）存在不同，因而，泛滥的技术优势扩大了受众信息生产、传播的权利和能力，容易导致信息生产的同质化现象，这同样会对传播效果带来更具破坏性的影响。另外，由于新型媒体正处于扩张之势，很多媒体运营者刻意追求市场红利，出于成本和效率的考虑，在选题、组稿、设计、推广、营销等各个环节降低标准，不以优质原创内容为运营目标，盲目跟风，重复生产，导致传媒市场流通的媒介产业内容呈现明显的同质化状况。这种同质化并不是基于良性的商业竞争机制而产生的，而是由于部分新型媒体既没有有效承担起经济功能又没有兼顾社会功能这一核心要求而导致的。长此以往，这势必影响整体新型媒体市场的发展乃至波及整个传媒环境，需要引起足够重视。

---

① 谭天，方洁，李易阳. 2017 年度新兴媒体发展状况综述 [J]. 新闻爱好者，2018
(8)：50—54.

二、技术的双面效应

从媒介环境学派的观点来看，技术对人、社会、文化的影响是深刻的。同样，依托技术而成长起来的新型媒体面临着技术的风险。技术的发展推动着新型媒体的更新、进步，但技术是一把双刃剑，如果新型媒体不恰当地应用技术，可能会造成一些复杂的社会问题。某些新型媒体作为聚合分发的重要信息平台，其采用的智能算法技术引发争议，因为算法背后体现的是人的意志，渗透了设计者、操作者、传播者的价值观，这种所谓的智能推荐机制迎合了公众的口味，公众也会习惯性地被自己的兴趣所引导而自我固化形成"信息茧房"，这其实违背了以互联网技术为代表的新信息技术想要传递给受众的媒介理念——信息更开放、传播更自如、表达更自由。"信息茧房"的形成不仅仅对受众个人的心理状态带来负面效应，甚至会影响现代和谐社会所提倡的价值理念的实现——团结、友善、平等、民主等，一旦在社会不同圈层和群体形成不同程度、性质的"信息茧房"，将会对社会的长足健康发展产生不小的阻力。而且由于市场竞争的压力与经济利益的驱动，公众会经常性地被推送机制反复推送商业广告、广告新闻等，新型媒体与新技术对消费主义的产生和发展起了推波助澜的作用。

三、监管力度缺乏

不同于完备的传统媒体的管理、监督的法律法规，新型媒体面临着监管不严的风险。目前，我国新型媒体普遍存在没有牌照或借用牌照经营的情况，由于缺乏监管、相关体制不健全，谣言、虚假信息、恶意信息等可能会被随意散播，在社会中造成极差的舆论影响，这样的例子不胜枚举。2017 年，我国在法律法规层面对新型媒体的监管逐渐加强，《互联网新闻信息服务管理规定》《互联网论坛社区服务管理规定》等相关法律法规陆续出台，治理目标主要集中在监管对象、新型媒体平台信息发布许可、新型媒体平台及内容监管三方面。① 虽然相关法律法规逐渐走向完善，但仍有很多新型媒体游走在"灰色地带"，打"擦边球"，这种对行业规范和风气的破坏，势必会反作用于行业中的每个从业者和组织，进而影响新型媒体事业和产业的科学发展。

四、伦理边界模糊

和传统媒体相似的是，新型媒体传播同样面临伦理风险。新型媒体传播的迅捷性虽然方便了人们的生活，但由于国家监管不严、追惩不强等原因，新型媒体也易被利用来进行非法传播、"人肉搜索"等，而且新型媒体的发展容易使公众混淆私人空间与公共空间，因而新型媒体对个人隐私构成了一定的威胁；新型媒体传播当前的一个突出的问题是渠道过剩而内容不足，新型媒体的很多内容都并非原创而是源于其他作者或机构，新型媒体对于一些作品甚至不标明作者或其机构，内容产生的收益也不会与作者或其机构分享，这侵犯了作者的知识产权；新型媒体的发展对于信息的传播有利有弊，好处是公众能够更快地接触到更多更广的信息，坏处是一些媒体机构会更加追求传播的速度、效益而忽视信息的质量，从新闻传播的角度来看，有偿新闻、低俗新闻、不实新闻等抢占着公众的注意力，"事实第一性，新闻第二性"的新闻本源理念易被忽视。

总之，新型媒体的出现和高速发展给社会带来了众多变化和机遇，这些改变和进步影响着传媒生态中的每一个个体。但其背后也藏匿着诸多问题和挑战，同样会对传媒圈中的各个分子产生影响。如何在困局和险境中寻找突破？可寻觅的方法、路径多种多样，我们试图从受众角度出发，通过对传播效果的研究，直面这些挑战。

---

① 谭天，方洁，李易阳. 2017 年度新兴媒体发展状况综述［J］. 新闻爱好者，2018（8）：50—54.

第三节　传播效果再出发

传播效果研究是传播学研究中的重要组成部分，有关传播效果的研究成果颇丰，很多经典理论在传媒环境复杂多变的今天仍具有一定的阐释力和创新性。基于此，本书从新型媒体的具体个案出发，对其传播影响进行或横向或纵向的考察，综合考评其传播效果，为对应的媒体形态提供建设性的分析和思考。

一、学术社区新讨论

网络学术社区的人际传播以社区内不断完善的资源为基础，实质上是信息的交换，这种交换基于一定的需求，即动机。网络学术社区的信息交换存在一定规律，这个规律可以从多个维度进行阐释，从动机的角度讨论社区内用户自我需求的满足、用户之间的联系与互动，具有较强的现实价值。网络学术社区的用户使用动机与使用粘度之间的关系研究，一则能够对当下网络学术社区的生存状况进行总结与梳理，为其未来的不断壮大提供可行性的思考与建议；二则能够充分发挥网络学术社区的功能，在发挥学术资源交流功能的同时提供更纵深的社交功能，引导信息交换。

技术接受模型是由弗雷德·戴维斯（Fred Davis）教授在 1986 年率先提出，旨在探究人们对某一新兴信息技术的接受和使用行为，经过不断的发展，现已成为比较权威的模型。在当今平台整合与内容碎片化、爆炸化的时代，如何让网络学术社区成为强有力的社交平台，应该是当下运营者和使用者都需要思考的问题。引用技术接受模型，将网络学术社区的用户使用动机进行分类划分，基于以上语境，观察不同使用动机与使用粘度之间的变化，既是对技术接受模型实证研究的补充与肯定，也是借助网络学术社区这一研究对象，分析知识、技术等智力成果，发现交流平台的传播效果，从而促使学术信息的良性互动，为科研人员提供更加健全、完备的虚拟环境。

本部分将借用动机理论、技术接受模型等理论视角来研究人文社科研究人员在小木虫论坛的使用行为，以回答以下几个问题：用户为什么选择小木虫论坛而不是其他类似的网络社区平台？小木虫论坛的用户使用动机是什么？不同用户的使用动机是否相同？小木虫论坛用户的用户粘度如何？小木虫论坛的使用动机与用户粘度之间的关系如何？从而为网络学术社区的健康、合理发展提供更多可行性建议，进一步指出移动互联网时代网络群体中知识信息生产和传播的新变化，引发新思考。

二、微信运动新研判

技术接受模型被学界公认为目前计算机信息系统及其相关领域之中最为优秀的技术接受理论之一，从早期个人计算机、办公软件、电子邮件到电子商务等各类应用系统，技术接受模型已经被广泛应用到各类新技术的接受和使用研究中。[①] 目前关于微信运动的研究多为一些初步的质性研究，以现象描述或者简要综述为主，很少有从相关理论视角或者模型出发的实证研究。本部分研究从大学生的角度出发，引入技术接受模型，探究大学生微信运动意向与行为的影响因素并进行实证分析，以期在拓展技术接受模型应用范围的同时，对大学生微信运动使用意向与行为做出一个很好的解释。

根据斯图亚特·霍尔（Stuart Hall）的编码与解码模式，用户错误的运动观念与微信运动设计者的初衷相背离，属于一种对抗式的解码立场，这也对微信运动的长远发展造成了影响。本部分研究试图运用科学的研究方法，总结影响大学生微信运动意向与行为的因素，通过分析这些因素提出针对微信运动的可行的运营建议和推广策略，使其更好地满足用户需求，增强用户粘性，获得良好的用户口碑，实现其良性发展。因此，本部分研究对于引导大学生正确看待和使用微信运动与培养大学生的新媒体素养有着重要的意义。

---

① 吴茹双. 微信用户使用态度影响因素研究［D］. 上海交通大学，2013.

三、图解新闻新思考

图解新闻在网络新闻中日渐盛行，部分受众成员偏好图解形式，是出于哪种或者哪些使用动机？处在当下这个信息爆炸的时代，面对网络上庞大的信息洪流，受众需要不断去筛选信息，并缩小信息获取的成本，其媒介接触行为将越来越具有主动性。受众在阅读图解新闻时，并非没有其他形式的新闻报道可供选择，也就是说，其媒介接触行为具有高度主动性，那么，驱使阅读行为背后的心理动机是什么？这一问题尚未有研究者进行专门的实证研究。对于部分受众成员的图解新闻偏好，从使用与满足理论的视角去分析这一现象将具有重要意义。因此，本部分研究主要立足于使用与满足理论视角，结合前人在图解新闻这一研究对象上的既有研究成果，采取实证研究路径，去分析图解新闻阅读行为背后，受众从媒介期待到新闻接触，再到各类需求得以满足的过程。根据传播学家伊莱休·卡兹（Elihu Katz）等人的研究，受众接触媒介的动机可以划分为认知需求、情感需求、个人整合需求、社会整合需求、纾解压力需求五大类。那么，在图解新闻的阅读行为背后，有哪些动机与媒介接触行为存在关联，这些动机的影响强度差异如何？对于图解新闻阅读行为背后的接触动机，已有部分研究者进行了简要阐述，但并未通过实证数据对结论进行验证。而对于这些接触动机之间的影响力差异，则尚未有研究者进行探究。因此，对这些问题的实证探讨，成为本部分研究的主要目标。

随着网络信息技术的发展，大众的新闻资讯阅读行为在不断变化，了解其阅读心理和阅读需求的变动就显得愈发重要。因此，笔者希望通过本项研究去了解图解新闻阅读行为背后潜藏的诸多动机，以及受众的哪些使用需求通过图解新闻这种新型的新闻报道形式易于获得更高程度的满足，通过实证分析，为新闻从业者的图解新闻生产实践提供理论引导，从而提升图解新闻作品的传播效果，因而本研究具有一定的实践意义。同时，本研究也是对图解新闻相关研究的丰富与补充，本研究所得结论对于此后的图解新闻研究也将有一定的理论借鉴意义。

四、赛博空间新书写

赛博空间具备开放性、互动性、融合性等特点，"赛博空间"（cyberspace）这一词最早来源于加拿大作家威廉·吉布森（William Gibson）1982 年创作的科幻小说《融化的铬合金》（*Burning Chrome*），主要是指机器和人进行连接后所形成的中间空间。具体来说，"cyber"一词的词源是希腊语"kyber"，有航行的意思，在英语中代表信息技术。"cyber"与"space"结合起来主要代表一种人与非人体之间所形成的可互联互通的虚拟空间，随着数字技术的发展，这一定义被逐渐拓展，后来专门用以指代互联网空间。本部分以新媒体的灾难新闻报道和百科词条书写为主视角，探寻了赛博空间这一场域下汶川地震灾难的新媒体报道议程和记忆书写的竞争和对话。

当前新媒体在集体记忆的储存和传达中至关重要，其主要通过互动的方式来实现记忆的建构。新媒体环境下的灾难记忆仍然以"官方言说"为主流，但同时也可以看到更多的属于个体、民间的记忆建构议程。新媒体对个体的赋权为灾难记忆建构带来了参与式书写的可能性，进而与传统媒体生成的灾难记忆产生竞争和对话。"精英话语"和"平民话语"有显著分别，记忆公众并非均质的存在，且以自身文化、情感框架和政治诉求等来针对记忆书写进行编辑争夺。

本部分关于新媒体介质中的汶川地震灾难记忆的分析分为两大部分——灾难报道的议程设置和灾难书写。前者主要考察以新闻的形式来呈现的汶川地震在新媒体的传播视角和叙事方式中存在怎样的独特性，具备哪些不同于传统大众媒介的记忆议程特点等问题，力图在考察记忆议程之中凸显新媒体这一媒介与传统大众媒体的不同特性。对于后者的探讨，则利用百科词条在书写的叙事、时间、篇幅、编辑等方面的动态性互动，这些探讨发生在官方与民间的互动关系的分析背景之下，因此，有助于凸显 2008 年及其后数年中新媒体在灾难建构中所扮演的独特角色。

第一章　网络学术社区用户使用动机与用户粘度关系研究——以人文社科研究人员的小木虫论坛使用为例

第一节　研究缘起

一、研究背景

互联网对学术活动的影响自互联网诞生之日起就在逐渐加深。互联网的搜索、获取、分享等特征与学术活动交流、互动的需要能够产生深层次的联系，特别是移动互联网的出现，使得学术信息交流的环境发生了巨大的变化，通过网络来进行学术信息操作也得到越来越多的科研人员、学者们的青睐。从最初具有检索功能的学术网站、学术网络数据库如中国知网，到日益成熟的具有交流功能的网络学术社区，包括以学术讨论组、即时通讯（QQ学术群、MSN讨论群）、电子邮件、学术博客等为表现形式的线上学术社交网络群，这些网络学术社交平台为有共同研究兴趣和相关专业背景的学者们进行学术探讨、交流或资料共享拓宽了路径，为其从事学术研究、获取参考资料提供了重要渠道。国内的网络学术社区已有一定的影响和规模，既形成了如科学网、小木虫论坛这样的综合型学术虚拟社区，也形成了如丁香园、人大经济论坛这样的医学、经济学等专业信息获取和交流的社区网站，网络学术社区的价值已经得到了社会肯定。

然而，网络学术社区在经历初期的繁荣与发展后逐渐出现颓势，很难继续运营下去，究其原因，一方面是由于网络学术社区数量庞大、精品较少、同质化竞争严重等问题比较突出，缺乏特色，同时在版面中进行交流与讨论时，有时会产生时滞，实时交流功能有待完善①；另一方面则是由于新型社交平台的不断涌现，尤其是在当下的技术背景下，产生了互动性更强、垂直度更高、碎片化阅读线上学术社交平台，如学术网络聊天室、学术微信公众号、线上学术 App 等，这些以新技术为基础的社交平台相比较于网络学术社区在操作和互动的便捷上拥有更明显的优势，能够发挥网络社交开放多元、自主随意、平等广泛的特性，也就更能满足使用者的需要。

具体说来，曾经风靡一时的网络学术社区具有个性化色彩浓厚、精彩纷呈，内容新颖及时、前瞻性强，无私共享、思想自由开放，话题探讨互动性强、主题集中等方面的特色，但网络学术社区经历了井喷式的发展成熟后，一时间各类网络学术社区迭生，按照不同的分类标准可以将其进行不同性质的划分，这其中开始出现同质化现象，如在资料、信息的权威性，涵盖内容的全面性等层面呈现"短板"，无法完全满足不同门类、学科科研用户的需求，现有的网络学术社区无法从根本上实现按照用户身份细分的需要，精准地实现学术交流目的。同时目前的网络学术社区多实行匿名制注册使用，使"学术圈"门槛降低，不同于"精英学术"的民间"草根学术"迅速生长起来，成为学术领域的一道新的风景线。一方面，"草根"与"精英"的距离正在缩小，互动频繁，相互影响；但另一方面，两者之间存在着巨大差异，甚至经常发生对立和冲突。这对用户的使用体验造成一大挑战，基于用户行为分析的网络论坛管理也成为一个被广泛关注的论题。

除了上述网络学术社区自身存在的种种弊端外，新型社交平台如学术微信公众号的出现，对传统的网络学术社区的生存与发展也造成了一定的冲击。依托微信垂直化、碎片化的传播特性，学术公众号与

---

① 屈宝强. 网络学术论坛中的科研合作行为及其反思——"以小木虫"学术论坛为例 [J]. 科技管理研究，2010，(10)：215-217.

用户之间容易产生"强关系"。学术公众号依托熟人网络，进行小众传播，信任度和到达率更客观，从而传播有效性更高。相对于 PC 端的网络学术社区，手机是用户随时都会携带在身上的工具，借助移动端优势，微信学术公众号有更强的吸引力；同时相对于网络学术社区 App 版的形式，微信学术公众号由于不需要下载安装应用程序，便易度更高。目前的网络学术社区还不能在技术上完全实现富媒体形式，而学术公众号的社交不再限于文本传输，而是图片、文字、声音、视频的富媒体传播形式，更加便于分享用户的所见所闻。由此可见，网络学术社区中话题的形成与发展过程是在互动性的作用下，由少数人向多数人传播的过程，而学术公众号的话题是一对多、多对多的传播方式，更便于优化议题、参与方式等的设置，从而为科研人员提高主动推送、时时交流的服务。总之，网络学术社区在知识生产、信息传播领域所产生的作用离不开互联网本身的影响。互联网是一把双刃剑，互联网技术下的网络学术社区也不再是简单意义上的知识平台。

20 世纪 90 年代以来，基于海量信息、用户互动、超文本传播等技术优势，互联网迅速成为融大众传播、人际传播、群体传播于一体的新媒介，其巨大的传播潜能在整个世界掀起了一场狂飙突进的"新媒体革命"。3G 网络的诞生和基于这一网络的移动新媒体应用，让此次"媒介革命"不断大幅提速。马克·波斯特（Mark Poster）曾经在《第二媒介时代》一书中将网络出现之前的时期归纳为"第一媒介时代"，主要特征是由文化精英、知识分子等利用书籍、广播、报刊等进行自上而下的传播活动，以建立一个普遍适用的价值体系；而互联网出现后，各式各样的新媒体带来了"第二媒介时代"，开始消解传播中心，多元的话语中心影响社会，并鼓舞着每个参与者展现个人欲望与价值体系，人们用自己也无法想象的速度和影响力传播各式各样的内容，改变着整个世界。①

进入 4G 网络快速发展的大数据时代，人们的生产、生活活动与

---

① 马克·波斯特. 第二媒介时代［M］. 范静哗，译. 南京大学出版社，2005：10－11.

互联网这项技术的结合更加丰富、多元、立体。空间上，网络打破了人们沟通上的地域限制，彼此连接；时间上，网络突破了人们认知上的先后顺序，同时同步。网络一方面成为人们实现获取信息、学习社交、休闲娱乐等需求的重要工具；另一方面，网络新技术本身成为人们需求的重要部分，人们对于互联网的依赖程度越来越深。2017年1月22日，中国互联网络信息中心（CNNIC）发布第39次中国互联网络发展状况统计报告，该报告显示，截至2016年12月，中国网民规模达7.31亿，相当于欧洲人口总量，互联网普及率达到53.2%。中国互联网行业整体向规范化、价值化方向发展，同时，移动互联网推动消费模式共享化、设备智能化和场景多元化。

网络环境的日益完善、移动互联网技术的发展，各类移动互联网应用的需求逐渐被激发，移动互联网塑造的社会生活形态进一步加强。从基础的信息查询、娱乐沟通，到商务交易、网络金融，再到教育、医疗、交通等公共服务，移动互联网塑造了全新的社会生活形态，潜移默化地改变着网民的日常生活。互联网已经不可避免地成为人们的一种生活方式，移动互联网应用将更加贴近人们生活。

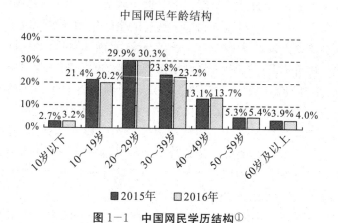

图1-1　中国网民学历结构①

---

① 参见 http://www. cnnic. net. cn/hlwfzyj/hlwxzbg/hlwtjbg/201701/t20170122 _ 66437. htm，2017—01.

　　围绕网络学术社区的传播效果这个主题进行讨论，就离不开使用网络学术社区的用户分类，其分类标准并不固定，如以用户观照的科学为划分背景，那么可以粗略地划分为人文社会科学（以下简称"人文社科"）类网络学术社区和自然科学类网络学术社区[①]，或是在同一社区中分为人文社科版块、自然科学版块两类。人文社科研究人员从事科学研究的目的、性质、方式等特点影响着其需要更多的平台来获取资源、分享成果、创新思维。而随着信息的发展与技术的进步，人文社科研究人员正逐步走出固有的学术圈子，迎合更广泛的社会环境，与更多有思想、学术追求的人群进行信息交换与分享，促成思想共识、价值共识，因而人文社科研究人员在网络学术社区中的使用更加频繁、互动更加活跃。

　　在目前有关网络学术社区的现状与未来的研究中，很少有学者将人文社科研究人员作为网络学术社区用户群体的主要研究对象，同时现有研究大多聚焦在网络学术社区用户间的链接关系、知识交流合作等；或是从理论层面上论证网络学术社区学术资源交流模式、学术资源共享行为、学术资源管理流程等。此外，还有少部分以网络学术社区内容为研究对象，研究其在知识交流中的作用等。而从动机理论出发，关于网络学术社区的心理诉求对使用行为的影响等方面的研究还比较缺乏。从动机的维度出发探析网络学术社区中用户的使用行为，从而研判网络学术社区的当下与未来，对于互联网如此发达的今天来讲，值得思考。

　　观照国内现存的网络学术社区，其中真正具有影响力的数量较少，并且主要应用于自然社会科学领域。对比国外运行不错的网络学术社区如德国的 Research Gate、美国的 Academia.edu 和英国的 Mendeley，国内的网络学术社区如小木虫论坛虽然经过近几年的快速成长，已经发展成为国内知名的综合性学术社区，用户群体庞大，但是国内网络学术社区在用户需求满足、用户多元体验、用户持续使

------

　　① 有关认知活动、科学划界标准、知识分类等基本理论问题的争议颇多，本研究不做深入梳理，仅以通识理解下人文社会科学的概念为全书所指。

用等方面与国外优秀的网络学术社区仍存在一定距离。究其原因，笔者试图从用户的使用动机入手，探析网络学术社区作为一项以新技术为支撑的新平台被用户接受和使用的程度，通过对用户使用动机与使用粘度之间的强弱关系来判定网络学术社区现存的主要问题，从而对国内网络学术社区的发展提出更多可行性的建议与对策。目前尚没有学者对其进行实证检验，因此，这些问题同样值得关注与研究。

二、核心概念界定

目前国内外对于网络社区的研究相对成熟，但对于这个核心概念的界定仍存在许多争议，许多学者基于不同的角度对之有着不同的理解。从目前广泛采用的对于网络学术社区概念的界定来看，网络社区是具有相同兴趣爱好的网民互相交流、共享资源的虚拟社区。[①] 笔者认为，网络社区是一群拥有特定兴趣、喜好、经验的人，或是学有专长的专业人士，通过各种形式组成一个社区，让参与该社区的会员彼此之间能借此进行沟通、交流和分享信息。[②]

自 20 世纪末，中国互联网发展迅速，从早期 PC 时代网络聊天室、论坛社区到移动互联时代微博、微信客户端，形成了不同意见表达和公共讨论的信息场域。[③] 这些场域在一定程度上都可以称为网络社区，但严格来讲，论坛社区无论从呈现样态、价值理念和操作方式等层面，都更接近和贴合网络社区的核心要义。因此，笔者在本章中探讨的网络社区是隶属其中的论坛社区这一类。当然，网络社区的概念也在常变常新。网络社区的内涵和外延也在不断发生着改变。百度贴吧、天涯论坛、豆瓣小组等都是网络社区的典型代表。随着近年来移动互联网的迅猛发展，网络社区的概念和内涵也进行着更迭变换。

本研究要考察的网络学术社区正是随着网络社区的发展而出现的

---

① 王秀丽. 网络社区意见领袖影响机制研究——以社会化问答社区"知乎"为例 [J]. 国际新闻界，2014（9）：48—52.

② 此概念是在综合多篇论文对网络社区内涵探讨的基础上整理得出的。

③ 沈阳，杨艳妮. 中国网络意见领袖社区迁移影响因素及路径分析 [J]. 国际新闻界，2016，（2）：7—10.

一种全新样式。在这一概念中，"社区"是手段，即综合了多种需求，如获取资源、交流互动、寻找合作伙伴等；"学术"是目的，即通过与不同用户互动的方式，通过社区达到为用户提供科研平台的目的。因此，综合众多对于网络社区和网络学术社区的概念界定，网络学术社区是指因研究或学习的需要，拥有共同兴趣爱好的人们，利用Blog、Wiki、BBS、新闻群组、聊天室和Email、贴吧、QQ、微信等软件，对一些学术问题、科研活动、学术会议等进行讨论，以对某一或某些专业领域的学术问题、科研活动、学术会议等以讨论、共享为目的，通过计算机网络进行互动来交流、学习和共享的群体。[①] 网络学术社区的内涵应该涵盖这个群体中的人员、人员之间交流的平台、相互之间交流所形成的知识及维系这个平台正常运转的"无形力量"，这样形成的一个网络虚拟环境有利于快速解决困扰研究者的学术问题，提高学习或研究效率。

三、研究案例选取

本研究将选择网络学术社区中的小木虫论坛，将其作为案例来考察网络学术社区用户使用动机与用户粘度的关系。小木虫论坛成立于2001年3月1日，是一个独立、纯学术、非经营性的免费个人论坛。该论坛一直致力于打造国内学术前沿站点，为中国学术研究提供免费动力，倡导学术的交流与共享。小木虫论坛已发展成为拥有会员近500万，日访问量将近30万，涵盖化学、化工、医药、生物、物理、材料、食品、理工、信息、管理、经济、统计、金融、外语、历史等10余个学科门类的专业性学术科研交流论坛。会员主要来自国内各大院校、科研院所的博硕士研究生，企业研发人员，拥有旺盛的人气、良好的交流氛围及广阔的交流空间，已成为聚集众多科研工作者的学术资源、经验交流平台。目前共有16个版区，论坛138个，累计主题数300多万，帖子数9000多万，平均每个主题被回复次数

---

① 此概念在综合多篇论文对网络学术社区内涵探讨的基础上整理而来。

28.12，平均每日新增帖子数 7211，注册会员 26881 个。①

访问时长（分钟）

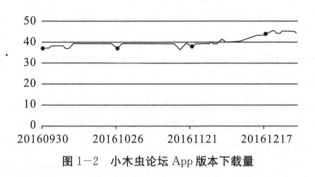

图 1-2　小木虫论坛 App 版本下载量

App下载量（次）

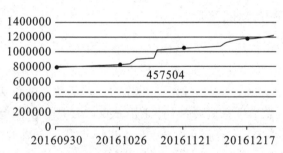

注：图中虚线数值为行业中位数

图 1-3　小木虫论坛注册用户人均访问时长

从图 1-2、1-3 中不难看出，小木虫论坛在同类网络学术社区中具有较好的口碑，交流方便、资源丰富、领域细分等优势为小木虫论坛吸引并稳定了一大批用户，并且随着线上 App 的开发与投入，小木虫论坛对受众的影响进一步加深，用户覆盖率不断提升。总体而言，对比其他网络学术社区，小木虫具有较完整的使用行为，可以作

① 统计数据来源于小木虫论坛，截至 2016 年 12 月 10 日。

为个案进行研究。

四、研究方法和研究思路

(一) 研究方法

本研究将采用社会科学研究方法中量化研究的方法。首先，会对有关网络社区、网络学术社区、动机理论、使用粘度和技术接受模型等相关方面的文献进行梳理和评价，总结现有的国内和国外研究现状。其次，在文献梳理总结的基础上，提出本研究的研究模型和研究假设。再次，在技术接受模型的基础上，完成变量测量和问卷设计工作，通过问卷调查的方式，发放问卷、回收问卷，搜集整理数据。最后，采用 SPSS 20.0 统计分析软件对数据进行统计分析，并验证假设，最终得出研究发现。根据研究发现对选题进行讨论与追问，依托量化结果进行有针对性的深度访谈，结合深度访谈的内容得到本研究的研究结论。

(二) 研究思路

本研究分为六个部分，第一部分为绪论，阐述本研究的研究背景，交待研究目的与研究意义、研究内容，并介绍本研究的研究方法、思路；第二部分为文献综述，梳理、总结网络学术社区、动机理论、技术接受模型和使用粘度等方面相关文献；第三部分为研究设计，构建本研究的理论模型，提出研究假设，根据前人量表，完成变量测量和本研究问卷设计；第四部分为数据分析，利用 SPSS 20.0 软件对数据进行统计分析，信度、效度检验，采用多元回归分析等方法验证假设；第五部分为研究发现与讨论，对数据分析结果进行进一步讨论，结合深度访谈的内容提出有针对性的建议；第六部分为结论，对本研究进行总结并得出结论，同时，提出本研究的贡献和不足之处，并对未来研究提出建议。

第二节　文献梳理及理论综述

文献梳理是回顾以往研究成果，发掘新的研究视角，寻找研究根治土壤的重要过程，是一项研究得以顺利开展的基础。本节主要是对研究对象以及所用到的主要理论做一个系统的梳理，本章对网络学术社区的研究文献以及技术接受模型、动机理论、用户粘度的文献进行梳理。

一、网络学术社区梳理及研究现状

网络学术社区的发展浪潮引发了学界的广泛关注与研究。目前，对于网络学术社区的研究除了基础性的对其定义、分类及传播特点等的讨论外，受国内外传播环境和传播媒介不同的影响，国内外对网络学术社区的研究既有相通之处，又各有千秋。

（一）网络学术社区的定义与分类

提到网络学术社区的定义，我们首先要对网络社区进行一个简单的梳理。网络社区也被称作虚拟社区（Virtual Community）或在线社区（On Community）。1993 年霍华德·瑞格尔德（Haward Rheingold）在《网络社区》（*The Virtual Community*：*Homesteading on the Electronic Frontier*，1993）一书中最先提出网络社区定义，将其界定为"一群主要媒介为计算机网络彼此沟通的人们，彼此有某种程度的认识、分享某种程度的知识和信息、在很大程度上如同对待朋友般彼此关怀，所形成的团体。甚至每个成员皆在社群中具有身份，并具有某种规范的共识"[①]。1995 年，社交网络 Linkedin 创始人、美国社会学家雷德·霍夫曼（Reid Hoffman）将网络社区定义为"一个虚拟的空间，人们在这里利用彼此的想象力与创造力进行相互的交流与互动，而这个互动过程具有文化与传播意义"。1999 年，美国社会学者

---

① Rheingold H. The Virtual Community：Homesteading on Electronic Frontier ［M］. The MIT Press，2000.

巴里·威尔曼（Berry Wellman）提出在线社区是涉及成员间社会互动的关系社区。[①] 2004 年，社会学者莱曼·波特（Lyman Porter）把网络社区界定为"人们或商业伙伴围绕共享的兴趣互动所形成的群体，这些互动至少部分由计算机技术支持或中介以及这些协议和规范指导"。

国内学者蔡骐对网络社区的定义进行界定的同时指出网络社区对社会的深层影响，"网络虚拟社区并不特指某种具体的网络应用，网络论坛、博客、SNS、微博等都可以构成虚拟社区。从技术层面来看，网络虚拟社区是建立在 WEB 2.0 技术及应用平台基础之上的可供人们沟通与互动的公共空间。基于 WEB 2.0 技术的网络虚拟社区并非冰冷的物化建制，它通过对时空距离的重构，创建了一种新型的社会互动模式"[②]。对于基于网络社区的学术社区，国内学者的研究主要是基于国内技术与媒介现实的实际对国外学者研究结果的修正，如赵芳指出"网络社区是指在虚拟网络环境下，将具有共同学科背景、兴趣爱好、意识形态的人聚集起来，基于社会人际网络构成的互动交流空间，如聊天室、博客、学术论坛等。用户通过网络社区获取学术资源，可以解决科研过程中遇到的问题，有效弥补了科研人员存在的知识结构缺陷"[③]。

基于以上总结，网络学术社区的定义更加明晰——Liu 等将网络学术社区定义为一种学习社区，认为网络学术社区是用户以交换与学术相关的观点、经验、文件、评论和反馈为目的的一种网络学习社区。[④] 学者王东、徐美凤分别不同层面出发，对网络学术社区的参与

①　Wellman B. Work and Community via Computer-Mediated Communication：Intrapersonal and Traspersonal Implications in Gackenbacch ［M］//*Psychology and the Internet：Intrapersonal，Interpersonal，and Transpersonal Implications*. Academic Press，1998.

②　蔡骐. 网络虚拟社区中的趣缘文化传播 ［J］. 新闻与传播研究，2014，21（9）：12-16.

③　赵芳. 基于关联数据的网络社区学术资源聚合模式研究 ［J］. 图书馆学研究，2016（10）：49-52.

④　Rui Liu，Xiao Shao. Understanding Knowledge Sharing Willingness in Virtual Academic Community：A Survey Study on College Students ［J］. *Lecture Notes in Electrical Engineering*，2013，1091-1098.

主体和讨论内容进行了界定。屈宝强在一般网络社区定义的基础上，将网络学术社区定义为学术性比较浓的网络学术论坛。[①] 目前，对网络学术社区的定义还未得到一个普遍认同的定义，但其内涵都强调了其学术性，主要体现在社区用户、社区用户交流内容、交流目的、社区氛围等方面具有的学术性、专业性特征。

针对网络学术社区的分类，国内学者依据我国学术社交网络的主要功能将其分为研究共享型、资源共享型和成果共享型三大类。其中，研究共享型主要为研究人员提供项目合作工具，包括专用社交网络工具、在线协作工具与技术软件等；资源共享型主要为研究人员间的交流合作推荐合适的资源、机构、团队、学者，并提供必要的文献资源管理工具，辅助研究人员进行资源传递与共享；成果共享型主要帮助研究人员进行学术成果的发布、评价、推广和应用[②]，各类型中具有代表性的网站（如图1-4所示）。[③] 陈红勤按不同的标准将网络学术社区分为以下几类：（1）以内容涉及的范围为标准，将虚拟学术社区分为综合性学术网络社区和专题性学术网络社区；（2）以学术的独立性为标准，分为独立学术社区和附属学术社区；（3）以社区成员的名气和级别划分，分为名人学术社区（如科学家共同体、知识专家学术社区）和"草根"学术社区；（4）以学术社区的实时性为标准，分为即时学术社区（如QQ群）和非即时学术社区（如学术论坛）。[④]

① 屈宝强. 网络学术论坛中的科研合作行为及其反思——以"小木虫"学术论坛为例 [J]. 科技管理研究, 2010 (10)：215-216.

② 李玲丽, 吴新年. 科研社交网络的发展现状及趋势分析 [J]. 图书馆学研究, 2013 (1)：36-39.

③ 赵杨, 李露琪. 国内外学术社交网络研究现状述评与思考 [J]. 情报资料工作, 2016 (6)：44-45.

④ 陈红勤, 曹小莉. 学术网络社区研究综述 [J]. 科技广场, 2011 (8)：235-237.

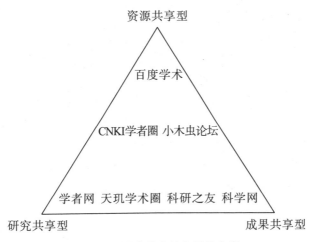

图 1-4　国内学术社交网络分类

（二）网络学术社区的传播特点

网络学术社区采用先进的计算机技术，在科研人员的知识交流与共享方面具有较大的技术优势，如互动式交流、反馈及时、言论宽松自由等。网络学术社区是网络社区的一个组成部分，其传播既具有社区的一般性，也具有其特殊性。国外学者斯克里布纳（Scribner）指出，网络学术社区在信息传播过程中主要表现为以下几方面的特点：（1）成员身份的真实性与匿名性相结合（半网络社区）；（2）扩展了交流空间：为用户提供了更广阔的学术空间；（3）平等性：网络学术社区改变了社区成员在现实环境中的身份、地位、职位等约束和局限性；（4）讨论的内容具有专业性。[①]

国内学者认为，相比于其他网络社区，网络学术社区在传播过程中通过技术手段实现了学术资源在传统交流平台中不能及时、有效发挥的功能。具有以下特点：（1）知识共享范围广：网络学术社区跨越了时间和空间的限制，任何用户都可以在任何时间、任何场所提供或

---

①　Scribner J P，Cockrell K S，Cockrell D H，et al. Creating Professional Communities in Schools Through Organizational Learning：An Evaluation of a School Improvement Process [J]. *Educational Administration Quarterly*，1999，35（1）：130-160.

获得任何类型的服务，扩大了知识共享的范围。（2）平等性：网络学术社区为用户提供了一种自由、开放的环境，便于用户将注意力更多地集中于知识本身，尽量避免身份干扰，实现用户间平等自由的知识共享。（3）专业性：专业性体现在两个方面，一是用户归属于特定的专业或学科门类，二是用户间彼此交流的知识具有一定的专业性。（4）自由性：网络学术社区倡导最大限度的言论自由，营造了一种宽松自由的学术交流氛围，促进学术观点的自由表达。（5）反馈及时性：网络学术社区为用户提供了及时交流的平台，便于用户快速发布自己的学术成果和学术思想，提高了用户消费知识的效率，用户能够得到及时反馈。①

其后的相关研究基本结合国内外观点，遵照网络学术社区的某一些特征进行研究。但是，目前对于网络学术社区特征的描述仅限于总体社区，而不同类型的网络学术社区会具有不同的特征，但对此研究相对较少。

（三）国内外网络学术社区研究现状

1. 国外研究现状

欧美国家的网络学术社区研究起步较早，目前已取得一系列有代表性的成果。笔者以"academic social networking""social research networking""academic social media"为关键词，在"Web of Science"数据库中对2000—2016年的文献进行检索，得到2101篇研究成果，通过主题筛选、引文追溯，并利用"Google Scholar"和"百度学术"进行补充，确定了102篇相关文献；利用Cite Space软件对文献进行关键词提取和聚类，汇总出目前国外网络学术社区的研究热点，发现由于教育技术、计算机科学和信息科学的发展与信息技术和社会网络的发展息息相关，需要依托现代化信息手段和网络平台开展科研探索与实践应用，因而对网络学术社区的服务更为关注，研

---

① 徐美凤，叶继元. 学术虚拟社区知识共享研究综述［J］. 图书情报工作，2011（13）：67－71.

究者主要围绕"学术行为"和"社交网络"两个主题对网络学术社区
的基本功能、用户行为、知识流动等问题展开探讨。

　　基本功能研究。随着在线学术交流活动的日益频繁，各类网络学
术社区层出不穷，如何在充分了解网络基本功能的基础上对其进行合
理利用，是研究人员面临的首要问题。格鲁泽（Gruzd）等根据网络
学术社区的基本功能将其分为两种类型：一是基于社交网络的交流型
平台，以 Academia. edu、Research Gate 为代表；二是基于文献管理
的应用型平台，以 Mendeley、Zotero 为代表。博林格（Bullinger）
则在此基础上又做了进一步细分，将其分为四种类型：（1）研究目录
型，主要对用户注册信息进行采集，构建学者信息库；（2）研究意识
型，鼓励用户及时更新自己的学术动态，包括最新成果、研究计划、
项目进展等；（3）研究管理型，支持用户每日发布研究任务和学术活
动信息，并提供参考文献管理工具；（4）研究协作型，主要通过构建
研究小组、学术圈等促成研究机构或人员之间的多元学术交流与合作。

　　用户行为研究。国外学者就网络学术社区的用户使用动机、活跃
度和使用习惯展开了相关探索。拉德（Rad）等采用理想点法
（TOPSIS）对用户接受网络学术社区科研合作服务影响因素进行了
评估，并通过实证研究检验了理论模型的有效。[①] 根据托恩玛
（Tuohimaa）等对 Research Gate 网站上 Q&A 版块的调查显示，社
会科学、人文科学、自然科学的用户使用习惯既表现出一定相似性又
存在一定差别：第一，各学科用户回答问题的平均速度基本一致；第
二，人文和社科类的用户回答大多基于个人观点，自然科学类用户则
更多是基于事实依据；第三，人文学科用户在回答问题时经常广泛引
用各类网络资源，社会科学用户则主要倚重书本和期刊上的经典理论，
自然科学用户大多是参考真实的实验数据和观测值。还有一些研究者
通过分析用户的使用习惯对学术社交网络的"学术性"和"社交性"

---

　　① 　Rad M S，Dahlan H M，Iahad N A，et al. Assessing the Factors that Affect
Adoption of Social Research Network Site for Collaboration by Researchers Using
Multicriteria Approach ［J］. *Journal of Theo Retical & Applied Information Technology*，
2014，（01），170—183.

进行了考量。赛尔沃（Thelwall）等通过对 Academia. edu 上数量最多的哲学领域研究人员的性别、年龄、学历、影响力等基本属性与他们在网站上的使用习惯、受关注度程度之间的相关关系进行分析，发现 Academia. edu 具备很强的"学术性"和"社交性"，主要表现为：网站用户中具有高级职称的研究人员占大多数比例，且他们发布和评论的内容与学术研究紧密相关；同时，有影响力的专家学者和年轻的女性研究者更能获得高度关注，往往拥有节点众多的社会关系网络。①

学术合作研究。随着学科领域的不断交叉融合，各类科研合作日益频繁，对网络学术社区推动在线学术交流与合作的积极作用也是诸多学者关注的焦点。调查显示，目前国外几乎所有的网络学术社区都为用户提供学术合作服务，包括即时聊天工具、讨论板、Q & A 以及学者间的开放式关注模块。② 随着科学技术的高速发展和社会现代化进程的不断加快，科学研究中需要解决的关键问题日趋复杂，往往需要综合应用多个学科的专业知识。然而，在跨学科合作中却存在诸多障碍，如难以及时发现具备相关知识的合作者或具有相同课题合作需求的潜在研究者，以及合作中受到的时间、空间限制等。博林格（Bullinger）等在研究中指出，研究者们利用网络学术社区进行跨机构、跨学科甚至跨国家（地区）的临时科研合作正呈现快速增长的趋势，这些网站不仅鼓励用户发布自己的合作需求，还能基于对用户使用行为和研究兴趣等方面的数据分析，为用户推荐合适的研究机构、团队或个人。③

---

① Thelwall M & Kousha K. Academia. edu: Social Network or Academic Network? [J]. *Journal of the Association for Information Science and Technology*, 2014, (04), 721-731.

② Fatima K, Carlos E. Academic Social Networking Sites: A Comparative Analysis of Their Services and Tools [C]. *iConference 2015 Proceedings*. Newport Beach, California, USA, 2015 (04), 24-27.

③ Bullinger A C, Hallerstede S, Renken U, et al. Towards Research Collaboration—A Taxonomy of Social Research Network Sites [C]. *Sustainable IT Collaboration Around the Globe*. 16th Americas Conference on Information Systems. Lima, Peru, 2010, (08), 12-15.

2. 国内研究现状

相较于国外网络学术社区发展的如火如荼，我国的网络学术社区还处于起步阶段。国内网站中，学者网、天玑学术圈、科研之友的建设模式与 Research Gate 类似，具备学术搜索、资讯获取、在线交流、个人空间展示、科研成果分享等基本功能；百度学术则与 Google Scholar 类似，是在整合国内外数据库的基础上建立的多功能学术资源共享平台，主要提供文献搜索、期刊订阅、文献推荐以及个人文献管理服务；而 CNKI 学者圈则是依托知网数据库为用户提供文献检索、信息推送、学者关系网络构建以及在线交流等服务的社会化知识平台，与 Nature Network 类似；科学网与小木虫论坛是国内学术界具有较高知名度的学术博客，用户数量众多，主要侧重于学者间的经验交流、在线问答，具有很强的社交性。可见，网络学术社区的建设方式与主要功能都与国外类似，但在管理模式、运作机制上却缺乏鲜明特色。受到国内开放存取的限制，很多网站能够检索到的数据库资源非常有限，导致学术资源匮乏，利用价值不高。与国外学者相比，我国很多研究人员尚未形成利用网络社区开展科研活动的习惯，导致我国网络学术社区的注册人数和用户活跃度均偏低，在很大程度上阻碍了学术社交网络的推广。

目前，我国学者对学术社交网络的研究也主要集中在用户行为与科研合作方面，研究对象仍然以国外成熟的学术社交网络为主，针对本土的研究有限[1]，缺乏创新性研究。值得关注的是，随着我国在线学术交流氛围的日益浓厚和科技创新步伐的加快，越来越多的学者开始从服务模式与资源推荐层面对国内学术社交网络的建设与发展进行拓展研究。屈宝强[2]和段庆锋[3]以小木虫论坛、科学网为研究对象，

---

[1]　贾新露，王曰芬. 学术社交网络的概念、特点及研究热点［J］. 图书馆学研究，2016（5）：10－13.

[2]　屈宝强. 网络学术论坛中的科研合作行为及其反思——以"小木虫"学术论坛为例［J］. 科技管理研究，2010，（10）：215－216.

[3]　段庆锋. 我国科研人员在线学术社交模式实证研究：以科学网为例［J］. 情报杂志，2015（9）：97－101.

对学者间的科研合作需求、行为、规律、效果等进行了分析，在此基础上从渠道建设、功能优化、资源推荐、流程重构等方面提出了学术社交网络服务体系的建设方案。

尽管学者们对学术社交网络的研究已经取得一定进展，取得了一系列有代表性的成果，但在理论探索与实证研究中尚存在一些关键问题未能解决，值得在今后进一步探讨。

二、技术接受模型梳理及研究现状

技术接受模型是由弗瑞德·戴维斯（Fred Davis）教授在 1986 年率先提出①的，旨在探究人们对某一新兴信息技术的接受和使用行为，经过 30 余年的发展，现已成为这方面研究的权威模型。

（一）技术接受模型的梳理

技术接受模型的创建基于社会心理学方面的理性行为理论和计划行为理论发展而来，所以要想更深入地了解和探讨技术接受模型，笔者先从理性行为理论和计划行为理论开始探讨。

1. 理性行为理论

理性行为理论（Theory of Reasoned Action，TRA）是 1975 年由菲什拜因（Martin Fishbein）和阿杰恩（Icek Ajzen）提出的，用来预测和解释人们对于某种事务的态度和行为，具体模型如图 1-5 所示。

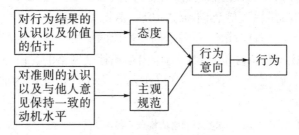

图 1-5 理性行为理论模型

---

① Davis F D，A Technology Acceptance Model for Empirically Testing New End-User Information Systems：Theory and Results. ［D］. MIT Sloan School of Management，1986.

该理论认为行为意向是影响个体行为的主要因素，而不是态度，行为意向是采取特定行为的倾向，它受主观规范和态度的影响，进而影响个体的行动。而态度是个体对某种特定行为的看法，可以是积极的，也可是消极的。主观规范是个体认识到的当其采取某种行为时，身边重要的人对其产生的看法。不过，理性行为理论有其自身的局限性，即理性行为理论中个体的行为意向和行为之间不是紧密相关的，理性行为理论只适用于个体的意志完全受控制的行为。在某些环境的限制下，行为意向并不一定能够引起实际行为，如个体容易受到信息能力、金钱、时间等外界条件的限制，而且个体的意志也不会完全被控制。为了扩大理性行为理论的使用范围或研究不受意志控制的行为，阿杰恩等人在此理论的基础上，加入了感知行为控制，由此建立了计划行为理论。

2. 计划行为理论

计划行为理论（Theory of Planned Behavior，TPB）是阿杰恩（1985）[①] 在研究理性行为理论不足的基础之上提出来的，计划行为理论在理性行为理论基础模型之上增加了感知行为控制，具体模型如图 1-6 所示。感知行为控制是个体感知到的采取某种行为的难易程度，受到个体的机会和自愿心理的限制。计划行为理论认为，个体采取某种行为受到两个维度的影响，一是个体感觉到的采取某种行为的难易程度；二是个体对所要采取行为的控制能力。因此，根据计划行为理论，个体感知到的行为控制越强时，其完成某种行为的意向也越强。[②]

---

① Ajzen I. From Intentions to Actions: A Theory of Planned Behavior [M] // Action Control: From Cognition to Behavior. Springer，New York，1985.

② Lin K Y, Lu H P. Intention to Continue Using Facebook Fan Pages from the Perspective of Social Capital Theory [J]. Cyberpsychology Behavior & Social Networking，2011，(10)，565-570.

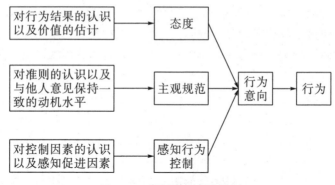

图 1-6 计划行为理论模型

3. 技术接受模型（TAM）

尽管理性行为理论和计划行为理论得到了很大的发展和应用，但是弗瑞德·戴维斯发现研究个体对新兴信息技术的接受意愿时，TRA 和 TPB 理论不再适用。基于此，戴维斯在 TRA 和 TPB 理论的基础上，结合自我效能理论和期望理论，建立了技术接受模型（Technology Acceptance Model，TAM），戴维斯做出了两点改进：一是不再运用主观规范来预测个体行为，取而代之的是个人态度；二是引入两个新兴变量即感知有用性（Perceived Usefulness，PU）和感知易用性（Perceived Ease of Use，PEU）。

根据 Davis 的定义，感知有用性由感知易用性和外部变量共同决定，反映了个体认为使用一个具体的系统对他工作业绩提高的程度。感知易用性有外部变量所决定，反映了个体认为容易使用一个具体系统的程度。如图 1-7 所示，个体对系统的使用行为受个体的行为意向决定，行为意向受个体对系统的态度和感知有用性决定，态度是由感知有用性和感知易用性共同决定，而感知有用性除了受到外部变量的影响外，还受到感知易用性的影响。

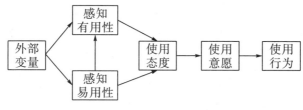

图1-7　技术接受模型

4. 改进后的技术接受模型（TAM2）

随着 TAM 模型在实证研究广泛的应用，戴维斯等人还发现感知有用性是影响使用意向的主要因素，因此提出了 TAM 扩展模型即 TAM2，从而修补了 TAM 的不足，大大提高了技术接受模型的使用范围。如图1-8所示，其旨在研究影响感知有用性的变量，这些影响因素包括：

（1）社会规范。个体感知到采用信息系统，对自己较为重要的人对该行为的看法。

（2）形象。个体感知到的采用信息技术系统，外界对该行为的看法。

（3）工作相关性。个体感知到的新技术对自己工作的适用性。

（4）产出质量。个体感知到的该新技术的使用对自己工作质量提高的程度。

（5）结果示范。个体采用某信息系统后，得到的可展示的生产结果。

除了上述影响因素之外，模型中还包括两个影响主观规范的中介调节因子，即使用经验和自愿。至此，技术接受模型基本定型，通过对影响因素和额外变量的测量，技术接受模型对用户的接受和拒绝意愿的阐释力得到提高，从而扩大其在理论上和实践上的应用。

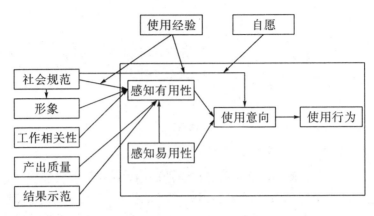

图 1-8　改进后的技术接受模型

5. 技术接受模型的关键扩展

技术接受模型的应用在后来越来越广泛，学者们对影响用户态度和信念的因素的研究越来越深入，技术接受模型成为研究用户接受或拒绝意愿的主要模型之一。根据文献阅读分析，关于 TAM 模型的拓展和改进，我们可以分为三类，如表 1-1 所示。

表 1-1　技术接受模型的扩展因素

分类	内容	扩展因素
相关模型中的因素	其他相关模型中的变量的引用	主观规范、感知行为控制、自我效能、期望、风险、信任
因素扩展	创新扩散理论中因素的借鉴	可试用性、可预见性、结果可展示型、内容丰富性
外部变量	对感知有用性和感知易用性产生影响的外部变量	个体特征、人口特征、计算机效能、对技术的焦虑

根据以上扩展因素的总结，TAM 模型有了很大的改进，虽然模型中主要的因子仍然是感知有用性和感知易用性，但改进后的模型，解释性更强，适用范围更加广泛，具体模型如图 1-9 所示。

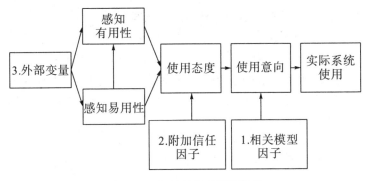

图 1-9 拓展的技术接受模型

（二）技术接受模型的应用

自技术接受模型被提出以来，经过几十年的发展与深化，学者们不仅在理论方面对其修正，也在很多领域对其进行了实证研究。Hu（2005）[①] 将 TAM 应用到信息系统研究中，用于预测用户对信息安全系统的接受意愿。TAM 还被应用到其他计算机信息系统的相关领域内，如数字图书馆、网页搜索引擎、电子邮件、网络银行等。Huang（2005）[②] 将性别因素加入 TAM 模型中来探究个体对网络的接受意愿。

在国内，关于技术接受模型的应用和研究虽然远远晚于国外，但成果也是比较丰富的。尤其是随着信息和技术的不断发展，新技术新业务新系统层出不穷，越来越多的学者选择从经典的技术接受模型出发研究这些新鲜事物，探究用户接受的影响因素。在网络学术社交领域，已经有不同学者先后研究过网站、博客等在线学术社交网络的方方面面，针对论坛类的网络学术社区的研究还是相对缺乏的。

在本研究中，网络学术社区作为一项以新技术为基础而兴起的知

① Hu J H, Lin C, Chen H, User Acceptance of Intelligence and Security Informatics Technology: A Study of Coplink [J]. *Journal of the American Society for Information Science & Technology*, 2005, (03), 235-244.

② Huang E. The Acceptant of Women-Centric Websites [J]. *Journal of Computer Information Systems*, 2005 (08), 101-103.

识使用平台，用户对于这项新技术的使用动机带有明显的易用性和可用性，而基于技术接受模型的基本解释逻辑可知，不同程度的易用性与可用性对其使用行为产生变化和影响。因此，笔者将借助技术接受模型中感知易用性、感知有用性两个维度作为对网络学术社区用户的使用动机的划分标准，使用户的使用动机得以明晰，从而判断其与使用行为之间的关系。

三、动机理论梳理及研究现状

在对本研究的研究对象即网络学术社区有了基本认知后，笔者对本研究的研究理论——技术接受模型也做了较为细致的梳理，下面笔者将对本研究中将加以的两个概念——使用动机与使用粘度分别进行梳理。

（一）动机理论及动机的界定

动机理论自产生以来就有各种理论模式，但是发展到现在都没有达成一个统一的理论模型。在动机理论发展初期，有一种比较有代表性的动机理论是本能论。本能论认为人类所有的行为都是由本能引起的。威廉·麦独孤（William McDougall）将人类的本能具体细化为18种，其中包括逃避、拒绝、好奇等本能。美国心理学家伍德·沃斯（Wood Worth）提出的驱力理论认为，个体行为产生的原因是为了消除由于生理需要所引发的一种身心紧张状态，以恢复机体的平衡。美国心理学家克拉克·赫尔（Clark Hull）在此基础上提出个体的驱力、习惯强度和可能存在的抑制阻碍共同影响着个体行为的可能性。亚伯拉罕·马斯洛（Abraham Maslow）提出需求层次理论，将人类需求从低到高按层次分为五种类型，分别是生理需求、安全需求、社交需求、尊重需求和自我实现需求。

"动机"是一个心理学上的概念，是一个人做出某种行为的内在驱动力，以满足人们的某种需求或者达到某个目标。2006年，心理学家戴维·迈尔斯（David Myers）将动机定义为"一种激发行为并使之指向某一目标的需要或欲望"[①]。2002 年，张爱卿将动机界定为"在自我调节的作用下，个体使自身的内在需求（如本能、需要、驱力等）与行为的外在诱因（目标、奖惩等）相协调，从而形成激发、维持行为的动力因素。"[②] 用户使用动机具有激发、引导、维持用户行为的作用，用户使用动机与用户使用行为、使用习惯和用户粘度的关系十分密切，它们之间具体的影响机制复杂多样，不同的使用动机可以激发出用户不同的使用行为，同一种行为也可能是由不同的使用动机引起的。[③]

（二）网络社区用户使用动机的研究

通过前文的叙述可知，国外对于网络学术社区的用户使用动机研究集中在用户使用行为中，在此不做赘述；而国内对网络学术社区的用户使用动机研究则不够丰富。因而笔者从网络社区的一般性出发，对网络社区的用户使用动机加以梳理与区分，以对网络学术社区的用户使用动机加以界定。

1. 网络社区用户使用动机的研究

1996 年，阿瑟·阿姆斯特朗（Arthur Armstrong）和约翰·哈格尔（John Hagel）提出人们使用网络社区的动机包括交易、兴趣、幻想和关系。[④] 2003 年，朴基雄（Woong Ki Park）认为用户使用动机包括工具性使用动机和习惯性使用动机两种。其中，工具性使用动机包括获取信息、娱乐休闲，习惯性使用动机包括消磨时间、逃避现实。2007 年，乔纳森·贝肖普（Jonathan Bishop）将人们的网络社区动机分

---

① 戴维·迈尔斯. 社会心理学 [M]. 侯玉波，乐国安，张智勇等，译. 人民邮电出版社，2006：16－21.

② 张爱卿. 20 世纪动机心理研究概观 [J]. 国外社会科学，1999（2）.

③ Petri L H, Govern M J, et al. 动机心理学. 郭本禹等，译. 陕西师范大学出版社，2005：44－48.

④ 阿瑟·阿姆斯特朗，约翰·哈格尔三世. 网络利益——通过虚拟社会扩大市场. 王国瑞译. 新华出版社，1998：87－91.

为社交欲望、命令欲望、生存欲望、创造欲望和报复欲望。[①] 2007 年，亚伊尔阿米海·汉布格尔（Yair Amichai Hamburger）在其研究中将社交网络用户的使用动机分为社交动机、追踪他人踪迹动机、偷窥动机、群居动机、组织聚会动机、自我表露动机和建立友谊动机七个方面。

与国外关于网络社区用户使用动机的研究相似，有学者将大学生互联网使用动机分为人际交往动机、情感体验动机、自我展示动机和信息获取动机四个维度；也有学者将使用动机分为进行人际交往的动机、娱乐动机，即进行娱乐休闲、消磨时间、信息搜集等。近年来我国学者关于动机的研究主要集中在关于网络社区用户使用动机和使用行为的多层次挖掘，但是对使用动机与用户粘度关系进行直接研究的文献很少。

2. 网络社区用户使用动机的界定

殷崴研究了社交网络成员使用动机与其行为的关系，将社交网络的使用动机划分为信息与工具动机、娱乐与审美动机、社交动机、利他动机、归属感与认同感动机和内在化动机六个方面，他将信任作为控制变量，提出了自己的研究模型。[②] 庞开磊通过对 QQ 空间和人人网的用户进行实证研究之后总结出社交网络的用户使用动机主要分为：简单易用、社会支持、沟通联系、信息获取或分享、自我表露和消遣娱乐六个方面。[③] 齐立艳在借鉴国内外相关的重要成果的基础上对人人网进行实证研究，将社交网络使用动机分为从众（归属）动机、信息动机、社交性动机、娱乐性动机、自我表露动机和窥伺动机。[④]

对网络社区用户使用动机的界定要结合具体网络社区实例的特

---

① Jonathan Bishop，Increasing Participation in Online Communities a Framework for Human Computer International [J]. *Computer in Human Behavior*，2007（55），1881-1893.

② 殷崴. SNS 社交网站成员在不同信任模式下使用动机与行为研究 [D]. 北京邮电大学，2011.

③ 庞开磊. SNS 社交网络用户使用动机的实证研究 [D]. 哈尔滨工业大学，2012.

④ 齐立艳. SNS 网站成员参与动机与参与强度——以"人人网"为例 [D]. 山东大学，2012.

点。从以上前人的研究中可以看出，信息获取动机和社交动机是所有研究者关于网络社区用户使用动机的划分中都包含的动机。这表明，对于网络社区而言，用户最根本和最常见的使用动机即为信息的获取和社交的需要。

3. 网络学术社区用户使用动机的界定

经过国内外的相关文献综述及其笔者对网络学术社区的长期观察、使用与思考，本研究将网络学术社区的用户使用动机界定为用户为了满足自己的学习需求或达到其他专业性目的在学术社区中以文字、声音、图片和视频等介质而做出某种行为的内在驱动力，用户做出的一切行为都有一定的动机，如为了满足某种需求或为达到某种目的。快速、便捷的网络学术社区可以满足人们的多项需求，于是产生了网络学术社区的使用动机。

查克拉博蒂（Chakraborty）[1]采用问卷调查的方式对 100 位大学研究人员使用 Research Gate 网站的动机进行了调研，发现其主要动机在于：构建学术交流小组（37%）、关注最新学术动态（31%）、了解同行研究进展（24%）；南德（Nández）[2]等在对 Academia. edu 用户使用动机的调查中发现：与其他学者保持联系（67%）、发布研究（61%）、关注同行研究进展（59%）是用户使用的主要动机。另外，有 20% 的用户反映他们只是受到邀请而使用网站，并没有明确的使用动机。

以动机的角度看，认知有用性仅仅是个人使用特定技术的多种动机的一个。不论是内在的还是外在的动机，皆是个人对新技术使用意向的重要动因。内在动机强调个人从特定活动中获取的乐趣和内在满足，而外在动机注重个人从使用行为中达成特定目标，诸如获得奖励

---

①　Chakraborty N. Activities and Reasons for Using Social Networking Sites by Research Scholars in NEHU：Astudy on Facebook and Research Gate ［J］. *Inflibnet Centre*，2012，5（03），19—27.

②　Nández G，Ngel B. Use of Social Networks for Academic Purposes：A Case Study ［J］. *Electronic Library*，2013，31（06），781—791.

等。此前的研究发现，不论是内在动机还是外在动机，对于个人使用特定信息技术都有着正面的影响。基于前面对文献综述的梳理和技术接收模型的相关呈现可以得出，网络学术社区用户的使用动机以感知的易用性和可用性为划分标准，信息获取动机作为网络社区的基本动机得以保留，是指用户获取、发现学术信息的动机，而社交动机是网络社区的另一重要动机，是指用户分享、交流学术信息、获得自我肯定的动机。

四、用户粘度梳理及研究现状

（一）用户粘度的界定

从产品和服务的角度来界定粘度，例如粘度本身、博客粘度、网站粘度等。卓德（Zott Carl）将网站的粘度定义为网站吸引和保留消费者的能力。[①] 也有研究者提出，消费者的保持也就是粘性，是一种隐形的能力，其作用是使消费者在较长的时间段里不断地返回。朱蒂·林（Judy Lin）提出，网站粘度是网站保留在线消费者并延长其每次停留时间的能力。其研究成果将重复购买意向与粘度相结合，针对粘度研究中存在的问题和其研究的意义也进行了更加深入的探讨，因此成为粘度领域研究中的另一大重要成果。[②]

一部分研究者将消费者意愿同粘度相结合，总结出了消费者意愿为基础的粘度概念。例如，有些研究者将游戏的粘度界定为游戏玩家重复来回并且不断延长每次持续在线时间的一种愿望。当然，一些研究者还提出另外一种观点：在线的消费者粘度是以产品的情感与认知为基础的，其不会受到其他因素的影响而改变初衷。以上关于粘度的界定，我们可以理解为某一款产品或者服务留住或吸引消费者的能力，也就是其"粘住"用户的程度。从某种程度出发，这点明了消费

---

① Donlevy J，et al. Strategies for Value Creation in Ecommerce Beat Practice in European [J]. *Management Journal*，2000，（05），463-475.

② Judy Chuan，et al. Online Stickness：It is Antecedents and Effect on Purchasing Intention [J]. *Behavior & Technology*. 2007，（06），39-43.

者在线行为方式的改变，而使用的时间和使用的频率等指标和其他前置因素，实际上也暗指了心理变化伴随在粘度行为的出现。

此外，范晓萍、赵茂磊根据社区用户的参与程度将非交易类网络社区成员参与度分为参与层次（浏览、主动、诱导和管理）和参与水平（参与时间和参与频率）。[①] 笔者认为，根据用户内容贡献的程度，可以将网络社区的用户分为三类：（1）重度用户，或者说是核心用户，初期的种子用户，他们贡献大部分内容；（2）中度用户，他们偶尔贡献内容，贡献内容的原因是受外界刺激或者对自己有利；（3）他们轻度用户，他们不贡献内容，可少量引导对内容进行筛选。

（二）用户粘度的划分

张曦、于秋红在对网络论坛的用户粘度进行研究的过程中，将网络论坛的用户粘度划分为用户满意度、信任和转移成本三个方面，其中用户期望和感知质量决定着用户满意度。[②]

罗彦军在对网络社区用户粘度进行研究的过程中，将网络社区的用户粘度分为用户忠诚度和依赖度，具体的衡量指标包括重复使用率、页面停留时间和访问页面数三个方面。[③]

隋波在其研究中对手机游戏的用户粘度进行研究的过程中，将用户粘度概括为三个方面：用户的忠诚度、对于产品的依赖度以及反复使用度。[④]

在《微博客用户使用动机与行为——基于技术接受模型的实证研究》一文中，王娟将微博用户作为研究对象，利用实证研究的方式对微博用户的使用态度、使用行为和使用动机进行研究，并对三者之间

① 范晓萍，赵茂磊，孙居好. 基于品类业绩的合作模式——对供应商和零售商关系的新思考 [J]. 经济论坛，2005（18）.

② 张曦，于秋红. 网络论坛的用户粘度研究 [J]. 现代商业，2013（19）：29－31.

③ 罗彦军. 汉语学习网站虚拟社区粘度调查与研究：以 CHINESEPOD 虚拟社区为例 [D]. 中山大学，2013.

④ 隋波. 手机游戏中用户粘度的研究 [D]. 北京服装学院，2014，（5）：26－28.

的关系进行了探索。① 张嘉宁在《外倾性对社交网络使用动机与发布行为关系的调节作用研究——以"微信朋友圈"为例》一文以微信朋友圈为例，用实证研究的方式，在综述了前人相关研究的基础上，研究了外倾性对社交网络用户的使用动机与发布行为之间的关系。②

通过对国内用户使用动机进行文献综述可得出结论，我国学者关于使用动机的研究主要着眼于研究使用动机与使用行为之间的关系，还没有用户使用动机与用户粘度之间关系的相关研究。用户粘度也是用户使用行为的一种体现，但是比用户使用行为更为细化，测量指标更容易确定。

第三节　研究设计

研究设计是量化研究得以实施的重要一环，是调查实施的基础，本部分主要对研究模型的建构、问卷设计以及调查的具体实施做了介绍，以确保在科学的基础上展开研究。

一、研究模型构建

本研究以技术接受模型这一经典的 TAM 模型为基础，引用该模型的两个常用变量，结合网络学术社区的自身特点，对选取对象——人文社科研究人员在小木虫论坛的使用动机与使用粘度情况加以概念操作化，并以此为基础提出了具体的研究假设。

综合前人的研究模型与本研究具体的研究对象，构建出本研究设计的架构，如图 1-10 所示。

---

① 王娟. 微博客用户的使用动机与行为：基于技术接受模型的实证研究 [D]. 山东大学，2010.

② 张嘉宁. 外倾性对社交网络使用动机与发布行为关系的调节作用研究——以"微信朋友圈"为例 [D]. 北京邮电大学，2015.

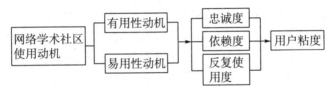

图 1-10 研究设计架构

(一) 研究问题与理论假设

网络学术社区在我国经历了不同技术形态影响下的发展过程，不同形式的网络学术社区吸引了不用需求的用户参与其中。可是这些用户是否会长期停留、保持活跃、持续使用、保持用户粘度是所有网络学术社区在发展过程中都必须面临的问题，这关乎到网络学术社区能否长期发展，小木虫论坛当然也不可避免地需要思考这些问题。

小木虫论坛用户数量的不断增长不是受众被动接受的结果，受众具有高度的主动选择权，用户对于某个技术、某个媒介、某个网络学术社区的选择都是出于一定需求动机的主动选择结果，尤其是目前各种网络学术社区快速发展的背景下，用户为什么选择小木虫论坛而不是其他类似的网络学术社区平台，其使用动机是什么？不同用户的使用动机是否相同？同一用户在不同使用阶段的使用动机是否一样？如果小木虫论坛的用户存在一定流失现象，那么它的用户粘度如何？其使用动机和用户粘度的关系是什么样的？为了探究这些问题，笔者对小木虫论坛用户的使用行为进行了实证研究，运用 SPSS 软件对问卷调查的数据进行了分析，并结合其他文本资料进行了进一步深入的探究。

笔者在文献综述部分中已经对网络学术社区用户使用动机的划分进行了理论梳理及总结（技术接受模型），同时笔者也对用户粘度的相关研究进行了文献综述，从文献综述中可知，关于用户粘度的研究主要聚焦于网站、博客和移动终端的用户粘度的具体情况分析，分析相对孤立，将用户粘度作为用户行为与用户动机联系起来进行考察的研究比较少。

前文中已对用户使用动机的相关研究进行了文献综述，从文献综述中可知，关于用户使用动机的研究主要聚焦于使用动机与使用行为，或者二者关系的研究。这些研究以实证研究为主，研究结果大部分都表明用户使用动机与用户使用行为之间有密切的关系，用户使用动机影响用户使用行为。那么作为更能具体测量用户使用行为的用户粘度这一指标，用户使用动机也会对用户粘度产生影响。

通过以上的理论梳理，笔者结合本次研究的研究内容和研究思路，将本研究的理论假设确定为：网络学术社区用户的使用动机会对用户粘度产生影响。

（二）概念操作化过程

基于前面对文献综述的梳理和技术接受模型的相关呈现可以得出，网络学术社区的使用动机集中在信息获取动机和社交动机两个层面，从具体的小木虫论坛的使用动机可以观察到，社交动机主要以成果交流与自我确认两个方面的表现为主。这些动机都内涵于行为信念的含义中，而 TAM 中特别强调了两种行为信念，即感知易用性和感知有用性决定了个人对技术的使用意向。其中感知易用性被定义为"个人认为使用某一技术或系统所需花费的努力的程度"，而感知有用性是"个人认为使用某一技术或系统能提升自己的工作绩效的程度"。认知有用性看重对结果的期望，认知易用性看重对个人使用某一技术的意向的影响。

所以将网络学术社区用户的使用动机以感知的易用性和有用性为划分标准，可以修正出本研究对使用动机的划分维度，即用户获取、发现学术信息的动机是出于在感知网络这项技术和学术社区这个系统过程中的便宜程度，而社交等动机是出于在感知网络这项技术和学术社区这个系统结果的有效程度。基于此，笔者首先将使用动机中按照感知易用性的维度为学术信息发现动机，将使用动机中按照感知有用性归纳为学术成果交流动机、学术能力自我确认动机等，这样将用户使用动机分为学术信息发现动机、学术成果交流动机、学术能力自我确认动机三个维度；然后对每个维度进行指标的划定（详见表 1-2、1-3、1-4）。

同时，笔者在文献综述部分中已经对用户粘度的划分进行了理论依据的梳理，结合网络学术社区小木虫论坛的具体情况，笔者将用户粘度分为用户忠诚度、用户依赖度和反复使用度 3 个维度，再进行指标的划定（详见表 1-5）。

表 1-2　学术信息发现动机的概念操作化

研究变量	学术信息发现动机的概念操作化	参考文献
学术信息发现动机	在小木虫论坛上获得了很多学术信息	赵芳①
	在小木虫论坛上获得很多其他同类网络学术社区不能获得的信息	
	在小木虫论坛上学到了很多专业性很强的知识	
	在小木虫论坛上浏览了很多的话题	

表 1-3　学术成果交流的概念操作化

研究变量	学术成果交流动机的概念操作化	参考文献
学术成果交流动机	在小木虫论坛上有提问、回答别人提问、评论、回复等行为	整理后得出②
	在小木虫论坛上经常私信其他虫友用户或被私信	
	参与了多个话题，并互动频繁	
	通过小木虫论坛认识了很多新朋友	
	小木虫论坛容易产生归属感	
	小木虫论坛很好地弥补了现实生活中学术交流有限的状况	
	小木虫论坛上的虫友交流更专业、更有收获	

---

① 赵芳. 基于关联数据的网络社区学术资源聚合模式研究 [J]. 图书馆学研究，2016（10）：49-52.

② 此研究变量的指标由综合网络学术社区使用动机的相关研究成果和小木虫论坛的特征属性整理得出。

表1-4 学术能力自我确认动机的概念操作化

研究变量	学术能力自我确认动机的概念操作化	参考文献
学术能力自我确认动机	使用小木虫论坛积极回答问题	整理后得出①
	使用小木虫论坛的目的是通过分享学术信息获得赞赏	
	使用小木虫论坛的目的是将人气积累转化为现实资本	
	使用小木虫论坛的目的是通过分享获得满足和幸福感	
	使用小木虫论坛主要是为了在对比中更加了解自己	
	使用小木虫论坛主要是通过信誉累计确认自己的学术价值	

表1-5 用户粘度的概念操作化

研究变量	学术能力自我确认动机的概念操作化	参考文献
用户忠诚度用户依赖度反复使用度	固定时间内访问论坛的次数	整理后得出②
	每次停留时间	
	向周围人推荐的次数	
	替代小木虫论坛的其他网络学术社区	
	使用惯性	
	是否有过中止使用小木虫论坛的行为	

（三）研究假设与模型

1. 研究假设

H1. 用户学术信息发现动机强度影响用户忠诚度

H1a. 用户学术信息发现动机强度影响用户固定时间内访问论坛的次数

---

① 此研究变量的指标由综合网络学术社区使用动机的相关研究成果和小木虫论坛的特征属性整理得出。

② 此研究变量的指标由综合用户粘度的相关研究成果和小木虫论坛的特征属性整理得出。

H1b．用户学术信息发现动机强度影响用户每次停留时间

H1c．用户学术信息发现动机强度影响用户向周围人推荐的次数

H2．用户学术信息发现动机强度影响用户依赖度

H2a．用户学术信息发现动机强度影响用户对替代品的使用

H2b．用户学术信息发现动机强度影响用户使用惯性

H3．用户学术信息发现动机强度影响用户反复使用度

H4．用户学术成果交流动机强度影响用户忠诚度

H4a．用户学术成果交流动机强度影响用户固定时间内访问论坛的次数

H4b．用户学术成果交流动机强度影响用户每次停留时间

H4c．用户学术成果交流动机强度影响用户向周围人推荐的次数

H5．用户学术成果交流动机强度影响用户依赖度

H5a．用户学术成果交流动机强度影响用户对替代品的使用

H5b．用户学术成果交流动机强度影响用户使用惯性

H6．用户学术成果交流动机强度影响用户反复使用度

H7．用户学术能力自我确认动机强度影响用户忠诚度

H7a．用户学术能力自我确认动机强度影响用户固定时间内访问论坛的次数

H7b．用户学术能力自我确认动机强度影响用户每次停留时间

H7c．用户学术能力自我确认动机强度影响用户向周围人推荐的次数

H8．用户学术能力自我确认动机强度影响用户依赖度

H8a．用户学术能力自我确认动机强度影响用户对替代品的使用

H8b．用户学术能力自我确认动机强度影响用户使用惯性

H9．用户学术能力自我确认动机强度影响用户反复使用度

2. 研究模型

本研究通过文献综述并且结合网络学术社区特征，在上文中已经明确了用户使用动机和用户粘度的维度及其各维度的测量指标，并在此基础上设计出本次研究的研究模型。

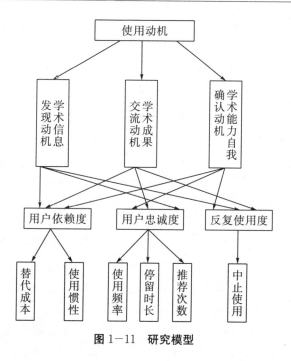

图 1—11　研究模型

二、问卷设计与调查实施

科学的研究步骤是研究成功的基石，本节对调查工具也即问卷的具体设计以及在此基础上的调查实施过程进行了系统的说明，以确保问卷调查的明晰性与规范性。

（一）问卷设计

调查问卷由两部分组成，问卷的第一部分为人口统计变量，主要对调查对象的性别、学科背景、学历、网络学术社区使用时长、性格特点等进行调查。第二部分为问卷的主体部分，即对学术信息发现动机、学术成果交流动机、学术能力自我确认动机、用户忠诚度、用户依赖度、反复使用度设立调查题项，由于调查集中于对用户动机心理的探究，难以进行量化，因此，问卷采取了李克特（Likert）五分量表，采取打分的形式进行测量。在充分借鉴前人量表并且严格遵循问卷设计操作步骤的基础上，共设置了 22 个题项。在问卷设计完成之后，调查者首先采取便利抽样的方法回收了 30 份预调查问卷，对其中题意表述模糊、有导向性、专业词汇晦涩难懂以及有重复嫌疑等问题的题项进行调整，同时，对问卷的信度和效度进行初步的检验，对其中不符合要求的测量维度进行修订，最终形成了包含 22 个题项的调查问卷。

（二）抽样与实施

笔者尽量兼顾数据的相对科学性和方案的可操作性。本次调查的总体为小木虫论坛人文社科版区的注册用户，抽取样本数量为 300。因为此次抽样的总体样本数的数据不容易获取，所以此次抽样采取非随机抽样方式中的配额抽样。通过对小木虫论坛人文社科版区的长期观察，观测到版区内出现频次程度不同的 IP 账号。经过前期的预调查问卷，依照小木虫论坛使用年限进行抽样——使用年限在两年以上的抽取样本数为 100，使用年限在 1—2 年的抽取样本数为 100，使用年限在 1 年以下的抽取样本数为 100。问卷自 2016 年 10 月开始发放，至 2016 年 12 月中旬回收完毕，共发放问卷 300 份。

（三）数据编码与录入

数据编码是指把需要加工处理的数据信息用特定的数字来表示的一种技术。主要是按照数据的性质与特征，对其进行转换，使其用代码或者编码字符加以表示，目的是方便数据的后期传输、接受以及处理。对于数据的编码与录入是量化研究中十分重要的环节。在录入问卷调查数据之前，笔者首先进行了编码工作。为了确保数据录入的准确无误，共有两位编码员同时录入，并对录入的数据进行了简单的描述性统计。

第四节　统计分析

本部分主要是运用 SPSS 20.0 统计分析软件对问卷调查所获取的数据进行分析，从而对研究假设进行验证，主要包括对于数据信度与效度的检验，数据的描述性统计分析以及推断性统计分析等，在此基础上形成对研究假设成立与否的验证。

一、信度与效度检验

信度（Reliability）指的是"使用相同研究技术重复测量同一个对象时得到相同研究结果的可能性"[①]。在社会科学研究中，如果两次测量的结果相同或者相近，则研究具有较高的信度。效度（Validity）指的是实证测量反映概念真实含义的程度，效度越高则概念定义及其测量结果之间的一致性越高。在实证研究中，研究的信度和效度是研究科学性的前提和保障。

（一）信度检验

克伦巴赫系数（Cronbach's alpha）是常用的一种信度检验法，根据（Nunnally，1978）的表述，当克伦巴赫系数值大于 0.7 时，可以认为量表具有比较高的信度，并且表明研究具有高度的内部一致性。而德威利斯（DeVellis，1991）也对信度进行了如下区间划分，即 0.8～0.9 为非常好；0.7～0.8 为相当好；0.65～0.7 为最小容忍区间。具体说来，本研究对使用动机和用户粘度这两个概念的变量维度进行信度检验，分别从学术信息发现动机、学术成果交流动机、学术能力自我确认动机、用户依赖度、用户忠诚度、反复使用度 6 个维度进行逐一检验。如表 1-6 所示，6 个变量的克伦巴赫系数绝大部分大于 0.7，表明研究具有较高的内部一致性。

表 1-6　信度检验结果表（整理后得出）

研究变量	克伦巴赫系数	题项个数
学术信息发现动机	0.78	4
学术成果交流动机	0.77	7
学术能力自我确认动机	0.74	6
用户依赖度	0.73	5

---

① 艾尔·巴比. 社会研究方法［M］. 邱泽奇译. 华夏出版社，2018：142-145.

研究变量	克伦巴赫系数	题项个数
用户忠诚度	0.75	4
反复使用度	0.82	2

（二）效度检验

1. 内部效度

在设计问卷之前严格遵循问卷设计原则，对概念进行操作化处理以及对各个维度衡量指标的确定，都参考和借鉴了前人的大量研究，选取了具有普适性价值的因素。除了进行大量的文献梳理之外，在问卷设计之前还进行了开放式问卷调查和深度访谈，这些都很好地保证了问卷的内部效度。

2. 结构效度

对于结构效度的检验，本研究运用 KMO（Kaiser-Meyer-Olkin）检验和 Bartlett 检验分析量表的结构效度。通常情况下，当 KMO 值大于 0.5、Bartlett 球形检验的 P 值小于 0.05 时，问卷才有结构效度。结果表明，KMO 值为 0.945，且显著性 $sig<0.05$，$df=861$，具体信息如表 1-7 所示。这表明，数据适宜作因子分析。因此，本调查问卷所得的数据能够满足因子分析的条件。

在此基础上，采取主成分分析法提取公因子，旋转方法为方差最大法正交旋转，以特征根大于 1 为因子提取标准，共析出 7 个因子，且 7 个因子累计解释的变异量为 64.51%，具体信息如表 1-8 所示。

表1-7　KMO检验和Bartlett检验（整理后得出）

KMO 测度		0.945
Bartlett 球形检验	近似卡方值	9345.284
	df	861
	sig	0.000

表 1-8　因子累计解释变异量结果表（本研究整理）

成分	初始特征值			提取载荷平方和		
	总计	方差百分比	累积％	总计	方差百分比	累积％
1	8.848	32.769	32.769	3.176	11.762	11.762
2	2.118	7.846	40.615	2.897	10.728	22.491
3	1.754	6.497	47.112	2.410	8.926	31.416
4	1.347	4.988	52.100	2.289	8.477	39.894
5	1.209	4.477	56.577	2.248	8.327	48.221
6	1.117	4.138	60.715	2.226	8.245	56.466
7	1.023	3.791	64.506	2.171	8.040	64.506
提取方法：主成分分析法						

总方差解释

问卷的信度和效度都表现良好，说明该问卷可以用来验证小木虫论坛用户使用动机和用户粘度的关系。

二、描述性分析

（一）问卷的基本统计数据分析

笔者通过纸版问卷及电子版问卷的形式，共发放样本 300 份，回收样本 289 份，在剔除无效之样本后，所得有效样本为 274 份，有效样本率为 91.33%。然后，笔者对 274 份有效样本的基本人口统计学特征进行了描述性统计，其中男性人数为 136 人，占比 49.64%；女性人数 138 人，占比 50.36%。各样本学历中，本科及以上学历达到87.96%。各样本年龄中 20 岁以上的占比达到86.77%，受学历和年龄影响，样本在校师生及科研机构的研究人员占比达到82.64%，样本中学科关注量最多的是文史哲学，占比达到 32.85%，具体数据见图 1-12、1-13、1-14 等。

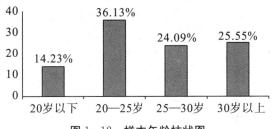

图 1-12　样本年龄柱状图

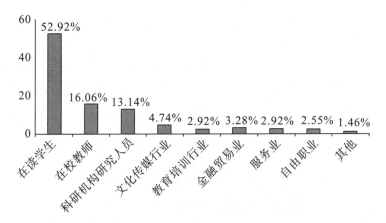

图 1-13　样本从事职业柱状图

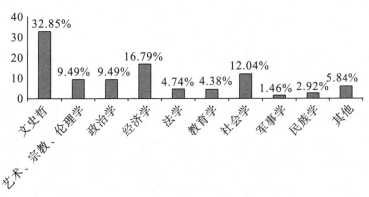

图 1-14　样本关注学科柱状图

从人口统计学标量的分析结果可以看出，调查对象的性别构成比例偏差很小，表明在利用小木虫论坛进行人文社会科学研究的男女特征不明显，这与网络学术社区的传播特征有关，即平等性、同步性、论坛的使用不受性别的限制。同时用户中大多为受过高等教育的专业型人才，不过受网络学术社区匿名性的影响，仍有少数不具有高等学历的用户同样在使用小木虫论坛，并对学术问题感兴趣，从而产生交流活动。在此基础上，样本中的职业多为在校学生、高校教师、科研机构人员，年龄分布集中在 20～25 岁、25～30 岁两个分段，这与样本的学历特征、职业特征是分不开的。与此同时，通过样本中对小木虫论坛注册时长的调查反馈（图 1－15）可以得出，半数以上的样本对象注册时长超过 1 年，48.54％的用户注册时长超过两年，这与小木虫论坛本身成立的时间有关，小木虫论坛成立时间较早，并且样本用户中大部分为 20 岁以上群体，符合小木虫论坛注册使用高峰的时间段要求。

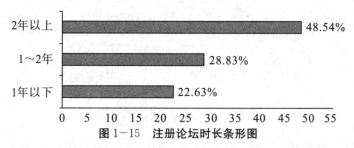

图 1－15　注册论坛时长条形图

综上，样本人口统计特征与研究对象的总体特征具有较好的吻合度，结构较为合理。

（二）用户使用动机的统计数据分析

以李克特（Likert）量表的方式对小木虫论坛人文社科版区的注册用户使用动机进行描述性统计数据分析，其中涉及的指标是均值和标准差。1～5 分别代表动机强度，1 代表动机最弱，5 代表动机最强，从 1 到 5 动机逐渐增强。本研究将均值超过 3 代表大多数人更倾向于同意的说法。均值越高，是动机越强烈。从表 1－9 中可知，学术信息发现动机的平均值达到 4.41，说明学术信息发现的需求动机达到了大部分使用用户的认可；学术成果交流动机的平均值达到 3.68，表明学术成果交流的动机基本得到认同，但距离高满意度仍有较大距离,而学术能力自我确认动机的平均值为 2.84,未超过 3,说明小木虫论坛人文社科版区注册用户的自我学术能力确认的动机未得到大部分人认可。

从表 1-9 中可知,标准差都超过了 1,说明不同用户的使用动机差别较大,尤其是在学术成果交流动机(1.135)和学术能力自我确认动机(1.295)两个方面差异表现得更加明显。

表 1-9 用户使用动机的描述性统计数据(整理后得出)

变量	有效样本总数	最小赋值	最大赋值	平均值	标准差
学术信息发现	274	1	5	4.41	1.086
学术成果交流	274	1	5	3.68	1.135
学术能力自我确认	274	1	5	2.84	1.295

(三)用户粘度的统计数据分析

关于小木虫论坛用户粘度的其中一个测量指标用户固定时间内(本研究以一周为固定时间)使用论坛的次数(使用频率),本次研究将用户一周内使用论坛的频率分为"小于每周 1 次""每周 1~2 次""每周 3~4 次""每周 5~6 次""每周 7 次及以上"5 个条目来进行测量,本题目要测量的变量"使用频率"为分类型变量,所以以用表 4-5 频数表对其进行测量分析。由表可知,每周使用频率 3~4 次的占比最高,达到 33.94%,其次是每周使用频率 1~2 次的占比达到 25.91%,接下来是每周使用频率达到 5~6 次及以上的用户占比为 18.98%(其他具体见表 1-10)。

本研究将每周使用频率小于两次的视为用户粘度比较弱;将使用频率在 3~4 次的视为用户粘度一般;将使用频率在 5~6 次的视为用户粘度较强;将使用频率在 7 次及其以上的视为用户粘度很强。那么,通过此表的数据可以得出结论:多数小木虫论坛用户的用户粘度并不强。

表 1-10　使用小木虫论坛的频率（整理后得出）

	频率	数量	百分比	有效百分比	累计百分比
变量	小于每周 1 次	26	9.49	9.49	9.49
	每周 1~2 次	71	25.91	25.91	35.40
	每周 3~4 次	93	33.94	33.94	69.34
	每周 5~6 次	52	18.98	18.98	88.32
	每周 7 次及以上	32	11.68	11.68	100.0
	总数	234	100.0	100.0	

关于用户粘度的其中一个测量指标"每次使用小木虫论坛的时长"，本研究将变量"每次使用小木虫论坛的时长"分为"10 分钟以下""10~30 分钟""30 分钟至 1 小时""1 小时以上"4 个条目来进行测量，本题目要测量的变量"每次使用小木虫论坛的时长"为分类型变量，所以用表 1-11 的频数表对其进行测量分析。由表可知，每次使用时长在 10 至 30 分钟的占比最高，达到 45.62%，其次是每次使用 30 分钟至 1 小时的，占比达到 27.01%，接下来是每次使用时长 1 小时以上的用户，占比为 14.96%，每次使用时长在 10 分钟的占比最小，为 12.41%（其他具体见表 1-11）。

本研究将每周使用时长小于 10 分钟的视为用户粘度比较弱；将使用时长在 10 至 30 分钟的视为用户粘度一般；将使用时长在 30 分钟至 1 小时次的视为用户粘度较强；将使用时长在 1 小时及其以上的视为用户粘度很强。那么，通过此表的数据可以看出，用户每次使用时长在 30 分钟以下的比例达到 58.03%，所以可以得出结论：超过半数的小木虫论坛用户的用户粘度并不够强。

表1-11　每次使用小木虫论坛的时长（整理后得出）

	时长	数量	百分比	有效百分比	累计百分比
变量	10 分钟以下	34	12.41	12.41	12.41
	10 至 30 分钟	125	45.62	45.62	58.03
	30 分钟至 1 小时	74	27.01	27.01	85.04
	1 小时以上	41	14.96	14.96	100.0
	总数	274	100.0	100.0	

关于用户向其他人推荐小木虫论坛的数量情况，在调查的 274 个样本中，推荐次数为 0 的用户数量达到 33，占比 12.04%；推荐次数在1~10次的用户数量达到 119，占比 43.43%；推荐次数在 10~50 次的用户数量达到 83，占比 31.02%；推荐次数在 50 次以上的用户数量达到 37，占比 13.51%，即 12.04% 的用户不会向其他人推荐小木虫论坛，将近一半的用户会向周围人推荐 1~10 次（其他具体见表1-12）。

表1-12　向其他人推荐小木虫论坛的次数（整理后得出）

	次数	数量	百分比	有效百分比	累计百分比
变量	0	33	12.04	12.04	12.04
	1~10	119	43.43	43.43	55.47
	10~50	83	31.02	31.02	86.49
	50 以上	37	13.51	13.51	100.0
	总数	274	100.0	100.0	

关于用户粘度的其中一个测量指标"替代品"，本研究将变量用"在使用小木虫论坛的同时是否使用其他网络学术社区"进行测量，该变量为分类型变量。在调查的 274 个样本中，有 194 人会同时使用其他网络学术社区，占比 70.8%；80 人没有同时使用其他

网络学术社区，占比 29.2%。这表明小木虫论坛大多数用户会使用其他具有替代性质的网络学术社区，对小木虫论坛不够依赖，用户粘度并不稳定。

关于用户粘度的其中一个测量指标"反复使用度"，本研究将变量用"是否曾经中止使用（半年及其以上未使用）之后又重新使用小木虫论坛"进行测量，为分类型变量。在调查的 274 个样本中，有 70 人有过中止行为，占比 25.55%；204 人没有中止对小木虫论坛的使用，占比 74.45%。这表明大多数用户在使用小木虫论坛过程中具有反复使用的倾向，没有出现长时间不使用的行为和现象，反复使用度较高。

此外，依据前人所述，对互联网用户粘度的测量还应包含对互联网平台和内容的访问深度。从本研究研究对象实际出发，没有将访问深度列为用户粘度的主要测量变量，但通过对研究对象"是否提问""是否回答问题""是否被关注""是否邀请其他虫友提问"的测量，可以对小木虫论坛用户的粘度加以补充描述。

前文的文献综述部分有提到在用户粘度有访问深度这一测量变量，但结合本研究实际，访问深度主要是测量用户在互联网使用中由于特定目的而产生的行为连续性，从这个意义上看，访问深度既是对使用动机的描述，也带有对用户行为的描述。小木虫论坛的使用动机和用户粘度均与访问深度有一定重合，所以没有列入操作化内，但在问卷设计的前期访谈中，有反馈需要有关访问深度的测量，在问卷中补充设计关于访问深度的简单提问，是为了对用户粘度进行进一步测量。所以接下来笔者将对访问深度的样本结果进行简单的描述。

关于是否在版区上提问过，样本结果显示，93.07% 的用户提问过，只有 6.93% 的用户没有过提问行为，此题目用来测量用户粘度中的访问深度，用"是""否"两个条目来进行测量，为分类型变量，本题目暂将"在版区内提问过"视为访问深度较深，将"未在版区内提问过"视为访问深度不深，因而绝大部分的用户访问深度较深。关于是否在版区内回答过问题，88.32% 的用户表示回答过问题，只有

11.68％的用户在版区内没有回答过问题，此题目用来测量用户粘度中的访问深度，用"是""否"两个条目来进行测量，为分类型变量，本题目暂将"在版区上回答过问题"视为访问深度较深，将"未在版区上回答过问题"视为访问深度不深，可知大多数用户为访问深度校审。关于是否被版区内的其他"虫友"关注，82.85％的用户被其他"虫友"关注，17.15％的用户没有被关注；关于是否邀请其他用户回答过问题，在调查的274个样本中，只有79.56％的用户邀请其他用户回答过问题，20.44％的用户未邀请其他用户回答过问题。以上几个方面说明，大部分小木虫论坛的用户在访问深度上具有较明显的特征，访问深度较深。

当然，访问深度的测量指标并不唯一，此处引入的几个指标并非足够完整，但是得到的数据对测量访问深度而言有一定的代表性，从而对用户粘度的说明辅以支撑。

三、研究假设验证

（一）独立样本 t 检验

前面在描述性分析当中提到，性别特征对于小木虫论坛的使用行为不会造成明显影响，那么性别之于使用动机是否存在不同影响？以性别为变量，对使用动机进行独立样本 t 检验，来分析性别对小木虫论坛用户使用动机的影响是否存在差异。其中，性别为分类型变量，测量用户使用动机的 3 个条目"学术信息发现需求强度""学术成果交流动机强度""学术能力自我确认动机强度"在问卷中使用李克特量表的方式进行测量，每个指标的强度分别用 1、2、3、4、5 进行测量，从 1 至 5 逐渐增强，所以 3 个变量为数值型变量。性别作为分类型变量分别对应 3 个数值型变量，可以进行独立样本 t 检验。

表 1-13   不同性别用户使用动机的差异（整理后得出）

变量	男		女		t	显著性
	平均值	标准差	平均值	标准差		
学术信息 发现动机	14.72	2.91	15.49	3.09	-0.185*	0.028
学术成果 交流动机	20.06	3.89	19.61	3.41	1.565**	0.019
学术能力 自我确认 动机	10.27	2.67	10.88	2.70	-1.003	0.120

注：* $p < 0.05$ ** $p < 0.01$ *** $p < 0.001$

从表 1-13 中可以看出，在学术信息发现动机和学术能力自我确认动机方面，女性的平均分要高于男性，在学术成果交流动机方面，男性的平均分要高于女性。这仅仅可以粗略地反映出男女在小木虫论坛使用中初始动机的不同以及在动机实现程度上的差异，而从表中的 p 值看出，在学术信息发现动机、学术成果交流动机方面，不同性别存在显著差异；在学术能力自我确认动机方面不同性别的差异没有显著性。所以，女性学术信息发现动机的强度要高于男性，男性在学术成果交流动机强度上要高于女性，在学术能力自我确认动机强度上不存在明显的性别差异。

（二）卡方检验

在本研究中，"注册至今的使用时长"的测量条目分别为"1 年以下""1~2 年""2 年以上"，所以在本题目中"使用时长"为分类型变量。

测量用户粘度的 3 个重要指标为使用频率、每次使用时长、推荐次数。使用频率以"小于每周 1 次""每周 1~2 次""每周 3~4 次""每周 5~6 次""每周 7 次及以上"4 个条目来进行测量，"使用频率"为分类型变量；每次使用小木虫的时长以"10 分钟以下""10 至 30 分钟""30 分钟至 1 小时""1 小时以上"四个条目来进行测量，为分类型变量；推荐次数以"0""1~10""10~50""50 以上"4 个条目进行测量，为分类型变量，放在此处分析一定程度上用来测量用户粘度。所以在分析使用时长与使用频率、每次使用时长、推荐次数的关系时用交叉表来进行分析（具体见表1-14、1-15、1-16）。

　　由以上分析可知，本研究用交叉表分析用户使用时长与用户粘度的关系。

　　表1-14、1-15、1-16分别是使用时长和使用频率、每次使用时长和推荐次数的交叉表。以表1-14为例，在"实际频数"行中数字"7"表示：每周使用频率小于1次，使用小木虫论坛时长在2年以上的样本数，这个数字是由频数统计得来的；在"期望频数"行中，数字"12.6"表示：零假设（使用频率与使用小木虫论坛时长不相关，二者相互独立）情况下，每周使用频率小于1次并且使用年限在2年以上的情况下应该出现的样本数；在"使用小木虫论坛的频率"行中，"26.9%"表示每周使用小木虫论坛频率小于1次并且使用时长在2年以上的样本数占所有使用频率小于1次的总样本数的比例；在"使用小木虫论坛的时长"行中，"5.3%"表示每周使用频率小于1次并且使用时长在2年以上的样本数占所有使用时长在2年以上的总样本数的比例，其他组各个数字代表的意义与此相似。

表1—14　使用时长（使用年限）＊使用频率交叉表（整理后得出）

			使用小木虫论坛时长			
			2年以上	1至2年	1年以下	总数
使用频率	小于每周1次	实际频数	7	3	16	26
		期望频数	12.6	7.5	5.9	26.0
		使用小木虫论坛的频率	26.9%	11.5%	61.5%	100.0%
		使用小木虫论坛的时长	5.3%	3.8%	25.8%	9.5%
		占有效样本总量的百分比	2.6%	1.1%	5.8%	9.5%
	每周1～2次	实际频数	21	23	27	71
		期望频数	34.5	20.5	16.1	71.0
		使用小木虫论坛的频率	29.6%	32.4%	38.0%	100.0%
		使用小木虫论坛的时长	15.8%	29.1%	43.5%	25.9%
		占有效样本总量的百分比	7.7%	8.4%	9.9%	25.9%
	每周3～4次	实际频数	48	38	7	93
		期望频数	45.1	26.8	21.0	93.0
		使用小木虫论坛的频率	51.6%	40.9%	7.5%	100.0%
		使用小木虫论坛的时长	36.1%	48.1%	11.3%	33.9%
		占有效样本总量的百分比	17.5%	13.9%	2.6%	33.9%
	每周5～6次	实际频数	35	8	9	52
		期望频数	25.2	15.0	11.8	52.0
		使用小木虫论坛的频率	67.3%	15.4%	17.3%	100.0%
		使用小木虫论坛的时长	26.3%	10.1%	14.5%	19.0%
		占有效样本总量的百分比	12.8%	2.9%	3.3%	19.0%
	每周7次及以上	实际频数	22	7	3	32
		期望频数	15.5	9.2	7.2	32.0
		使用小木虫论坛的频率	66.8%	21.9%	9.4%	100.0%
		使用小木虫论坛的时长	16.5%	8.9%	4.8%	11.7%
		占有效样本总量的百分比	8.0%	2.6%	1.1%	11.7%

续表1-14

		使用小木虫论坛时长			
		2年以上	1至2年	1年以下	总数
总数	实际频数	133	79	62	274
	期望频数	133.0	79.0	62.0	274.0
	使用小木虫论坛的频率	48.5%	28.8%	22.6%	100.0%
	使用小木虫论坛的时长	100.0%	100.0%	100.0%	100.0%
	占有效样本总量的百分比	48.5%	28.8%	22.6%	100.0%

表1-15 使用时长（使用年限）＊每次使用时长交叉表（整理后得出）

			使用小木虫论坛时长			
			2年以上	1至2年	1年以下	总数
每次使用时长	10分钟以下	实际频数	16	4	14	34
		期望频数	16.5	9.8	7.7	34.0
		每次使用时长	47.1%	11.8%	41.2%	100.0%
		使用小木虫论坛的时长	12.0%	5.1%	22.6%	12.4%
		占有效样本总量的百分比	5.8%	1.5%	5.1%	12.4%
	10至30分钟	实际频数	49	40	36	125
		期望频数	60.7	36.0	28.3	125.0
		每次使用时长	39.2%	32.0%	28.8%	100.0%
		使用小木虫论坛的时长	36.8%	50.6%	58.1%	45.6%
		占有效样本总量的百分比	17.9%	14.6%	13.1%	45.6%
	30分钟至1小时	实际频数	36	30	8	74
		期望频数	35.9	21.3	16.7	74.0
		每次使用时长	48.6%	40.5%	10.8%	100.0%
		使用小木虫论坛的时长	27.1%	38.0%	12.9%	27.0%
		占有效样本总量的百分比	13.1%	10.9%	2.9%	27.0%

续表1-15

			使用小木虫论坛时长			
			2年以上	1至2年	1年以下	总数
每次使用时长	1小时以上	实际频数	32	5	4	41
		期望频数	19.9	11.8	9.1	41.0
		每次使用时长	78.0%	12.2%	9.8%	100.0%
		使用小木虫论坛的时长	24.1%	6.3%	6.5%	15.0%
		占有效样本总量的百分比	11.7%	1.8%	1.5%	15.0%
总数		实际频数	133	79	62	274
		期望频数	133.0	79.0	62.0	274.0
		每次使用时长	48.5%	28.8%	22.6%	100.0%
		使用小木虫论坛的时长	100.0%	100.0%	100.0%	100.0%
		占有效样本总量的百分比	48.5%	28.8%	22.6%	100.0%

表1-16　使用时长（使用年限）＊推荐次数交叉表（整理后得出）

			使用小木虫论坛时长			
			2年以上	1至2年	1年以下	总数
推荐次数	0	实际频数	1	7	25	33
		期望频数	16.0	9.5	7.5	33.0
		推荐次数	3.0%	21.2%	75.8%	100.0%
		使用小木虫论坛的时长	0.8%	8.9%	40.3%	12.0%
		占有效样本总量的百分比	0.4%	2.6%	9.1%	12.0%
	1~10	实际频数	40	46	33	119
		期望频数	57.8	34.3	26.9	119.0
		推荐次数	33.6%	38.7%	27.7%	100.0%
		使用小木虫论坛的时长	30.1%	58.2%	53.2%	43.4%
		占有效样本总量的百分比	14.6%	16.8%	12.0%	43.4%

续表1-16

			使用小木虫论坛时长			
			2年以上	1至2年	1年以下	总数
推荐次数	10~50	实际频数	58	23	4	85
		期望频数	41.3	24.5	19.2	85.0
		推荐次数	68.2%	27.1%	4.7%	100.0%
		使用小木虫论坛的时长	43.6%	29.1%	6.5%	31.0%
		占有效样本总量的百分比	21.2%	8.4%	1.5%	31.0%
	50以上	实际频数	34	3	0	37
		期望频数	18.0	10.7	8.4	37.0
		推荐次数	91.9%	8.1%	0.0%	100.0%
		使用小木虫论坛的时长	25.6%	3.8%	0.0%	13.5%
		占有效样本总量的百分比	12.4%	1.1%	0.0%	13.5%
总数		实际频数	133	79	62	274
		期望频数	133.0	79.0	62.0	274.0
		推荐次数	48.5%	28.8%	22.6%	100.0%
		使用小木虫论坛的时长	100.0%	100.0%	100.0%	100.0%
		占有效样本总量的百分比	48.5%	28.8%	22.6%	100.0%

如表1-17所示，在卡方检验结果表中（p值小于0.01），可以判断出两个变量呈显著相关性，注册时长与使用频率、每次使用时长、推荐次数呈显著相关，即注册时长对使用频率有显著影响，注册时长对每次使用时长有显著影响，注册时长与推荐次数呈显著相关。

表1-17　卡方检验的结果（整理后得出）

	使用频率	每次使用时长	推荐次数
卡方	56.182[a]	75.460	74.088[b]
df	4	3	3

续表1-17

	使用频率	每次使用时长	推荐次数
渐近显著性	0.000	0.000	0.000

注：a. 0个单元（0.0%）具有小于5的期望频率。单元最小期望频率为54.8；
　　b. 0个单元（0.0%）具有小于5的期望频率。单元最小期望频率为68.5

（三）相关分析检验

本研究在参考前人文献的基础上采用4个条目来测量研究对象的学术信息发现动机强度，选项采用李克特五点量表从"非常不同意"（赋值为1）到"非常同意"（赋值为5），同意程度从1到5逐渐增强，变量类型为数值型变量。同时对用户粘度中用户依赖度的维度测量采用两个测量指标，其中使用惯性用6个条目来测量，选项采用李克特五点量表从"非常不同意"（赋值为1）到"非常同意"（赋值为5），同意程度从1到5逐渐增强，变量类型为数值型变量。将两个变量进行相关分析，用来检验用户学术信息发现动机强度是否影响用户的使用惯性，如有影响，其强弱关系如何。

如下表1-18所示，相关分析结果表中（p值小于0.01，相关系数为0.625），可以判断出学术信息发现动机强度与用户的使用惯性具有显著相关性，呈中度相关，即用户的学术发现信息动机强度中度影响用户的使用惯性。

表1-18　相关性分析的结果（整理后得出）

		学术信息发现动机强度	用户使用惯性
学术信息发现动机强度	皮尔逊相关性	1	0.625
	显著性（单侧）		0.000
	有效样本总数	274	274
用户使用惯性	皮尔逊相关性	0.625	1
	显著性（单侧）	0.000	
	有效样本总数	274	274

与上述检验方式相同，对用户的学术成果交流动机、学术能力自我确认动机分别于用户的使用惯性进行相关性分析，得出用户学术成果交流动机强度轻度影响用户的使用惯性，用户学术能力自我确认动机轻度影响用户的使用惯性；然后对研究假设的部分假设进行了验证（具体见表1-19、表1-20）。

表1-19　相关性分析的结果（整理后得出）

		学术成果交流动机强度	用户使用惯性
学术成果交流动机强度	皮尔逊相关性	1	0.219
	显著性（双侧）		0.000
	有效样本总数	274	274
用户使用惯性	皮尔逊相关性	0.219	1
	显著性（双侧）	0.000	
	有效样本总数	274	274

表1-20　相关性分析的结果（整理后得出）

		学术能力自我确认动机强度	用户使用惯性
学术能力自我确认动机强度	皮尔逊相关性	1	0.104
	显著性（双侧）		0.000
	有效样本总数	274	274
用户使用惯性	皮尔逊相关性	0.104	1
	显著性（双侧）	0.000	
	有效样本总数	274	274

（四）多元回归分析检验

1. 自变量

（1）学术信息发现动机强度。本研究在参考前人文献的基础上采用4个条目来测量研究对象的信息获取需求动机，选项采用李克特五点量表从"非常不同意"（赋值为1）到"非常同意"（赋值为5），同意程度从1到5逐渐增强，变量类型为数值型变量。（2）学术成果交流动机强度。本研究在参考前人文献的基础上采用11个条目来测量研究对象的信息需求，选项采用李克特五点量表从"非常不同意"（赋值为1）到"非常同意"（赋值为5），同意程度从1到5逐渐增强，变量类型为数值型变量。（3）学术能力自我确认动机强度。结合之前学者的研究，本研究提出了6个条目的测量题项，选项采用李克特五点量表从"非常不同意"（赋值为1）到"非常同意"（赋值为5），同意程度从1到5逐渐增强，变量类型为数值型变量。

2. 因变量

用户粘度。用于多元回归分析的用户粘度的五个测量指标是固定时间内访问次数、每次停留时间、推荐次数、反复使用度、替代品的使用。

3. 简单多元回归分析

在进行简单多元回归分析之前，对自变量和因变量的各个指标进行皮尔森相关系数分析，测量其显著性从而判断是否适合用于进行简单回归分析（具体见表1-21、1-22）。

表1-21　自变量各指标间的相关分析（本研究整理）

变量	发现动机强度	交流动机强度	自我确认动机强度
发现动机强度	1	0.504**	0.502**
sig		0.000	0.000
交流动机强度	0.504**	1	0.665**
sig	0.000		0.000
自我确认动机强度	0.502**	0.665**	1
sig	0.000	0.000	

注：**相关性在0.01水平上显著（双尾）。

表 1-22 因变量各指标间的相关分析（整理后得出）

变量	固定时间内访问次数	每次停留时间	推荐次数	反复使用度	替代品使用
固定时间内访问次数	1	0.424**	0.587**	0.559**	0.399**
sig		0.000	0.000	0.000	0.000
每次停留时间	0.424**	1	0.233**	0.235**	0.085
sig	0.000		0.000	0.000	0.093
推荐次数	0.587**	0.233**	1	0.587**	0.575**
sig	0.000	0.000		0.000	0.000
反复使用度	0.559**	0.235**	0.587**	1	0.564**
sig	0.000	0.000	0.000		0.000
替代品使用	0.399**	0.085	0.575**	0.564**	1
sig	0.000	0.000	0.000	0.000	

注：＊＊相关性在 0.01 水平上显著（双尾）。

分析数据可知，除了使用惯性这一变量通过相关分析已得到检验外，其他变量间均存在显著的相关性（p<0.05），这表明，整体而言变量适合用于进行回归分析。

在对研究假设进行检验的过程中，主要采取简单线性回归与多元线性回归相结合的方法，这是由于相较于皮尔逊相关性分析，回归分析能够对变量的因果关系进行测量，且通过回归分析能够对自变量对于因变量变化的贡献力有直观的认识，与本研究的研究目的相契合。

本研究需要以使用动机为自变量，用户粘度为因变量进行简单多元回归分析。对于用户粘度中的用户忠诚度，需要判断学术信息发现动机强度、学术成果交流动机强度、学术能力自我确认动机强度对于用户忠诚度的影响及影响程度，而用忠诚度体现为固定时间内访问次数、停留时长、推荐次数 3 个测量指标，需要进行 3 次回归分析；对于用户粘度中的用户依赖度，需要判断学术信息发现动机强度、学术成果交流动机强度、学术能力自我确认动机强度对于用户依赖度的影响及程度，而用户依赖度的替代成品（另一个指标使用惯性已通过相关分析得以统计），同样需要进行一次回归分析；用户反复使用度需要进行一次回归分析。

下面以学术信息发现动机强度、学术成果交流动机强度、学术能力自我确认动机强度与用户的使用频率（固定时间内访问次数）为例，进行简单回归分析的呈现。

表1-23　多元线性回归分析模型摘要（整理后得出）

模型	R	R 方	调整后 R 方	标准估算的误差
1	0.685[a]	0.470	0.464	0.468

注：a. 预测变量（常量）：发现动机，交流动机，自我确认动机

表1-24　多元线性回归分析系数（整理后得出）

回归分析系数[a]						
模型		未标准化系数		标准化系数	T	显著性
		B	标准误差	Beta		
1	（常量）	0.402	0.221		1.818	0.070
	发现动机	0.226	0.042	0.280	7.716	0.000
	交流动机	0.164	0.011	0.170	5.569	0.000
	自我确认动机	−0.014	0.009	−0.007	−0.169	0.754

注：a. 因变量：使用频率

以学术信息发现动机强度、学术成果交流动机强度、学术能力自我确认动机强度3个变量建立一个多元回归模型来预测用户对小木虫论坛的使用频率（固定时间内访问次数），总体而言，模型是显著的，$p < 0.05$，R2＝0.47。在被调查的预测变量中，学术信息发现动机强度、学术成果交流动机强度是显著预测变量，且学术信息发现动机强度对于用户的使用频率贡献最大，学术信息交流动机强度次之。变量中，学术能力自我确认动机强度为不显著预测变量，$p > 0.05$。部分

研究假设得以验证。因此得出回归方程为：$Y = 0.402 + 0.226 \times X_1 + 0.164 \times X_2$（$Y$＝用户使用频率，$X_1$＝发现动机强度，$X_2$＝交流动机强度，$X_3$＝自我确认动机强度），具体见表1－23、1－24。

对学术信息发现动机强度、学术成果交流动机强度、学术能力自我确认强度与用户每次停留时间、向周围人推荐次数、替代品的使用、反复使用度的回归分析与上述过程一致。可以发现，对于用户的停留时间，学术信息发现动机强度、学术成果交流动机强度是显著预测变量，且学术信息发现动机强度对于用户的停留时间贡献最大，学术信息交流动机强度次之。变量中，学术能力自我确认动机强度为不显著预测变量，$p > 0.05$；部分研究假设得以验证。因此得出回归方程为：$Y = 0.348 + 0.275 \times X_1 + 0.199 \times X_2$（$Y$＝停留时间，$X_1$＝发现动机强度，$X_2$＝交流动机强度）。对于推荐次数，用户学术信息发现动机强度、学术成果交流动机强度、学术能力自我确认动机强度是显著预测变量，且学术成果交流动机强度对于推荐次数贡献最大，学术信息发现动机强度、学术能力自我确认动机分别次之。部分研究假设得以验证。

因此得出回归方程为：$Y = 0.263 + 0.331 \times X_1 + 0.347 \times X_2 + 0.156 \times X_3$（$Y$＝推荐次数，$X_1$＝发现动机强度，$X_2$＝交流动机强度，$X_3$＝自我确认动机强度）。对于替代品的使用，学术信息发现动机强度、学术成果交流动机强度、学术能力自我确认动机强度均是显著预测变量，且学术信息发现动机强度对于替代品的使用贡献最大，学术信息交流动机强度、学术能力自我确认动机强度次之。部分研究假设得以验证。

因此得出回归方程为：$Y = 0.512 + 0.416 \times X_1 + 0.355 \times X_2 + 0.329 \times X_3$（$Y$＝替代品的使用，$X_1$＝发现动机强度，$X_2$＝交流动机强度，$X_3$＝自我确认动机强度）。对于反复使用度，学术信息发现动机强度、学术成果交流动机强度、学术能力自我确认动机强度均是显著预测变量，且学术能力自我确认动机强度对于反复使用度贡献最大，学术信息交流动机强度、学术成果交流动机强度次之。部分研究假设得以验证。

因此得出回归方程为：$Y = 0.134 + 0.198 \times X_1 + 0.163 \times X_2 + 0.315 \times X_3$（Y=反复使用度，$X_1$=发现动机强度，$X_2$=交流动机强度，$X_3$=自我确认动机强度）（具体见表1-25）。

表1-25　多元线性回归分析系数（整理后得出）

因变量：停留时间		
	未标准化系数（b）	sig
（常量）	0.348	0.015
发现动机	0.275	0.000
交流动机	0.199	0.000
自我确认动机	−0.038	0.611
因变量：推荐次数		
	未标准化系数（b）	sig
（常量）	0.263	0.054
发现动机	0.331	0.000
交流动机	0.347	0.000
自我确认动机	0.156	0.011
因变量：替代品的使用		
	未标准化系数（b）	sig
（常量）	0.512	0.082
发现动机	0.416	0.000
交流动机	0.355	0.000
自我确认动机	0.329	0.000
因变量：反复使用度		
	未标准化系数（b）	sig
（常量）	0.134	0.027
发现动机	0.198	0.000

因变量：停留时间		
交流动机	0.163	0.000
自我确认动机	0.315	0.000

（五）研究假设结果

通过对各变量的多重分析，笔者对本研究提出的研究假设进行了验证，具体验证情况如表1-26。

表1-26　研究假设验证结果表（整理后得出）

序号	研究假设	
H1	用户学术信息发现动机强度影响用户忠诚度	成立
H1a	用户学术信息发现动机强度影响用户固定时间内访问论坛的次数	成立
H1b	用户学术信息发现动机强度影响用户每次停留时间	成立
H1c	用户学术信息发现动机强度影响用户向周围人推荐的次数	成立
H2	用户学术信息发现动机强度影响用户依赖度	成立
H2a	用户学术信息发现动机强度影响用户对替代品的使用	成立
H2b	用户学术信息发现动机强度影响用户的使用惯性	成立
H3	用户学术信息发现动机强度影响用户反复使用度	成立
H4	用户学术成果交流动机强度影响用户忠诚度	成立
H4a	用户学术成果交流动机强度影响用户固定时间内访问论坛的次数	成立
H4b	用户学术成果交流动机强度影响用户每次停留时间	成立
H4c	用户学术成果交流动机强度影响用户向周围人推荐的次数	成立
H5	用户学术成果交流动机强度影响用户依赖度	成立
H5a	用户学术成果交流动机强度影响用户对替代品的使用	成立
H5b	用户学术成果交流动机强度影响用户的使用惯性	成立

续表1—26

序号	研究假设	
H6	用户学术成果交流动机强度影响用户反复使用度	成立
H7	用户学术能力自我确认动机强度影响用户忠诚度	不成立
H7a	用户学术能力自我确认动机强度影响用户固定时间内访问论坛的次数	不成立
H7b	用户学术能力自我确认动机强度影响用户每次停留时间	不成立
H7c	用户学术能力自我确认动机强度影响用户向周围人推荐的次数	不成立
H8	用户学术能力自我确认动机强度影响用户依赖度	成立
H8a	用户学术能力自我确认动机强度影响用户对替代品的使用	成立
H8b	用户学术能力自我确认动机强度影响用户的使用惯性	成立
H9	用户学术能力自我确认动机强度影响用户反复使用度	成立

研究结果显示，在所有的研究假设中，除了学术能力自我确认动机强度不能够影响用户忠诚度外，其余假设全部成立。这说明数据较好地支撑和解释了研究模型，模型具有较强的解释力。

第五节　研究发现与讨论

通过上文对小木虫论坛中人文社科版区的用户使用动机与使用粘度的研究分析，笔者发现，用户在使用过程中，学术信息发现动机和学术成果交流动机对用户粘度的影响较为突出，而学术能力自我确认动机对于用户粘度的影响不够突出，尤其在用户忠诚度这个层面，学术能力的自我确认动机强度不能够对用户忠诚度造成影响。那么为何不同的使用动机对用户粘度的影响不同？出现这种现象的因素包括哪些方面？如何从用户的使用动机出发，提升用户对小木虫论坛的使用粘度？这些问题的回答一方面可以从样本中的被试者在使用过程中的部分使用行为进行较为直观的整理；另一方面需要对小木虫论坛用户进行深度的访谈，通过对用户使用动机和使用体验的深入了解，来对小木虫论坛用户粘度的提升提出更有效的建议。下面将围绕上一节数据统计结果并辅之以深度访谈的方式对本研究的研究问题进行分析和讨论。

一、使用动机与用户粘度的关系

学术信息发现动机、学术成果交流动机、学术能力确认动机的强度不同程度地影响了用户的使用粘度，本部分将对前文中关于使用动机和使用粘度之间的关系加以深入分析。

（一）学术信息发现动机与用户粘度

从调查数据的统计结果和研究假设的成立情况来看，用户在小木虫论坛的使用过程中，其学术信息发现动机显著影响其忠诚度、依赖度和反复使用度。具体说来，用户学术信息发现动机强度影响用户固定时间内访问论坛的次数、每次停留时间、向周围人推荐的次数、对替代品的使用、使用惯性以及反复使用程度。

学术信息发现动机之所以可以显著影响用户粘度，一方面在于网络学术社区自身的特点和属性，另一方面在于学术信息发现动机是其使用网络学术社区的重要目的之一，比较容易产生较为固定的使用习惯和成熟的使用方式——尤其是小木虫论坛作为成立较早、具有一定浏览用户基础的网络学术社区，从上线运营至今，已拥有较为稳定的用户使用群体。这部分群体既是小木虫论坛学术信息的发现者也是贡献者，他们在传播信息的同时也在生产信息，并且随着小木虫论坛影响力和覆盖面的扩大，这部分群体得以不断发展壮大——基于现实学术环境的强关系和熟人社交，通过向他人进行推荐小木虫论坛从而提升了小木虫论坛的影响力。

对于小木虫论坛，其混乱的发帖规则和相对嘈杂的交流环境虽然时常受到用户的诟病，但也体现了网络学术社区自由、平等、即时、发散等基础性特征，完成了使用用户对在线学术交流的基本需求，可以随时随地地获取和发现学术信息，为学术信息的进一步生产和传播创造了前提。在获取和发现学术信息时，用户要通过浏览、搜索等论坛支持的手段产生接受行为，这一系列的行为都需要时间长度的保障。用户浏览、搜索各种学术信息时，尤其对于人文社科研究人员而言，受其学科背景和关注内容影响，需要通过一定访问时长、访问次数等时间成本作为基础才能在小木虫论坛内获取更有针对性和价值的学术信息。用户需要的学术信息大部分集中在不同用户互相解释帖子的过程中，很难做到第一时间从标题、主题帖子、精华帖子中直接获得；同时人文社科研究人员对于学术信息的获取程度不局限于问题表面，更多关注问题背后所引发的各种思考，呈现链接性，这同样需要固定的论坛使用习惯。此外，人文社科研究人员在获取和发现学术信息时，相比于其他学科研究研究人员，更注重信息的延展性和连续性，更倾向于在相同或相似的话语场景下进行学术信息的发现与讨论，带有情感上的依赖，这其实保障了小木虫论坛在用户使用过程中的使用惯性和对其他替代产品的相对排斥。综上，小木虫论坛在用户学术信息发现动机方面能够显著影响用户粘度，在忠诚度、依赖度、反复使用度等方面形成了较为稳定的线性关系。

（二）学术成果交流动机与用户粘度

在学术信息发现动机显著影响用户粘度的同时，学术成果交流动机同样显著影响用户粘度，通过对用户固定时间内访问论坛的次数、每次停留时间、向周围人推荐的次数与对替代品的使用、使用惯性及反复使用程度等指标的测量结果可以发现，学术成果交流动机对忠诚度、依赖度、反复使用度三个维度均呈现相关性，但相关程度逐渐降低。

出现上述现象的主要原因在于学术成果交流动机不同于学术信息发现动机，其目的不在于单纯的信息分享和获取，用户出于学术成果交流动机而进行小木虫论坛的使用，大多数为了达到学术社交的目的，这也是网络学术社区区别于其他学术交流活动的本质特征之一。因而学术社交是学术成果交流动机的内在动力之一。用户期望在小木虫论坛的使用过程中通过问答、评论等方式参与到学术成果的讨论中，既是对自身研究成果的传播，也是对其他用户研究成果的学习，并且期待这种学习和传播的行为效果呈现螺旋式上升，向纵深的方向不断发展。对比小木虫论坛中用户的学术社交行为和过程，不难发现小木虫论坛的学术社交带有偶然性、突发性和扁平性，其偶然性主要由于在小木虫论坛上进行的学术交流带有自愿、自发的性质，大量数据的随时更新更是为这种偶然性提供了后台技术支持，同时也打破了持续社交的可能性；其突发性主要是由于小木虫论坛上进行的学术交流主要是基于话题的讨论，具体以发帖、回帖等形式体现，这种社交规则不同于现实环境的学术社交，往往是由突发事件或时事热点带来的带有学术性质的讨论交流，这种突发性的在线学术社交行为，易基于相同、相似的观点快速地形成在线群体，这些在线群体有可能随着突发事件等搜索热度的降低随时消解，也有可能随着突发事件讨论的深入上升到学术观点、主张层面的对立，最终面临消解的局面。

因而小木虫论坛的用户在满足自我的学术社交目的过程中，一方面得到了初级层面的需要满足，另一方面也容易产生与用户对于网络学术社区学术成果交流动机固有期待一定程度上的分歧。因而这种关系表现在该使用动机既与忠诚度、依赖度、反复使用度具有相关性，但又出现了不同程度的递减效应。学术成果交流动机与忠诚度之间的相关性最强在于学术社交的满足要基于一定的时间投入，即便在小木虫论坛上不能得到学术成果交流动机的满足，仍需要大量时间的实践才可以得到相关认知；依赖度与反复使用度与学术成果交流动机之间的相关性较弱在于用户拥有其他具有替代性的使用品，也会进行主动中止行为、改变使用惯性等可能性。综上，小木虫论坛在用户学术成果交流动机方面能够显著影响用户粘度，但存在不同程度的相关性。

（三）学术能力自我确认动机与用户粘度

作为学术社交的另一个层面，学术能力自我确认动机对用户粘度的影响不同于学术信息发现动机、学术成果交流动机对于用户粘度的显著影响，学术能力自我确认动机部分影响用户粘度，在忠诚度方面的影响不显著，显著影响用户的依赖度、反复使用度。

具体说来，通过对小木虫论坛用户固定时间内访问论坛的次数、每次停留时间、向周围人推荐的次数等指标的测量发现，学术能力自我确认动机不能够显著影响用户粘度。出现这种结果的原因有两个方面：一是小木虫论坛自身在内容设计、机制运行等方面不能满足用户自我学术能力确认的需要，所以用户的点赞、转发、打赏（线上App）等手段不能使之产生较高强度的访问行为，包括访问频率、访问时长、推荐次数等。二是在线学术社交自身的局限性限制了用户对自我学术能力的确认。不同于现实环境的学术社交，用户对自我学术能力的确认来自社会资本、名誉及各种其他具有学术符号性质的肯定，这种确认来自于权威的认可和大众的好评，是通过他人的高度评价而逐渐内化到个人的自我评价和感知。这种他者对个人的过程，由于具有时间、空间、情感等各个方面的积累和沉淀，一旦形成，就会具有强烈的稳定性和持续性，也容易被自我所接受。而在线社交，尤其是小木虫论坛上的学术社交，其学术能力的自我确认是在虚拟空间的确认，受虚拟空间的影响，用户访问数量巨大但流失严重，因而首先在获取他人的准确评价这个层面就面临不够客观的质疑；其次是小木虫论坛的评价体系通过点赞、赠送积分等形式传递，这与具有现实环境中"头衔""证书"等具有仪式感的手段不同，很难产生自我肯定的基础；再则小木虫论坛由于是在线社交平台，打破时间、空间限制的同时也难以实现时间成本和空间体验的积累，他人评价很难在情感上转化为自我认同。在这种条件下，小木虫论坛的学术能力自我确认动机没有对用户忠诚度构成显著影响。

而对替代品的使用、使用惯性以及反复使用程度等指标的测量结果可以表明学术能力自我确认动机对用户依赖度、反复使用度构成显著影响。这是由于一旦用户能够在小木虫论坛上实现自我学术能力确认的动机，就会产生连续使用小木虫的使用惯性，很难在其他替代性的网络学术社区中产生相同的确认动机；并且受话语体系的影响，其也很难产生中止行为。这一点对于人文社科研究人员具有更为明显的现实意义，只有具有相似或相同场域的社交环境，才能更有益于观点的碰撞与升华，从而实现更为彻底的学术能力自我确认。

二、产生粘度差异的影响因素

对于研究对象——小木虫论坛而言，学术信息的发现动机、学术成果的交流动机、学术能力自我确认的动机构成了其使用动机的主体部分，用户依赖度、忠诚度、反复使用度等构成了测量其用户粘度的主要变量。通过对两者之间关系的观察与实证，发现不同的使用动机不同程度地影响了用户粘度，既有简单的相关关系，也有程度上的强弱关系，哪些因素导致了上述现象的产生？下面将结合深度访谈的内容从网络学术社区本身和小木虫论坛进行讨论。

（一）驱动——获取信息

从数据结果来看，学术信息发现的动机得到了大部分使用用户认可，并且在在学术信息发现动机方面，女性的平均分要高于男性。换言之，女性学术信息发现动机的强度要高于男性。同时学术信息发现动机强度影响用户粘度，其中对于用户的忠诚度、依赖度的影响强度高于学术成果交流动机、学术能力自我确认动机强度。这里将据此追问形成原因，以及如何让用户的学术发现动机得以实现，从而提升用户粘度。

学术信息发现动机是在线学术交流的重要动机，用户使用网络学术社区的首要目的就在于获取最新的或者所关注的学术信息和动态，通过即时、平等、发散的线上平台弥补线下由于发现或者获取不及时、难度大、不够便利等方面造成学术信息滞后、无效等的困扰。因此学术信息发现动机成为与用户忠诚度、依赖度最高的动机，究其根本在于网络学术社区的本质属性——服务性。网络学术社区的开放性使得各种学术信息能够实现同步传播并通过技术手段进行保存，这对于从事或者对学术问题感兴趣的使用用户而言，利用网络平台进行学术信息的发现是非常有效的。小木虫论坛作为网络学术社区的重要平台之一，成立时间较早，使用群体庞大，从用户基数、活跃度看，其在国内众多网络学术社区中排在前列。

说实话，小木虫（论坛）作为获取资源的工具的话，我觉得还是不错的，毕竟总有不能用校园网的情况，而且有时候找熟人帮忙还真不一定有小木虫（论坛）来的快，不仅节约时间，而且搜索过程中还

有新发现，所以还是很好的。（受访者 HJ①）

但同时，笔者发现，在用户粘度中的反复使用度上，学术信息发现动机强度影响程度要弱于学术成果交流动机强度和学术能力自我确认动机强度，形成这种现象的原因是：网络学术社区在具有开放性特点的同时也具有信息更新快的特点，而对于学术信息，相较于其他类型信息的特点，学术信息还具有专业度和深度的特点，这就导致某些用户对于学术信息的质量要求颇高，并且需要时间理解和消化。而在使用小木虫论坛的过程中，用户对学术信息发现动机的满足一方面在于数量的积累，一方面在于质量的提升，仅通过浏览和关注的情况来看，难以形成较高的粘度，容易产生用户流失。而对于学术成果交流动机和学术能力自我确认动机来说，更多在于对网络学术社区的深度使用，如在社区中提问、回复、评论等进一步的沟通行为，这些沟通行为成为社区内社交的常态，有助于增加用户的反复使用度。同时随着网络技术条件的更新升级，这些线上操作更加丰富便利，无论是在使用方式上（PC端和移动端）还是在具体应用上，多带有明显的学术性，从而稳定了学术成果交流的使用动机；再如在小木虫论坛的App界面中出现"打赏""红包"等进一步增强用户体验的方式，这些具有经济行为性质的互动方式非但没有降低用户对于网络学术社区的使用热情，反而促使了更多良性的知识行为互动，这是由于网络学术社区使用群体大多为学术研究人员，对于知识产权保护有着较为普遍的共识，付费获取的资源比起常规搜索到的学术信息更具有针对性和使用价值，被"打赏"的作者或者观点更具有话题性和讨论性，充分满足了用户学术能力自我确认的需要。

打赏或者发个红包很常见，金额不大，但是对于发文者是一种鼓励和感谢吧，而且可以短时间内取得发文者的信任，再进行沟通交流就很顺畅。被打赏的人一般都会把赏金拿出来和大家分享红包。（受

---

① 受访者 HJ，女，22 岁，四川某高校在读本科生。

访者 JXJ^①）

因此，出于获取信息的需要，学术信息发现动机、学术成果交流动机、学术能力自我确认动机不同程度地影响着用户使用粘度，其中在一定程度上，学术信息发现动机占主要比重。

（二）核心——交流互动

无论是线上的学术讨论还是线下的学术研讨，都离不开学术行为的核心目标：交流与互动，因而在网络学术社区中，新技术的发展将这种交流方式与互动行为得以升级，为用户提供更便捷的体验，学术成果交流动机在网络学术社区的使用动机中占有重要地位。

从小木虫的使用情况来看，在学术成果交流动机强度上，男女存在显著差异，男性在学术成果交流动机强度上要高于女性，侧面验证前文中对学术信息发现动机中性别的发现——女性在网络学术社区的使用中更关注学术信息的获取，而男性更注重学术成果的交流；学术成果交流的动机基本得到认同，但距离高满意度仍有较大距离，用户学术成果交流动机强度轻度影响用户的使用惯性。排除上述学术信息获取作为网络学术社区主要驱动力的影响，小木虫论坛自身因素，也对用户使用惯性具有影响。

我觉得小木虫（论坛）最糟糕的一点就是它的发贴规则，需要有金币，并由此衍生出一套金币获取规则。这些都大量浪费研究生休息和做科研的时间，有时候时间紧急但没有足够的金币，便无法及时和其他研究生交流。（受访者 YL^②）

小木虫论坛在学术交流上没有充分发挥其强大的功能作用，不仅仅表现在受访者提到的金币制度，还包括论坛的整体设计等方面。

① 受访者 JXI，男，26岁，四川某高校硕士研究生。
② 受访者 YL，女，27岁，四川某高校硕士研究生。

小木虫（论坛）的版面太难看了。细分领域的分类栏红红绿绿、密密麻麻，还带小划线。首页版面居然有 N 个屏的版面，广告至少占了两个屏。资源分类也很凌乱。（受访者 JXJ①）

从深度访谈对象所描述的用户体验来看，小木虫论坛没有很好地实现学术成果交流动机的影响因素主要集中在内部设计和后台运营上。没有足够好的用户体验导致用户在使用惯性、忠诚度等方面呈现出流失行为。然而导致学术成果交流动机没有较大程度影响使用粘度的又一因素在于学术社交自身的局限性。学术社交不同于其他社交类型，带有强烈的科学性、思想性、独立性，这些特性在线下的学术社交中可以得到发挥，如学术研讨会议、学术沙龙等，但处在开放无边界的网络环境中，学术社交固有的属性与网络的某些特性产生冲突，难以得到最大限度的开发。通过观察小木虫论坛的发帖和回帖情况，与学术社交的帖子可以分为两类：一类是建立在学术问题上的"答疑帖"，这类帖子不带有强烈的学术派别色彩，仅仅是学术问题解惑或是学术话题讨论，参与内容不带有个人意识，追求对问题或者话题的最优处理。一类是建立在学术态度上的"口水贴"，这类帖子带有比较明显的个人意识色彩，言语表达有攻击性，甚至出现学术讨论之外的人身攻击等字眼。"口水贴"虽然不乏关于学术问题的真知灼见，但是这种不理性的学术交流不是网络学术社区所提倡的学术社交，从使用粘度来看，回复、跟帖、评论等交流行为一定程度上增加了用户忠诚度、依赖度和反复使用度，但多数为短期内使用粘度的提升，未能从根本上提升用户的使用粘度。"答疑贴"的性质决定了帖子的分散性，这种分散不仅体现在时间上的分散，也表现在用户追踪的分散，因而导致用户使用粘度的不断降低。

从调查问卷的统计数据和深度访谈的结果来看，在小木虫论坛的使用过程中，用户学术成果交流动机没有被很好地挖掘开发，用户没能通过小木虫论坛充分地实现自我的学术成果交流动机，从而影响用

---

① 受访者 JXI，男，26 岁，四川某高校硕士研究生。

户对小木虫论坛的使用粘度。因此，对于用户的学术成果交流动机的激发和转化，是很有必要的。对于小木虫论坛而言，发挥其用户基数优势，深入了解用户对于学术交流的具体需要，在技术、设计、管理层面进行完善和创新，更加地实现小木虫论坛对用户学术成果交流动机的转化。

（三）外延——自我确认

从小木虫论坛的使用情况来看，学术能力自我确认的动机满意度不高；男性和女性在自我确认动机上不存在显著差异；用户学术能力自我确认动机强度轻度影响用户的使用惯性。在此基础上，学术能力自我确认动机不能够对用户忠诚度形成影响，这些发现说明在小木虫论坛的使用过程中，用户的学术能力自我确认动机并没有得以实现，对于用户忠诚度、依赖度的影响较强甚至不显著。

我也算是小木虫（论坛）的老用户了，写过文章发过求助，回答也不少。不过"伸手党"众多，新人的回答质量远不如以前了，能静下心来从专业角度给予的应助数量更是不如以前。（受访者JH①）

小木虫论坛学术氛围整体下滑，学术信息质量严重下降，学术讨论满意度不断降低，即便有大基数的注册用户优势，也难以达到用户学术能力自我确认的高度。从访谈者的回答中了解到，小木虫论坛在某些版块的学术信息分享中出现鱼龙混杂的现象，长此以往，易导致重度用户的严重流失。同时，这样的用户体验对中度用户和轻度用户也造成难以改变的使用习惯，很难吸引新用户和维持住老用户。

出现这种现象的主要原因在于我国互联网的匿名制度。我国的网络学术社区虽然成为用户获取信息、交流信息的重要渠道，但不同于国外网络学术社区的实名注册，小木虫论坛的匿名性（国内目前大多

---

① 受访者JH，女，28岁，四川某高校博士研究生。

数学术社区均为匿名注册）影响了用户自身、用户之间的信任维系，不同于微信群等熟人社交建立起的线上学术社区，匿名用户隐藏了用户的真实身份、社会角色等信息，给学术社交带来诸多不确定因素，对用户自我学术能力的确认增加了不信任成本，用户不能很好地从匿名的被点赞、评论等行为获得真实的肯定和准确的判断。同时这种匿名性也限制了线上社会资本的转化，影响了用户忠诚度。网络学术社区除了可以实现虚拟学术社交外，还可以实现虚拟空间的资本转化，如将在虚拟空间积累的美誉、学术价值等资本转化到现实生活中的学术资本、学术地位等，而网络学术社区的用户匿名性使这种转化存在诸多现实困难，如评估办法、转化机制等受限于匿名。匿名性的影响还表现在对论坛内人员科研素质的控制力上，由于匿名注册，后台无法短时间内把控使用用户的专业素质，可能出现论坛内出现大量冗杂、无效的讨论信息，这对于用户的学术能力自我确认动机也是一重阻碍，会导致用户粘度发生变化。

三、提升用户粘度的可行性分析

在明确了用户粘度产生差异的原因后，我们需要有针对性地对小木虫论坛未来发展提出可行性的思考和建议，使用户在学术信息的获取、社交、学术能力的确认等方面的需要得到充分满足，提升用户粘度。

（一）巩固优势——信息整合

近年来，微信对于人们生活的影响越来越深入，在学术界，微信群、微信公众号为广大从事科学研究或有兴趣进行科学研究的人员提供了便利，这在一定程度上冲击了传统意义上网络学术社区的用户影响力。微信群、微信公众号相对于传统学术社区的两大优势在于——一是移动化、碎片化的阅读，这种获取、分享信息的方式对于学术研究具有重要意义，改变了传统学术社区相对固定、完整的习惯；二是微信群、微信公众号是基于熟人或者半熟人的社交网络形成的信息网络，本身就有较高的用户粘性，打破了传统学术社区内用户对于身份识别的需要。

但同时我们也要看到，以小木虫论坛为代表的网络学术社区并没有完全消亡或走向没落，重要原因在于学术信息不同于其他信息类型，学术信息既需要碎片化的、零散的、发散的信息供给，也需要集中的、有深度的、专业的信息阐释。因此，小木虫论坛在信息资源的拥有上具有较大的优势，需要继续巩固和加深这种优势。进一步细化整合版块版区，在现有基础上对版区按照学科门类和属性进行更新，集中讨论热度较高的学科版区，吸引更多用户参与。

小木虫 App 上线后，用户注册量日益增长。不同于电脑端的使用界面，小木虫 App 版的使用和操作要更为简单、基础，将各种精华贴和资料贴做成推送，定期向用户发起推送；小木虫 App 更关注内容，由于后台技术的先进，可以将冗杂、无用信息进行快速区分，帮助用户浏览、关注到更专业、有效的学术信息。无论是电脑端的传统界面还是 App 的登录版，都要加强对信息的整合，既包括对小木虫论坛内部流动信息的整合，也包括对其他网络学术社区的信息整合，可以通过推送、置顶、发起帖子、有奖问答等方式将其他网络学术社区中有效的学术信息整合到小木虫论坛中来，使用户对小木虫形成更深入的依赖。

（二）补齐短板——学术社交

对于小木虫的用户而言，无论是学术成果交流动机还是学术能力自我确认动机，本质上是学术社交的需要。这种需要外在表现为与社区虫友的学术交流与互动，内在表现为对自身学术能力的反思与要求。因此提升小木虫论坛用户粘度的重要环节离不开学术社交功能的开发。

对于小木虫论坛而言，学术社交功能没有得到足够发挥的原因有二：一是用户体验较差，从问答奖励机制的陈旧到界面设计的不够美观再到广告的植入，这些因素导致用户对于在小木虫论坛上产生学术成果交流的需要较小；二是匿名性的影响，用户虚拟身份与现实角色的不完全统一导致用户在小木虫论坛上产生学术能力自我确认的需要远不如学术信息发现的需要，从而影响用户粘度。因此增强小木虫论坛学术社交功能要从三个方面努力。

1. 全方位提升用户体验

与国外的网络学术社区相比，国内的网络学术社区普遍面临用户体验不佳的问题，一方面由于网络学术社区在国外兴起较早，已形成自己的风格，而国内网络学术社区仍处在成长成熟阶段；另一方面是由于移动互联网的快速发展，在网络学术社区发展阶段催生出类似于网络学术社区的替代品和衍生品，上文中提到的微信群、微信公众号就是其中的例子，这样导致网络学术社区出现良莠不齐、发展缓慢的现象。传播环境和传播技术的不断改变虽然为网络学术社区的发展带来挑战，但同时也创造了条件。利用新技术，在移动互联网的大数据背景下，小木虫论坛应该全方位改善论坛的用户体验，从版面设计、内容包装、后台管理与运营、问答机制等方面带给用户全新的体验，同时可以尝试线上线下的融合，使学术交流突破地理边界、学科边界，稳定老用户的忠诚度和依赖度，吸引新用户的关注度，提升满意度。

2. 增强用户归属感

网络学术社区所具有的交互性、互动性，改变了传统学术期刊或学术互动的作者－读者的单向模式，参与者既可以是读者又可以是作者。开放性令参与学术交流的人员更加广泛。广泛的参与容易导致归属感的流失，而长期参与某学术网络社区的学术交流后，参与者才容易形成某种归属感。就是说，用户归属感离不开对论坛的长期使用；反过来，对论坛的归属感可以延长对论坛的使用，增加用户对论坛的使用粘度。这种归属感要通过一些学术话题的讨论来建立，用户彼此也通过讨论而增进了学术友谊。这不仅带来了直接的思想交锋与交流，也蕴含了理性与情感交流。小木虫论坛用户的学术归属感并不强烈，这就要求小木虫论坛要增强用户的归属感，如通过话题设置、置顶帖子等方式，配合移动端的信息推送来提升用户对小木虫论坛的参与热情，进而增强论坛归属感。

3. 严格内容把关

小木虫论坛用户对于学术社交的缺失主要是由于网络匿名背后所

引发的问题导致的，小木虫论坛不同于带有明确参与身份的期刊论坛，后者的发言需要经过一定的筛选和准备，而网络论坛具有很大的即时性和随意性，这样的论坛形式可能碰撞出思想的火花，但也容易产生言论的垃圾，甚至出现恶意攻击；匿名的"网络学术"被商业化裹挟也是令很多学者担心的问题之一。语言暴力、派别标签等泛滥于社区内，频繁出现攻击、谩骂、"扣帽子"等现象，破坏了对话氛围，堵塞了沟通渠道。此外，由于是匿名，代写论文、抄袭他人成果、买卖文凭，以及随处可见的学术投稿中的金钱交易等问题从中滋生。打着学术旗号的各种培训班层出不穷，有些还带有欺骗性质。这些内容频繁出现在小木虫论坛上，一方面需要依靠网民自觉，即网民素养的提升、学者学术道德的自觉；另一方面需要提升网络管理水平，尤其是网络思想舆论的管理水平，从内容源头进行把关，杜绝不良、虚假学术信息的传播。

（三）创新路径——垂直化发展

小木虫论坛诞生在国内互联网迅猛发展阶段内，逐步壮大，现已进入平缓发展阶段，用户粘度出现不小的波动，一定程度上出现下滑态势。究其原因，与国内的新媒体环境与学术环境的变化有着直接联系，也与小木虫论坛自身有着密切关系。相比于国外的网络学术社区，小木虫论坛在学术信息的数量、质量上差距不大，同时国内庞大的网络用户数量更是为小木虫论坛使用群体的扩大与增加提供了前提，但小木虫论坛没有达到国外几大网络学术社区的影响力，很大程度上来自于小木虫论坛对用户垂直需求满足的缺失与不足，这直接影响了小木虫论坛的使用粘度，即垂直化发展。

垂直化发展是在互联网经济环境下，针对用户个性化需求和体验的一种发展策略，尤其在"互联网＋"环境下，垂直化的发展思路更加值得借鉴。对于小木虫论坛而言，在实现学术信息、学术社交功能基础上，要更加关注用户的垂直化需要，例如就业、在线教育、科研合作等与学术科研相关的领域，这些需要是在学术信息发现动机、学术成果交流动机、学术能力自我确认动机基础上产生的次级需要，与本研究所涉及的使用动机之间构成交叉的关系，相互作用，相互影响。因此关注用户的垂直化需要对于网络学术社区尤其是小木虫论坛这类影响力较大的学术社区，是社区未来发展的必然。当下大数据功能愈发完备，通过后台计算、搜索、定位等方式，在单位时间里完成对用户的数据统计与分析，设置相关版块或版区，利用技术条件使论坛集文字、图片、声音、视频等表现形式为一体，吸引"买卖双方"进行线上交流，展开线下互动，反过来作用于线上的沟通，无线往复循环，使小木虫论坛向不断垂直、纵深方向进一步发展。

第六节　研究结论

本研究选取网络学术社区中的小木虫论坛为研究对象，采取实证研究的方式对其中人文社科版区的人文社科研究人员的使用动机与用户粘度进行了分析。体现了以下几方面的创新点：一是丰富了现阶段从动机视角研究网络学术社区的研究；二是建构一整套的研究模型，对同类网络学术社区的用户粘度研究提供有益的借鉴；三是运用实证研究的方法，弥补前人质性研究方法在科学性及严谨度方面的不足。通过研究，对研究假设进行了检验，并在此基础上为以小木虫论坛为代表的网络学术社区的发展提出具有针对性的意见和建议。

一、研究总结

通过对小木虫论坛中人文社科版区的人文社科研究人员的调查研究，发现用户的使用动机会对用户粘度造成影响，不同的使用动机对用户粘度的影响亦有不同；这一调查研究一方面对以小木虫论坛为代表的网络学术社区进行了较为细致的讨论，另一方面也对网络时代包括学术信息在内的知识信息的生产和传播提供了思考方式和研究的进入路径。

随着移动互联网技术的不断发展，我们正在进入网络时代，亦是信息时代。正如戴维·温伯格（David Weinberger）在其著作《新数字秩序的革命》中指出，世界的秩序分为三个层次：第一层是事物本身；第二层被称为元数据；第三层是被彻底数字化的信息和元数据。

在温伯格看来，用户群体已不再依赖专家，而是创造出自己的方式来发现自己都知道些什么、想要些什么。信息的垄断正在被打破，新的传播模式正在诞生。网络学术社区的产生和不断发展对知识的生产和传播进行了重塑——传统媒体时代，知识的生产和传播分别由精英群体和大众媒体得以完成；而当前社会背景下，这种权利逐步移交给更多的网络受众，传播过程不再单纯由大众媒体控制，逐步有了新媒体的参与、介入甚至与大众媒体相互抗衡。

虽然在网络学术社区中更多人的社会身份仍然是知识分子或者隶属于精英群体，但属于精英群体的"绝对主导地位"正出现瓦解，在网络学术社区中，网络受众或许不具有科研身份，但对科研问题感兴趣，利用这个新平台参与到科研活动和科研交流中；大众媒体的线性传播过程被打破，网络学术社区提供了知识传播的另一模式——在线传播，这种传播模式具备了网络传播环境下信息传播的基本特点，又带有知识传播自身的特点，从而在传播过程中既能够满足科研人员的学术需求，又能够辐射到网络受众的知识需求。

最本质的地方在于，网络学术社区为知识信息的生产和传播提供了一个新路径——知识信息生产和传播的同步性和互动性。在传统线性传播环境下，信息先被生产再进行传播，而在网络学术社区中，信息生产和传播同步进行，并且基于移动技术条件产生了相互的互动行为，从而为知识信息的发展提供更多可能，突破更多边界。在发展的当下，知识信息不仅仅在生产和传播环节出现同等置换，在知识信息的消费层面也会出现重大改变。

二、研究局限

然而，从纵向历史维度来看，任何学术研究都是针对某个或者某类问题、现象所进行的探究与分析，大多是以前人研究成果为基础，同时又对后继研究具有一定的参照和启示作用。受历史以及其他复杂因素的影响，一次性的研究很难对所研究的问题进行彻底的解答，因此，局限性是学术研究所难以避免的问题。但是，尽管如此，每一次的学术研究无疑都或多或少对后继研究起到了垫脚石的作用，也因此，对于每一次的学术研究而言，对其局限性的剖析以及后继研究的展望都是十分必要的。就本研究而言，其研究局限与后继展望具体如下：

从抽样对象的选取而言，受样本获取难度、资金不足等客观条件的限制，本研究仅仅选取了人文社科研究人员作为调查对象，因此，本研究结论仅能代表人文社科这一领域的用户群体。尽管人文社科研究人员在网络学术社区的用户群中占据较大的比例，也具有独特的研究意义，但纵观国内外的网络学术社区，自然科学的研究人员同样甚至更频繁地使用网络学术社区。且由于相较于自然科学的研究人员，人文社科研究人员受所处的客观环境，自身的价值理念、学科背景等因素的影响，呈现出自身的独特性，在网络学术社区的使用过程中自然也存在不同于其他群体的使用习惯与评判标准。因此，从这一角度而言，研究结论无法对人文社科之外的群体加以推广，存在一定的局限性。

从研究方法而言，虽然本研究采取了量化与质性相结合的方法，但是总体而言，主要是立足于量化的分析方法来对问题加以探究，对问题的分析也建立在调查数据分析所得结果的基础上。这一方面使得整个研究的严谨性以及科学性得到了较好的保障，但同时也可能存在变量操作过程中的局限性以及研究问题的窄化而导致的研究结果局限性的问题。尤其是对于人文社科研究人员的网络学术社区的使用而言，其在具体的运营和操作层面存在高度的复杂性，对于其用户使用动机与用户粘度的关系研究仅能从一个角度为其提供一定的建议，而无法从多元化、全方位的视角为其提供问题的解决之道。

此外，本研究以小木虫论坛的人文社科研究人员群体作为一个整体进行调查，所得数据也是对于整体情况的反映，没有对作为个体的用户进行聚焦性的研究，这就有可能导致研究结果过多关注用户的共性，而对用户个性有所忽略。具体到小木虫论坛的实际运营中，对于其研发与运营的实践，不仅需要对于用户的共性规律加以了解，同时也需要对于其个性化的需求及行为进行把握，这是今后研究中需要注意的问题。

三、研究展望

从上述分析可知，受到诸多因素的限制，本研究存在一定的缺陷与不足。这就为网络学术社区今后的研究提供了一定的方向。具体而言，在今后的此类研究中，可以从以下几方面着手，从而不断完善对于网络学术社区的研究视角。

在条件允许的情况下，可以选取更为全面、广泛的用户群体作为调查的对象，在确保抽样方法的科学性以及足够多的样本量的前提下，对网络学术社区用户群体的使用特征做一个宏观层面的观照，进而对使用动机及用户粘度的影响因素进行更加科学的分析与研究，增强研究结论的可推广性与适用性，为网络学术社区今后的运营提供更为合理和科学的参考。

在对网络学术社区用户群体的整体概貌有充分研究的基础上，可以对作为个体的用户进行有针对性的研究，如采用访谈法、焦点小组以及实验法等，在普遍性规律的基础上寻求对于特殊性的研究，从更多层面对网络学术社区的用户群体加以了解，这对于此类网络学术社区更高地满足用户需求，提升个性化服务质量，提高用户使用体验具有较强的实践价值。

对于不同功能的网络学术社区的研究也应是今后研究应当关注的问题。由于参与主体、社区性质、自身定位的不同，不同功能的网络学术社区无论是在目标用户、内容特色还是在运营目标、价值标准等方面都存在较大的区别。因此，对于不同功能的网络学术社区的用户使用行为加以研究，从而找出其中的异同，对于网络学术社区的特色化、个性化运营具有极强的指导意义。

总而言之，今后的研究应当从横向、纵向两条主线着手，在观照普遍性意义的同时，加强对于特殊性的研究；既要对以往的研究做好总结梳理，也要对当今的发展趋势做好把控。只有这样，才能对网络学术社区这一研究对象做好全方位的把握，也才能真正使得网络学术社区发挥出其应有的价值，从而对网络时代学术信息、知识信息的生产和传播提供更多有益思考。

本章从传播效果的受众研究角度进行研究，关注网络学术社区的受众研究领域。通过对小木虫论坛用户的使用行为进行实证研究，在研究用户的使用动机和用户的具体使用习惯的基础上，来考察小木虫论坛用户的使用动机和用户粘度间的关系，在此基础上对小木虫论坛的发展提出若干建议。

本章借鉴了国外对于网络学术社区的相关研究，在此基础上结合我国具体环境下的互联网形态以及我国网络学术社区的发展状况对小木虫论坛进行实证研究，丰富了新媒体环境下互联网领域的实证研究，对互联网领域的知识生产和传播有一定的借鉴价值。本章采用实证研究的方法，通过对小木虫论坛的使用行为进行问卷调查，回收有效问卷274份，并对这些问卷收集得到的数据进行分析，加以论证。同时，本章还采用深度访谈的方法以对小木虫论坛用户使用动机和用户粘度进行更深入的探究。其中，将用户使用动机分为学术信息发现动机、学术成果交流动机、学术能力自我确认动机三个方面；将用户粘度分为用户忠诚度、用户依赖度和反复使用度三个方面。研究发现，用户的使用动机对用户粘度产生影响，但是用户的不同使用动机对用户粘度的影响是不一样的；不同性别的用户使用动机有差异，女性用户更倾向于学术信息发现动机，男性用户更倾向于学术成果交流动机，在学术能力自我确认动机方面不存在显著的性别差异；学术信息发现动机与用户粘度具有显著相关性；学术成果交流动机与用户粘度具有显著相关性；学术能力自我确认动机与用户粘度相关性部分显著。

本章共分为五节。第一节为文献综述，梳理、总结了网络学术社区、技术接受模型、动机理论和用户粘度等方面的相关文献；第二节为研究设计，尝试构建本研究的理论模型，并据此提出研究假设和研究问题，同时对变量测量、问卷设计和抽样方式等进行详细介绍；第三节为数据分析，采用相关分析、回归分析等统计方法验证假设并回答研究问题；第四节为研究发现与讨论，对数据分析结果进行进一步讨论，结合深度访谈的内容提出有针对性的建议，第五节为研究结论，指出本部分研究的不足和局限，并初步对网络学术社区的信息生产和传播特点等方面加以总结。

第二章 基于技术接受模型的大学生 微信运动使用意向与行为研究

第一节 研究缘起

一、研究背景

微信运动不同于其他的运动类微信公众号，微信运动不生产提供专业的运动健身类相关内容，而是以技术为基础从后台实时记录用户的运动数据，并将运动与社交相融合，增添了运动乐趣，掀起了当前的运动健身新风尚。威尔伯·施拉姆（Wilbur Schramm）曾提出的信息选择或然率公式（选择的或然率＝报偿的保证/费力的程度）充分解释了微信运动的风靡与大众化，微信运动既能多方面满足用户需求，而且操作简便不费脑力与体力。微信运动作为一项新媒体技术不仅改变了人们对运动的理解，同时还为人们建构了一个新型网络运动社交场域。场域可以看作在各种位置间存在客观关系的一个网络或者构型①，在微信运动建构的场域中，人们通过人际传播进行互动社交，并在各自不同动机驱使下个性化地使用微信运动以满足特定的需求。丹尼斯·麦奎尔（（Denis McQuail）曾通过调查电视节目归纳出四种使用与满足的基本的类型，对微信运动用户而言，释放情绪、人

---

① 皮埃尔·布迪厄. 实践与反思：反思社会学导引 [M]. 李猛等，译. 中央编译出版社，1998.

际交往、自我完善等需要因为微信运动得到了不同程度的满足。詹姆斯·凯瑞（James Carey）的传播仪式观将人们的传播行为视作仪式，人们通过仪式的参与进行意义分享，在分享中进行自我确认并产生情感共鸣。[1] 微信运动的人际传播是一种集体仪式，人们通过传播过程的"互动性"和传播目的的"共享性"收获基于好友关系的关于运动的共识性体验。参与微信运动的人们形成了一个基于好友强关系链的运动社交关系圈子，人们在运动圈内有一定的身份认同，用户间互相分享、点赞、沟通，形成了特有的"圈子文化"，微信运动兼具了人际传播与大众传播的功能，让用户成了新技术的使用者和受益者，也使得更多人参与到运动与健康的行动中。

（一）移动互联网的发展和新媒体技术的进步

互联网是人类 20 世纪最伟大的发明之一，互联网的及时性、全球性、海量性、互动性等特点为人类构建了一个宏大而便捷的信息化社会。移动互联网由互联网与移动通信网相互融合，将移动设备（移动电话为主）与互联网相连接，把原本在 PC 端的产品和服务转移到了移动终端。互联网时代实现了信息共享，而移动互联网则新增了人们的使用场景，将人们的线上线下生活紧密联系起来。移动互联网有着便携、互动性、开放等优点，逐渐在人们的生产与生活中发挥着越来越重要的作用。按照中国互联网信息中心（CNNIC）2017 年 8 月 4 日公布的《第 40 次中国互联网络发展状况统计报告》中的数据，截至 2017 年 6 月，我国手机网民达 7.24 亿，占总体网民的 96.3%，相比 2016 年 12 月，仅半年时间就增加了 2830 万人[2]，数据如图2-1所示，说明了我国移动互联网的迅猛发展。

---

[1]　詹姆斯. W. 凯瑞. 作为文化的传播："媒介与社会"论文集 [M]. 丁未，译. 华夏出版社，2005.

[2]　《第 40 次中国互联网络发展状况统计报告》［EB/OL］. ［2017-8-4］http://www.cac.gov.cn/2017-08/04/c_1121427728.htm.

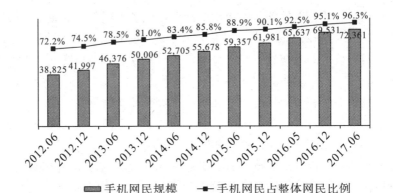

图 2-1　中国手机网民规模及其占网民比例

随着移动互联网的发展和移动通信技术的不断更新换代，以微信为代表的移动即时通讯迅速崛起，不仅改变了人们的信息接收方式和思想价值观念，还日益改变着传播格局。微信作为一个免费程序最初由腾讯公司推出，主要功能是让智能终端如手机、电脑等实现即时通信的功能。微信使得人们的信息的传播更加高效快捷，因而微信几乎已经渗透到人们的日常生活中。不管是人际交流、社会资讯、休闲娱乐，还是日常生活中的查询、购物、支付、预约等，都可以通过微信来更加快捷轻松地实现。2017 年 4 月 24 日，腾讯旗下企鹅智库发布的《2017 微信用户 & 生态研究报告》显示，截至 2016 年 12 月微信全球共计 8.89 亿月活跃用户，较之前一直呈稳步增长趋势，微信这一年来直接带动了信息消费 1742.5 亿元，这占了我国 2016 年的信息消费的总额的 4.54%。① 经过六年的高速发展，微信已经成为当前中国移动互联网的"国民级"社交媒体。

移动互联网的发展还离不开智能手机的普及和智能可穿戴设备的发展，运动健身类 App 应时而生并逐渐流行起来。相较于其他运动健身类 App，微信运动属于腾讯公司旗下，腾讯的品牌知名度让微

---

① 《2017 微信用户 & 生态研究报告》［EB/OL］．［2017-4-24］http：//tech. qq. com/a/20170424/004233. htm#p=1.

信运动得到了更多的关注。微信庞大的受众群体为微信运动打下了坚实的用户基础，这也是微信运动实现社交互动的有利的前提条件。微信运动结合了运动、公益、社交等元素，逐渐开始流行起来，如今越来越多人参与到微信运动中来，随时关注着自己的步数，将自己的成绩在朋友圈分享，并在微信运动公众号排行榜上和朋友比赛运动量，这种互动性的运动方式非常具有吸引力，一些人为了"占领封面"甚至会在半夜努力累积步数冲击排行榜。大学生群体作为一个比较喜欢追随潮流的群体，成了使用微信运动的主要群体。微信运动的追踪运动距离、记录步数、互相点赞、即时排名等功能正迎合了当下大学生重视形象、善于交友、乐于分享、富于竞争的心理。

（二）国家政策支持，全民运动健身意识增强

从 2014 年起，我国逐渐发布了系列政策文件，开始重视体育产业的发展，倡导人民重视运动健康问题。2014 年 10 月，国务院印发了《关于加快发展体育产业促进体育消费的若干意见》，全民运动健身问题被上升至国家的战略高度，加强体育文化的宣传，积极鼓励各企业与体育交互融通。[①] 2016 年 6 月，国务院发布《全民健身计划（2016—2020 年）》，详细规划了我国 2016 年到 2020 年运动健身的发展目标、主要任务和保障措施。[②] 2016 年 10 月，国务院发布了《"健康中国 2030"规划纲要》，其中第六篇提到了要发展基于互联网的健康服务。[③] 2017 年 10 月，广泛开展全民健身活动，加快推进体育强国建设的倡导出现在了党的十九大报告中，再次将全民健身提升到了国家战略的高度，人民的健康素质不仅代表了国家的精神风貌，更展现了国家的综合实力。

---

① 《关于加快发展体育产业促进体育消费的若干意见》［EB/OL］.　［2014－10］http://www.gov.cn/zhengce/content/2014－10/20/content_9152.htm.

② 《全民健身计划（2016—2020 年）》［EB/0L］.　［2016－6］http://www.gov.cn/zhengce/content/2016－06/23/content_5084564.htm.

③ 《"健康中国 2030"规划纲要》［EB/0L］.　［2016－10］http://www.gov.cn/zhengce/2016－10/25/content_5124174.htm.

国家对体育运动给予高度重视，腾讯、阿里巴巴等知名企业竞向投资我国体育产业，这有利于我国体育产业的发展，使得全民运动的意识普遍开始觉醒。微信微博渠道的社交互动的功能以及当前移动互联网迅捷的传播速度使得人们在微博大 V、娱乐名人等的影响下，"A4 腰"与马甲线成为潮流，点燃了人们对运动健身的热情。然而我国当前与运动健身相关的公共设施、公共场地还不完善，城市可用的体育场地还存在资源不足与利用率低的问题，这难以满足当前人们多样化的体育需求，而且根据艾瑞调研数据，2013年底我国人均体育场地为 1.46 平方米，远远小于美国的人均体育场地 16 平方米①，这限制了公众运动健身的场地，对公众参与运动的积极性造成了一定的影响。传统的小范围、小圈子的运动锻炼模式远远不能满足人们的互动交流需求，容易使得人们对于运动健身一时兴起而难以坚持下去。在移动互联网发展的今天，转变传统运动健身理念，充分发挥互联网的优势，促进我国运动健身产业逐渐走向健身在线化、产品智能化、数据可观化，是克服人民传统运动健身方式弊端的一大出路，公众的运动热情也为新的体育产业形态奠定了群众基础。

（三）"互联网＋体育"产业新形态出现，运动类 App 迅速发展

"互联网＋"的理念最先由易观国际董事长于扬在 2012 年 11 月的易观第五届移动互联网博览会上提出。"互联网＋"可以理解为互联网与各个传统行业通过信息技术以及互联网平台实现深度融合，形成更广泛的以互联网为基础设施和实现工具的经济发展新形态。国家对于"互联网＋"给予一定的重视，2015 年 7 月，国务院印发《关于积极推进"互联网＋"行动的指导意见》②，这有利于实现线上与线

---

① 《2016 年中国全民运动健身行业报告——产业价值探索》[EB/0L]．[2016－11] http://www.199it.com/archives/535253.html.

② 《关于积极推进"互联网＋"行动的指导意见》[EB/OL]．[2015－7] http://www.gov.cn/zhengce/content/2015－07/04/content＿10002.htm.

下经济的协调发展。国家对于全民体育运动的高度重视，"互联网＋"
行动计划的指导，使得"互联网＋"在运动健身领域快速渗透融合，
互联网给传统体育产业带来了深刻的变革。

　　运动健身类 App 正是互联网企业与体育产业的融合，不仅适应
了公众多元化的运动健身需求，还迎合了受众分享与交流的社交心
理。2016 年 1 月到 9 月，运动健身类 App 的用户规模和总使用时长
稳步增加，单用户使用频次和使用时长也处于稳步增长状态（如图
2－2、2－3 所示），这说明越来越多人使用互联网运动服务工具来辅
助自己的运动锻炼，用户每天启动运动健身 App 的次数和使用时长
增多，用户锻炼得更加频繁，锻炼的时间也就增多了。① 微信运动作
为一运动健康类的微信公众服务号，体现了体育产业与腾讯的一次创
新性融合。作为健身运动的积极推动者，微信运动使得运动社交与全
民晒步逐渐流行起来。同时，依托人们对健康生活追崇的理念，微信
运动还将人性化的特点嫁接在运动健康上，以排行榜的方式促使用户
点赞、分享，增加自己的曝光度和存在感。

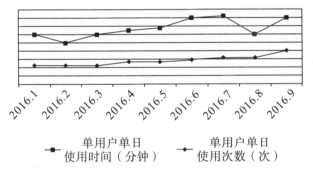

图 2－2　2016 年 1 至 9 月运动类 App 月度总覆盖人数与总使用时间

---

　　① 《2016 年中国全民运动健身行业报告——产业价值探索》［EB/OL］．［2016－11］
http://www.199it.com/archives/535253.html.

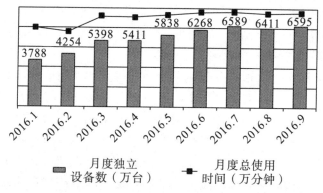

图 2-3 2016 年 1 至 9 月运动类 App 单用户单日使用次数与时长

（四）"互联网＋公益"模式凸显，微公益满足情感诉求

人民智库 2017 年 3 月的《中国公众的公益观调查报告（2017）》显示，在当前新媒体时代，公众对于公益的理解不断深入，公众参与公益活动的意愿非常高，但强烈的参与意向可能受限于活动参与的便捷性和成本，这导致公众的意向不易有效地转化为实际参与行为。①互联网的便捷性和高效性弥补了传统公益行为参与成本较高和参与过程较复杂等缺陷，互联网把共享、去中心化等特性嵌入公益中，形成了"互联网＋公益"的新模式，微信运动的"益行家"运动步数捐赠功能也是采用的这种新模式。调查显示，70.9％的受访者曾通过网络平台（如微信、QQ、支付宝等）进行过捐款公益行为，腾讯公益作为公众最信任的互联网募捐信息平台之一，51.0％的受访者有过参加微公益并且通过微信运动平台捐献步数的行为。同时受访者认为，仅仅通过捐步数这样平常的、没有成本的举动就能做公益，让自己碎片化的时间有了价值，能产生成就感。

微信运动的捐步功能将爱心企业、公益机构和用户连接了起来，将参与用户的微信运动步数换做慈善基金，将基金投入爱心公益的项目，让人人都能身体力行地实现"晒步数做公益"。同时，在参与微

---

①《中国公众的公益观调查报告》[EB/OL].［2017-3］http://www.rmlt.com.cn/2017/0703/481529.shtml.

信运动"益行家"项目的同时,用户还能了解许多公益事业、公益项目与参与公益的热心企业,激发用户通过微信运动参与公益活动的热情。现代营销学之父菲利普·科特勒(Philip Kotler)把人们的消费行为分为三个阶段即数量消费、质量消费与情感消费[①],如果把微信运动捐步数的公益行为比作消费,那么用户的行为会从最开始追求步数随机兑换捐助金额的数量消费变为最终公益化的情感消费,人们不经意间完成的微公益使其情感诉求得到满足,微信运动通过公益打造的情感口碑不仅能吸引更多人关注微信运动,还能提高老用户的粘性与忠诚度。

二、问题的提出

根据易观智库数据,截至 2016 年第三季度,我国移动运动健身领域 App 活跃的人数达 23372.95 万人,应用开启的次数达 727057 万次,使用应用的时间长达 97334 万小时,由此易观分析认为,运动健身的人数不断增加,同时我国使用运动健身 App 的用户活跃度也较高,将来会吸引更多运动健身 App 的用户,运动健身类 App 的用户粘性和活跃度的提高也离不开 App 的商业模式的成熟与专业。[②]

现阶段我国主流运动主要集中在跑步、跳操、骑行上,像游泳、滑雪、球类等专业性较强的运动健身项目的参与人数也逐渐增加,围绕这些运动便出现了各式各样的运动健身类 App,这些 App 在功能和项目上的细分,满足了不同用户的需求。但是在各类 App 流行的今天,怎样才能选到一款各方面功能完善又能满足自己的需求的运动健身 App,成为人们不得不思考的问题。而且,运动健身类 App 具有很好的发展前景,不断增长的市场需求为运动健身领域带来了前所未有的商机,这也势必引发一轮激烈的运动健身 App 市场竞争。例如,"悦跑圈"App 以记录跑步的数据等为主要的功能,其"线上马

---

① 吴莎. 基于菲利普·科特勒消费行为三阶段论对中国网购消费热的思考 [J]. 经济策论,2017(1).

② 《在线运动健身市场用户分析 2016》 [B/OL]. [2016-12] http://www.199it.com/archives/551735.html.

拉松"的活动模式具有独创性；"KEEP"以健身指导为主要功能，横向拓展领域到跑步、骑行等，致力于运动类的电商平台的建设；"点点运动"功能较为全面，既可以用来指导健身还可以用于各项球类运动，适合运动爱好广泛的用户，而且在运动数据的分类管理上也很合理……各类运动健身 App 各有优势，"互联网＋运动"的模式在我国得到了很好的实践。

在这个崇尚"兴趣社交"的时代，微信运动顺应了运动社交的潮流，和其他运动健身 App 一同致力于让人们的运动更有趣。但不同的是，微信运动不是单纯的一款运动健身类微信公众号平台，它依托于微信天然的社交强关系链来吸引用户，而且微信运动有着打造综合性健康数据平台的野心，打算在未来做一个大众化的泛功能化、智能化社交工具。这样，可接入的运动健康类硬件产品范围更广的苹果的 HealthKit、谷歌的 Google Fit 也是微信运动强大的竞争对手。

微信运动作为一项新媒体技术应用，人们对它的接受是一个过程，用户的使用意向与后期持续性的使用也是其发展的关键。微信运动想要脱颖而出，必须充分了解人们的需求，探索影响人们微信运动使用态度、意向及行为的因素，让技术真正回归人性，才能在大浪淘沙的市场竞争中立足脚跟。本研究从使用微信运动的主要群体即大学生群体的角度出发提出几个问题：目前大学生群体究竟对微信运动有着怎样的认知？他们对微信运动的态度、使用意向及实际使用的行为如何？是什么影响了他们对微信运动的态度、使用意向及实际使用的行为？微信运动需要怎样改进才能实现其长远发展？微信运动需要怎么完善才能更好地满足用户需求，增强用户粘性？本研究由此探讨影响大学生微信运动使用意向与行为的因素及其作用机理，提出针对微信运动的可行的运营建议和推广策略，并且对移动运动健身领域的未来发展之路做出自己的思考。

三、研究内容与研究方法

(一) 研究内容

作为大学生微信运动使用意向与行为的实证研究，本章引入技术接受模型，从大学生角度出发明确影响大学生使用微信运动意向与行为的因素。基于本研究的目的及问题，主要围绕作用于大学生使用微信运动意向与行为的相关因素及各因素对意向与行为的影响机理展开探究。在这一研究思路的指导下，本章从以下几方面进行研究。

第一部分为绪论，主要根据当前移动互联网的发展及微信运动成为人们健康新潮流的研究背景，从微信运动的发展角度提出研究问题，并阐明研究目的、意义、方法、内容和研究思路。

第二部分为文献综述，在阐明研究涉及的基本概念的基础上，对技术接受模型、微信运动的相关理论及文献进行梳理，明确了大学生微信运动使用意向与行为影响因素研究的相关理论基础。

第三部分为研究模型的建构与研究假设的提出，确定本研究的基础框架模型，并结合微信运动的特点和相关文献分析，引入与研究相关的变量得到初步研究模型，提出相关假设并进行解释。

第四部分为问卷设计与数据收集，通过与大学生访谈并结合相关文献设计本研究的问卷，进行预发放并修改问卷，通过线上线下两种不同的渠道发放问卷并回收数据。

第五部分为数据分析及假设检验，对搜集到的数据进行实证分析，利用 SPSS 软件对研究模型及相关研究假设进行验证。

第六部分为结论与展望，根据研究结果，科学解释大学生微信运动使用意向与行为，并结合访谈对微信运动提出可行性运营建议，引导大学生辩证看待微信运动，最后思考移动健身领域的未来发展之道。

(二) 研究方法

1. 访谈法

研究者对成都地区的大学生（微信运动用户）通过面对面以及网络聊天的形式进行访谈，一方面帮助研究者了解他们对大学生微信运动使用意向与行为研究模型变量的想法，这有利于设计问卷中变量的测量题项，一方面在数据统计分析后通过访谈来弥补量化研究的不足，这有利于增强研究结果的说服力；另一方面，在初步设计好问卷后，研究者还对研究生导师、同师门的师兄师姐与以及同专业的同学进行访谈，对问卷中涉及的问题询问他们的想法与建议，使得问卷更加合理与严谨。

2. 问卷调查法

通过纸质问卷发放和网上问卷填写来收集统计数据，回收并选取有效的样本进行分析。为了使问卷更加科学和有效，研究者请导师、同门师兄师姐以及同专业同学把关，在访谈的基础上完成问卷的修改。问卷中的相关变量测量主要采用国际通用的李克特量表法。

四、技术路线

本研究的技术路线如图 2-4 所示。

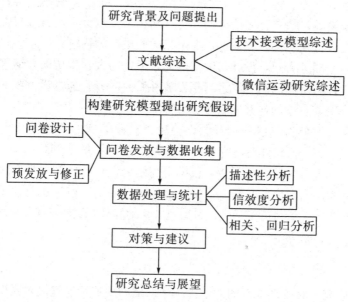

图 2-4　本研究的技术路线图

第二节　相关概念界定及文献综述

一、基本概念界定

（一）技术接受模型

1. 技术接受模型的内涵及理论模型

技术接受模型的基本构成如下图 2-5 所示，个体的使用行为受行为意向影响，态度与感知有用性共同影响行为意向，态度受感知有用性与感知易用性两个变量的影响，感知易用性和外部变量共同决定感知有用性，感知易用性受外部变量的影响，由此可知，当涉及信息技术的相关接受行为时，个体的感知易用性与感知有用性会受到来自外部变量的刺激，这两个变量将影响个体使用信息技术的行为。技术接受模型假设外部变量对感知有用性和感知易用性产生影响，但模型本身并没有详细阐述外部变量，说明了技术接受模型还有一定的发展空间，后续研究可以从不同的研究对象出发对模型进行补充、修正与完善。

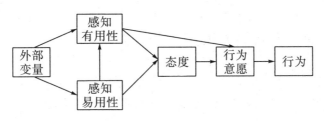

图 2-5　技术接受模型

在技术接受模型中，一般将感知易用性、感知有用性、态度、行为意向、行为视作基础的变量。[①] 弗雷德·戴维斯（Fred Davis）认

① 陶宗琮. 用户满意对网络教育系统接受行为的影响研究［D］. 电子科技大学, 2007.

为，感知易用性可以理解为个体觉得采纳相关技术系统会省时省力的程度，个体对某系统感知易用性越高，个体的接受度也越高；感知有用性可以被解释为个体觉得采纳相关技术系统会增强其办公能力或改进其办公表现的程度，对于个体感知有用性越高的系统，个体才会更加积极地使用。态度可以理解为个体对行为所持有的包含认知成分（如价值判断）的和情感成分的（如喜欢、厌恶）的正面或负面的评价，行为意向是指个体对于采取某项行为的主观意愿的强度，行为指个体实际采取的行动。外部变量一般指用户特征（包括感知的类别以及其他个体特点）、组织管理特征、系统特征、技术特征等，会通过感知易用性与感知有用性两个变量对个体的行为意向与行为产生间接的影响。

2. 技术接受模型的形成过程

技术接受模型是从两大技术接受理论即理性行为理论与计划行为理论发展而来的。戴维斯等于1989年基于这两大理论提出了技术接受模型，为了更深入地探讨技术接受模型，本研究先从理性行为理论和计划行为理论开始探讨。

多属性态度理论是理性行为理论的重要基础理论，由菲什拜因（Martin Fishbein）于1963年提出。[①] 该理论以信念、属性与重要性权重作为变量，主张行为意向由态度决定，而预期中的行为结果与其评估又决定态度。这里决定意向的因素只有态度一个因素，将其视为"一因素论"。[②] 后来，多属性态度理论于1975年被菲什拜因和阿杰恩（Icek Ajzen）进行扩展，在此基础上形成理性行为理论（Theory of Reasoned Action，TRA），菲什拜因和阿杰恩将主观规范变量引入

① Fishbein M. An Investigation of the Relationship Between Beliefs About an Object and the Attitude Toward that object [J]. *Current Opinion in Investigational Drugs*，1963，16（3）：233－239.

② 王昱. 大学生的志愿服务意向与行为研究——基于计划行为理论的视角 [D]. 西南交通大学，2014.

了多属性态度理论。① 该理论模型如图 2-6 所示：个体行为在某种程度上能够由行为意向合理地推断，而个体的行为意向又是由个体的主观规范（个体对采取某种行为的社会压力的感知）与态度决定，信念（即对行为结果的认识及对其的价值评估）影响态度，规范信念（即对准则的认识及与他人的意见保持一致的动机水平）影响主观规范，这也可简要理解为“主观规范与态度影响行为意向，行为意向影响行为”的“二因素论”②。从理性行为理论可以看出，个体的行为间接地由个体的主观规范与态度决定，但理性行为理论的基本前提是人具有控制自己行为的能力以及人的行为应当是理性的，而在实际应用中人的行为很难完全是受个人意志控制的，因而该理论具有一定的局限性。

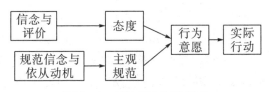

图 2-6　理性行为理论模型

计划行为理论（Theory of Planned Behavior，TPB）是从理性行为理论发展而来，该理论由阿兹耶于 1985 年提出。③ 该理论认为，人的行为一般还会受个人能力、时间、机会、资源等外在因素的影响，于是在理性行为理论的基础上将知觉行为控制（即个体对采取某种行为难易程度的把握）的变量引入。该理论模型如下（如图 2-7所示）：意向受知觉行为控制变量、主观规范变量以及态度共同影响，实际行为受意向的影响，知觉行为控制决定实际行为，于是计划行为

---

① Fishbein M，Ajzen I. Belief，Attitude，Intention，and Behavior：An Introduction to Theory and Research [M]. Addison-Wesley Publishing Company，1975.

② 徐东超. 微信用户对朋友圈广告接受意愿的影响因素研究 [D]. 吉林大学，2016.

③ Ajzen I. From Intentions to Actions：A Theory of Planned Behavior [M] //*Action Control*. Springer Berlin Heidelberg，1985：11-39.

理论可以理解为"知觉行为控制、主观规范、态度共同决定个体的行为意向，行为意向决定实际行为"的"三因素论"。

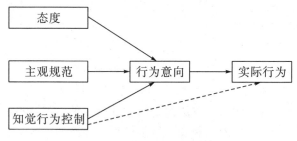

图 2-7 计划行为理论模型

随着计划行为理论与理性行为理论的发展，戴维斯（Fred Davis）发现当应用于个体对信息系统采纳行为时，理性行为理论和计划行为理论都不适用。戴维斯等于 1989 年在理性行为理论与计划行为理论的基础上发展出了技术接受模型，该模型便可以用来解释、预测个体对信息技术的接受情况。[①] 相对于计划行为理论，技术接受模型做出了两点改进：一是不再用主观规范与知觉行为控制来影响个体行为意向；二是引入了感知易用性变量（Perceived Ease of Use，PEU）与感知有用性变量（Perceived Usefulness，PU）。[②]

（二）微信运动

微信运动是腾讯推出的一个类似计步数据库的公众账号，其主要功能在于记录用户每天行走的步数。微信运动的相关操作很方便，先在微信中搜索微信运动公众号然后关注微信运动公众号即可，关注后能实时了解自己的运动数据，微信运动中的排行榜更新后还能清楚看到自己在好友中的排名，除了与好友 PK 运动量，还能通过点赞来表达对朋友一天运动量的认同或者通过在朋友圈"晒步数"来分享自己

① Davis F D. Perceived Usefulness, Perceived Ease of Use, and User Acceptance of Information Technology [J]. *Mis Quarterly*，1989，13（3）：319-340.

② 阳瑾瑜. 信息技术用户接受理论及其演变 [J]. 广西财经学院学报，2015（2）：93-101.

的运动乐趣。如今微信运动已经发展成为当下炙手可热的运动社交工具，兼顾运动与社交功能的微信运动引发了一场绿色健康的风潮。微信运动的主要特征可以总结如下：

第一，平民化，门槛低。对于大部分人来说，专业智能运动可穿戴设备价格不菲，而在移动互联网发展的今天，智能手机几乎人手一部，微信运动只需一部智能手机即可打开运动社交新大门。同时，前面提到微信的月活跃用户逐年稳步增长，据中国信息通信研究院产业与规划研究所发布的《2016 微信经济社会影响力研究报告》，微信公众平台也有超过 1000 万的公众号，微信的发展和微信公众号的普及也为微信运动的迅速推广打下了坚实的基础。而微信运动测量记录的只是人们日常步数，这就降低了人们的使用门槛，有利于提高微信运动的普遍参与性。

第二，运动数据可视化。在技术支持下微信运动能轻松获取用户的运动信息。微信运动与智能手机、智能可穿戴设备紧密相联，不仅能把人们的运动数据通过步数记录可视化，还可以将步数进行管理，用户可以查找历史步数、排名、点赞等，让用户随时掌握自己的运动量以有效地进行锻炼。正如麦克卢汉提出的"媒介是人体的延伸"，微信运动延伸了人们对于运动的感知能力。[1]

第三，平台品牌价值与可信度较高。据卡尔·霍夫兰（Carl Hovland）的说服性效果研究得知，高可信度信源的传播比低可信度信源更易影响受众意见。[2] 微信运动的发展得益于微信平台，而微信平台背后的腾讯则是我国互联网实力最强的企业之一，腾讯作为一个品牌在我国知名度和品牌价值很高，腾讯累积的巨大的用户基数为微信与微信运动供给了很大的潜在的用户市场，使得微信运动实现运动社交变得更加容易。

第四，集娱乐性与社交性于一体。微信运动不仅能够实现与好友

---

① 马歇尔·麦克卢汉. 理解媒介：论人的延伸［M］. 商务印书馆，2000.

② 卡尔·霍夫兰，欧文·贾尼斯，哈罗德·凯利. 传播与劝服：关于态度转变的心理学研究［M］. 中国人民大学出版社，2015.

的运动量的 PK，还能和好友互相点赞表示认同，如果排名第一还能够"占领"朋友们的封面，并且可以将自己满意的成绩分享到朋友圈。如果用户觉得独自运动的方式比较孤独，还可以"发起步数挑战"建立微信运动群与群内的好友进行更加深入的运动量 PK，形成良性互动的同时使人们在娱乐中强身健体。

第五，强关系运动社交，重人际传播。根据美国社会学家马克·格兰诺维特（Mark Granovetter）的人际关系理论，微信运动相当于一个强关系网络，微信运动的好友具有较强的情感因素维系着人际关系，人们交往往往比较紧密，攀比心理会使得人们密切关注排行榜自己与好友数据的更新，从而会督促自己达到理想步数甚至超过好友。而且，熟人关系链可以增强人们使用微信运动意向的强度。

第六，"互联网＋公益"新型模式。腾讯公益联合微信运动推出的益行家平台鼓励人们通过运动做公益，这种公益活动诉求是一个良性的循环，勉励人们借助微信运动平台通过点赞、排名、分享、捐步数等激励更多人加入运动公益中，使人们在形成长期参与有氧运动习惯的同时，树立文明健康的生活方式与健身理念。

二、相关文献综述

（一）技术接受模型相关文献综述

1. 技术接受模型国外相关研究

多名国外研究者在实证研究基础上验证及完善了技术接受模型，并且在技术接受模型基础上引入了不同的内外部变量，使得技术接受模型的内涵变得更加丰富。1989 年戴维斯等研究了理性行为理论与技术接受模型对于用户接受或拒绝计算机技术的解释预测能力[1]，通过研究 107 名 MBA 专业学生对文字处理系统的接受情况发现技术接

---

[1] Davis F D，Bagozzi R P，Warshaw P R. User Acceptance of Computer Technology：A Comparison of Two Theoretical Models [J]. *Management Science*，1989，35（8）：982－1003.

受模型更加适用于计算机技术接受的建模；马斐森（Kieran Mathieson）于 1991 年在预测用户接受意向的层面比较了计划行为理论与技术接受模型①，通过研究高中生信息系统接受过程，他发现两模型在用户意图方面均有很好的预测能力，两者相比，技术接受模型更容易运用并具有微弱的经验优势，而计划行为理论则适用更广解释更加详尽；保罗英厄姆（John Ingham）等于 2003 年对技术接受模型进行述评，他们认为技术接受模型是一个有用的模型②，但技术接受模型也应该加入与人类社会变化过程相关的变量以及创新模式采纳等因素。

人口统计变量也慢慢纳入研究者视野，格芬（David Gefen）等于 2000 年探究了在电子商务采纳中感知易用性的相对重要性③，在测试过程中性别、年龄等人口统计变量被纳入研究问卷，结论显示人口统计变量对用户采纳产生一定的影响；文卡特斯（Viswanath Venkatesh）等于 2005 年讨论了性别、年龄因素对员工新软件技术应用的影响④，研究者认为性别差异的影响在年龄较大的员工中影响更大，而在年轻员工中得到的结果较为中性。对于不同的用户群体，研究者也展开了相关研究，阿加瓦尔（Ritu Agarwal）等于 2003 年以一所国立研究型大学的全日制教学 1121 名不同学科的教职员为样

---

① Mathieson K. Predicting User Intentions: Comparing the Technology Acceptance Model with the Theory of Planned Behavior [M]. INFORMS, 1991.

② Legris P, Ingham J, Collerette P. Why do People Use Information Technology? A Critical Review of the Technology Acceptance Model [J]. *Information & Management*, 2003, 40 (3): 191−204.

③ Gefen D, Straub D W. The Relative Importance of Perceived Ease of Use in IS Adoption: A Study of E-Commerce Adoption [J]. Journal of the Association of Information Systems, 2000, 1 (1): 1−30.

④ Morris M G, Venkatesh V, Ackerman P L. Gender and Age Differences in Employee Decisions About New Technology: An Extension to the Theory of Planned Behavior [J]. *IEEE Transactions on Engineering Management*, 2005, 52 (1): 69−84.

本①，通过问卷调查并了解他们对于互联网教学使用信念，研究结果表明技术使用信念受自我效能与个人创新的因素以及高层管理者对新技术的承诺的影响；斯莱克（Craig van Slyke）等于 2009 年主要探讨医生在医疗供应链中对复杂信息技术的反应②，通过对美国某大型医院 199 位医生进行的调查发现可访问性是医生决定使用信息系统的一个重要考虑因素，而可访问性会间接影响医生对系统有用性、易用性的感知。

国外研究者还发展与修正了技术接受模型。1989 年戴维斯改进了技术接受模型，他发现总体上感知有用性比感知易用性更加影响用户使用行为，他认为技术接受模型的使用可以分作两种情况，即首次接触技术系统的情况与再次接触采纳技术的情况③，用户首次采用技术，用户的行为意向受感知有用性与感知易用性共同影响，而用户再次采用技术时则用户的行为意向只是受感知易用性通过感知有用性产生的间接影响，行为意向依然受感知有用性的直接影响；戴维斯等于 1992 年将用户对于系统的采用动机分为内部动机与外部动机④，内部动机源于用户内在需要，是用户感知到通过使用系统会给自己本身带来价值，而外部动机则是用户受系统外的外在刺激产生的动机，是用户感知到的通过使用系统获得的除系统以外的价值，例如感知有用性属于外在动机，感知娱乐性属于内部动机；戴维斯还于 2000 年在技

① Lewis W, Agarwal R, Sambamurthy V. Sources of Influence on Beliefs About Information Technology Use: An Empirical Study of Knowledge Workers [J]. *Mis Quarterly*, 2003, 27 (4): 657－678.

② Ilie V, Slyke C V, Parikh M A, et al. Paper Versus Electronic Medical Records: The Effects of Access on Physicians' Decisions to Use Complex Information Technologies [J]. *Decision Sciences*, 2009, 40 (2): 213－241.

③ Davis F D. Perceived Usefulness, Perceived Ease of Use, and User Acceptance of Information Technology [J]. *Mis Quarterly*, 1989, 13 (3): 319－340.

④ Davis F D, Bagozzi R P, Warshaw P R. Extrinsic and Intrinsic Motivation to Use Computers in the Workplace [J]. *Journal of Applied Social Psychology*, 1992, 22 (14): 1111－1132.

术接受模型基础上修正发展出了 TAM2 扩展模型[①]（如图 2－8 所示），在扩展模型中，社会影响过程（主观规范、自愿以及形象）与认知作用过程（工作相关性、产出质量、结果示范与感知易用性）被纳入变量，影响着用户行为意向，为以后研究奠定基础的同时提高大家对用户采纳行为的理解。技术接受模型通过引入一定的变量得到了拓展，通过文献的整理，研究者认为技术接受模型在变量扩展方面一般分三类：一是引用相关模型中的变量，如计划行为理论中的知觉行为控制变量与主观规范变量；二是加入其他信念变量，比如创新扩散理论的可预见性变量与兼容性变量；三是扩展外部变量，如个体特征变量与组织特征变量。[②] 技术接受模型扩展后的模型具有更强的解释力，适用于更多的研究对象，按照以上研究者对三方面的总结，可以得到一个技术接受模型扩展变量示意图（如图 2－9 所示）。

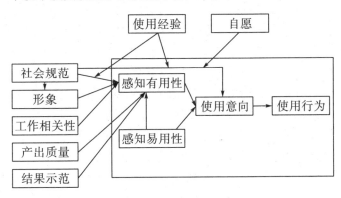

图 2－8　TAM2 扩展模型

① Venkatesh V, Davis F D. A Theoretical Extension of the Technology Acceptance Model: Four Longitudinal Field Studies [J]. *Management Science*, 2000, 46（2）: 186－204.

② 徐东超. 微信用户对朋友圈广告接受意愿的影响因素研究 [D]. 吉林大学, 2016.

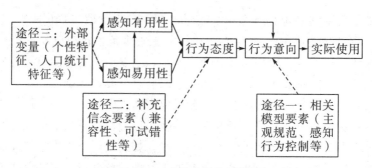

图 2-9　TAM 扩展变量模型

　　近年来，为了解释更多网络信息系统的复杂情况，研究者利用其他的理论和模型修正丰富了技术接受模型，比较有代表性的是创新扩散理论、计划行为理论与使用与满足理论。创新扩散理论关注新技术在社会系统的扩散与传播，鲍曼（Harry Bouwman）等于 2008 年基于 542 名荷兰消费者探索新型移动服务类用户的使用行为①，结合了技术接受模型与创新扩散理论，发现感知有用性、感知易用性以及创新扩散相关的变量如社会影响和感知利益，都会对用户行为意向产生影响。使用与满足理论主要从受众的动机与需求满足的角度来考察大众传播的效果，夏柯拉（Amin Shaqrah）等于 2010 年构建约旦用户家庭网络行为采纳模型来预测其持续订阅与使用的意图②，模型将使用与满足理论与技术接受模型和计划行为理论相结合，研究结果表明，约旦家庭网络行为使用受感知易用性、知觉行为控制以及个体感知需求的影响。计划行为理论作为一项行为理论研究模式，兰巴利安（Bahram Ranjbarian）等于 2012 年将计划行为理论引人技术接受模

　　① López-Nicolás C，Molina-Castillo F J，Bouwman H. An Assessment of Advanced Mobile Services Acceptance：Contributions from TAM and Diffusion Theory Models ［J］. *Information & Management*，2008，45（6）：359—364.

　　② Al-Omoush K S，Shaqrah A A. An Empirical Study of Household Internet Continuance Adoption among Jordanian Users ［J］. *International Journal of Computer Science & Network Security*，2010，10（1）.

型中来探究移动银行使用的影响因素①，研究通过问卷调查银行客户并用结构方程模型进行数据分析，研究结果证明了此整合模型具有一定的解释力与预测力，并且表明移动银行使用意向主要受主观规范与知觉行为控制的影响。

技术接受模型早期多运用于个人计算机、文字处理系统、电子邮箱系统以及各类信息系统等，伊格巴利亚（Magid Igbaria）等于1997 年以新西兰小型企业的 358 名个人计算机用户为调查对象，探究影响个人计算机使用行为的因素，研究结果表明，感知有用性影响个人的计算机使用行为，影响感知有用性和使用行为的主要因素为感知易用性②；格芬（David Gefen）等于 1997 年以来自北美洲、亚洲和欧洲三国的航空行业使用电子邮件的员工为调查对象，对 392 名男性、女性的电子邮件使用行为进行抽样调查，通过技术接受模型为框架的研究模型发现不同的性别会带来对电子邮件的感知上的差异，研究者认为要创建更有利的通信环境，不仅需要考虑组织环境因素，还要考虑用户的性别③；莱德尔（Albert Lederer）等于 2000 年通过电子邮件的方式基于技术接受模型调查被试在工作中的网站访问行为，研究发现网站的易于理解性与易于发现性会决定被试的感知易用性，网站的信息质量则会决定被试的感知有用性。④ 技术接受模型还被学者广泛运用于多个领域。在电子商务领域，汉德森（Ron Henderson）等于 2003 年研究发现技术接受模型能够成功应用于电子超市网络购物情境，研究者认为感知易用性通过感知有用性对用户

① Abadi H R D, Ranjbarian B, Zade F K. Investigate the Customers' Behavioral Intention to Use Mobile Banking Based on TPB, TAM and Perceived Risk (A Case Study in Meli Bank) [J]. *International Journal of Academic Research in Business & Social Sciences*, 2012, 02 (10).

② Igbaria M, Zinatelli N, Cragg P. Personal Computing Acceptance Factors in Small Firms: A Structural Equation Model [J]. *Mis Quarterly*, 1997, 21 (3): 279-305.

③ Gefen D, Straub D W. Gender Differences in the Perception and Use of E-Mail: An Extension to the Technology Acceptance Model [J]. *Mis Quarterly*, 1997, 21 (4): 389-400.

④ Lederer A L, Maupin D J, Sena M P, et al. The Technology Acceptance Model and the World Wide Web [J]. *Decision Support Systems*, 2000, 29 (3): 269-282.

的行为意愿起间接作用。[①] 在医疗领域，梅拉斯（Christos Melas）等于 2011 年以扩展的技术接受模型为基础构建医务人员接受临床信息系统的研究模型，理论因外部变量与医学专业的加入得到了丰富。[②] 在教育领域，帕克（Namkee Park）等于 2007 年以技术接受模型为基础研究高校辅导员对电子课件的接受，研究发现，感知有用性对行为意图有直接影响，采纳系统的动机对感知易用性、功能评价、当前系统使用、行为意图以及感知有用性有一定的影响，研究表明技术接受模型与使用与满足理论的整合有利于以后基于互联网的技术系统的扩散研究[③]；Min Gong 等于 2004 年以技术接受模型与社会认知理论为分析框架，探究影响在线学习辅助系统接受意愿的因素，研究发现感知易用性对教师态度及其感知学习辅助系统的有用性具有重要的影响，感知有用性既直接又间接地决定行为意向，但以直接性的影响为主。[④]

2. 技术接受模型国内相关研究

国内学者从 2003 年开始使用技术接受模型进行实证研究，程华等（2003）对消费者网上购物意愿决定因素进行研究，以技术接受模型为理论视角构建研究模型，研究者得出结论感知网络购物的便利性、感知网络购物的安全性以及感知网络购物的有用性会对消费者网络购物的态度与购物意向产生影响，在这之后技术接受模型被运用于多个领域并有很好的解释力。[⑤] 研究者对国内历年来关于技术接受模

① Henderson R, Divett M J. Perceived Usefulness, Ease of Use and Electronic Supermarket Use [J]. *International Journal of Human-Computer Studies*, 2003, 59 (3): 383－395.

② Melas C D, Zampetakis L A, Dimopoulou A, et al. Modeling the Acceptance of Clinical Information Systems Among Hospital Medical Staff: An Extended TAM Model [J]. *Journal of Biomedical Informatics*, 2011, 44 (4): 553－564.

③ Park N, Cheong P H, Lee K M. University Instructors' Acceptance of Electronic Courseware: An Application of the Technology Acceptance Model [M]. John Wiley & Sons, Inc. , 2007.

④ Gong M, Xu Y, Yu Y. An Enhanced Technology Acceptance Model for Web-Based Learning [J]. *Journal of Information Systems Education*, 2004, 15 (4): 365－374.

⑤ 程华，宝贡敏. 网上购物意向决定因素的实证研究 [J]. 数量经济技术经济研究，2003, 20 (11): 150－153.

型应用的相关文献做了初步的整理，主要对其使用的主要模型与理论以及研究引用的变量进行整理，整理结果如表 2-1 所示。

表 2-1 国内技术接受模型相关研究

研究主题	研究人员	引用模型与理论	引用变量
探索网络知识变量的信度和效度，并检验了网络知识会影响网络使用意向	韦路和张明新（2008）	TAM	自我效能感、感知易用性、感知有用性、感知乐趣、网络知识、网络经历
研究电子商务网站的消费者感知到的会影响网站发展的因素，探索这些因素与消费者行为及满意度的影响	邓朝华和鲁耀斌（2008）	TAM	有用性、易用性、网站效应、技术支持、网站界面、网站内容
探索影响消费者网购的因素并建构相关模型，探索模型的最终解释力	朱丽娜（2006）	TAM 和 TPB	感知有用、感知使用方便、感知风险、感知娱乐、主观规范、人口因素、网络经验
以博客的作者为正面角度、博客的读者为侧面角度，探索并检验影响作者接受、更新博客的因素	赵宇翔和朱庆华（2009）	TAM、社会资本理论、社会交换理论	感知有用性、感知易用性、交换成本、主观规范等群体驱动因素、利他性等个人驱动因素、信任、社会身份认知
构建了在 T2O 电商模式下的电视用户接受采纳的研究模型并探索出影响采纳行为的因素	赵远婕和苏晖阳（2016）	TAM、创新扩散理论、网络外部性理论、感知风险理论	感知有用性、感知易用性、网络外部性、兼容性、可测试性、可观测性、感知风险
通过构建用户关于虚拟的学术社区的持续使用意向的模型，探索影响意向的因素	白玉（2017）	TAM	感知有用性、感知易用性、感知价值、感知娱乐性、网络外部性
探索社交媒体的用户的信息共享行为及其意向的影响因素	温亮明等（2017）	TAM、六度分离理论、信息共享理论、自我呈现理论	感知有用性、感知可信性、感知激励、用户特质、社会身份、媒体类型、信息内容

续表2-1

研究主题	研究人员	引用模型与理论	引用变量
从信息生态角度出发，以健康可穿戴技术为个案，探究影响用户关于消费移动健康方面信息的行为的因素	张敏等（2017）	TAM	感知有用性、感知易用性、信息因素、信息人因素、信息环境因素
通过细分感知风险因素结合TAM构建研究模型来探究各因素怎么影响用户对于移动支付的使用行为	吴先锋和樊吉宏（2010）	TAM	感知技术风险、感知行为风险、感知经济风险、感知功能风险、感知有用性
构建教育游戏参与者的参与意向模型，探究影响意向的因素	魏婷和李艺（2011）	TAM和沉浸理论	感知易用、感知有用、沉浸体验、游戏特性、心理需要
探索影响用户使用手机电视的因素，进一步了解用户接受手机电视业务的动机	巢乃鹏和孙洁（2012）	TAM	感知易用、预想好玩、心理依恋、感知响应、感知互助
通过构建成都地区高校学生网购行为模型，探究影响行为的因素	兰竹虹等（2013）	TAM	感知有用性、感知易用性、感知商品特性、感知网站安全、感知零售商服务、消费者个性购买
探究影响北京地区的居民购买新能源汽车行为的影响因素并提出引导购买行为的措施	王月辉和王青（2013）	TAM和TPB	感知有用性、感知易用性、主观规范、知觉行为控制、购买态度
通过构建移动O2O商务模式下线下的商家使用的意向与行为模型来探究影响意向与行为的因素	李普聪和钟元生（2014）	TAM、创新扩散理论、任务技术适配模型	感知有用、感知易用、感知成本、感知风险、兼容性、可试用性、可观察性、网络外部性、技术特征、任务特征、任务技术适配

研究主题	研究人员	引用模型与理论	引用变量
探索影响大学生对于整合了资源的移动图书馆使用行为的因素	王文韬等（2014）	TAM、创新扩散理论、信息系统成功评估模型	感知有用、感知易用、可观察性、创新性、全面性、趣味性、稳定性、简易性
通过构建成都公众电子政务系统使用意向的研究模型探究影响意向的因素	赵英（2014）	TAM、TPB、自我决定论	有用性、易用性、技术资源匹配性、信任、线下服务、互动需求、自我效能、认同感、使用态度
考察影响青少年对于网络游戏成瘾行为的因素	张国华和雷雳（2015）	TAM	有用感、易用感、游戏体验、品质感知
探究影响用户对于移动新闻满意度的因素，有利于为传统媒体转型提供参考	邹霞和谢金文（2017）	TAM、期望确认模型、补充要素模型	感知易用、感知审美、感知内容、用户期望、期望确认
通过构建关于移动阅读的用户黏性模型研究影响黏性的因素	朱静雯等（2017）	TAM 和沉浸体验模型	感知有用性、感知易用性、涉入度、心流体验
构建用户通过健康问答平台获取知识意向的模型并研究影响意向的因素	邓胜利和管弦（2016）	TAM 和信息采纳模型	感知有用性、感知易用性、相关性、准确性、时效性、主观规范、感知风险、可信性
探究影响众筹支持者支持意向的因素	韩晓宁等（2016）	TAM	感知有用性、感知风险、信任倾向等外部变量
通过构建大学生的手机阅读行为的模型并探究影响阅读行为的因素	成燕（2015）	TAM	感知有用性、感知易用性、网络外部性
探索影响用户通过点评类的网站来获取信息的行为的因素	王洪伟等（2015）	TAM	有用性感知、易用性感知、风险感知、信任倾向等个体特征

从表 2-1 可以看出，国内技术接受模型相关研究已经扩展到了电子商务、社交媒体、新型信息技术、移动即时通讯、各类互联网信息平台、网络游戏等多个领域的研究。本章研究的内容是大学生微信运动使用意向与行为，鉴于此，研究者重点对技术接受模型应用领域中与微信运动相关的运动健身类 App 进行文献梳理，查找国内代表性文章，分析作者采用的模型及变量，对本章写作具有很大的借鉴作用。

在关于微信的领域，有一些很具有代表意义的论文。马良（2012）在"动机-行为"理论基础上，以技术接受模型为核心框架，将感知有用性、感知易用性、感知娱乐变量归纳为软件使用者特征，将主观规范、感知行为控制归纳为社会成员特征，以这两类特征作为自变量使用动机构建微信用户使用行为的模型，探究与微信后续发展相关的因素，并为微信营销提供相关意见[①]；孟召坤等（2014）将技术接受模型应用于教育领域，在技术接受模型基础上构建模型说明了影响高校教师将微信运用于教育的接受度的因素，但也存在样本数量不足、潜在变量考虑不全等问题[②]；匡文波（2015）先从技术接受模型的角度出发，提出研究的基本假设即微信的发展是与技术接受模型相一致的，再采用无结构一对一的深度访谈式和随机抽样调查方法来验证研究假设，证明感知有用性、感知易用性、社会压力是用户采纳微信的重要因素[③]；宋之杰等（2015）以技术接受模型为理论视角，参考网络外部性理论与创新扩散理论，引入感知娱乐性、网络外部性变量建构结构方程模型来探究对政务类微信公号的用户接受产生影响的因素，采取问卷调查探究各因素对用户采纳的影响，研究者认为，政务微信公众号应该从服务质量、界面设计、内容发布等方面进行改

---

① 马良. 国内微信用户软件使用行为影响因素研究 [D]. 华中科技大学, 2012.

② 徐梅丹, 孟召坤, 张一春, 等. 高校教师使用微信辅助教学的影响因素研究 [J]. 电化教育研究, 2014（11）：89-94.

③ 匡文波. 基于技术接受模型的微信使用行为研究 [J]. 国际新闻界, 2015, 37（10）：117-126.

良[①]；杨从杰等（2016）将微信与雇主吸引力相结合，以技术接受模型为基础构建出研究模型探究雇主吸引力的影响因素，而企业招聘微信的特征作为模型的外部变量，通过问卷调查与焦点小组访谈得出结论并提出有利于企业提高雇主吸引力的建议[②]；李琼等（2016）在技术接受模型基础上构建了消费者对于微信购物平台的接受度的研究模型，最后从易用性与有用性的提高两个视角出发为微信购物平台提出营销策略。[③]

在运动健身 App 领域，相关研究很少，骆意（2017）使用技术接受模型研究了大学生使用健身 App 影响因素，研究者得出结论：大学生移动健身应用的使用态度会决定大学生移动健身应用的使用行为，感知成本、感知有用性以及感知易用性也会决定大学生移动健身应用使用态度[④]；何潇颖（2017）在健康信念模型与技术接受模型的基础上构建研究模型，探究跑步类 App 对用户及其社群在健康传播方面的效果，结果发现，跑步类 App 带来的积极效果主要集中在获取健康信息、建立健康方面观念、改善身体状况以及使得健康行为得到持续几方面；同时，用户参与的层次、App 的易用性与时尚性以及用户的信任显著影响健康传播的效果。[⑤]

（二）微信运动相关文献综述

微信运动是腾讯旗下社交软件微信 2015 年 2 月初推出的一个运动类公众号。人们在关注微信运动的公众号后，可以实时了解自己的相关运动数据，还能加入微信运动排行榜中与好友进行步数比较或者相互点赞。目前关于微信运动的研究以初步的解释评价为主，引入模

---

① 宋之杰，巫翠玉，石蕊. 政务微信公众号用户采纳研究 [J]. 电子政务，2015（3）.

② 杨从杰，戴巧玲. 基于 TAM 的企业招聘微信特征对雇主吸引力的影响研究 [J]. 管理评论，2016，28（6）：140−149.

③ 李琼，李晓霞. 基于 TAM 模型的微信平台购物接受度实证研究 [J]. 统计与决策，2016（19）：54−57.

④ 骆意. 基于 TAM 的大学生移动健身 App 使用影响因素的实证研究 [J]. 首都体育学院学报，2017，29（1）：72−77.

⑤ 何潇颖. 跑步类 App 健康传播效果实证研究 [D]. 山东大学，2017.

型的实证研究更是少之又少。研究者以"微信运动"为关键词在中国知网数据库进行相关检索，发现关于微信运动的研究与文献很少。微信运动作为腾讯开发的计步数据库的公众号，本研究又涉及了微信运动用户行为，基于研究目的与内容，主要对微信运动研究与微信用户行为相关的文献进行梳理。

1. 微信运动相关研究

目前国内关于微信运动的研究还比较少，研究成果基本以期刊论文为主，大部分研究都采用质性分析，较少进行深入的解读与实证研究。

吴曦（2016）对微信运动的发展进行研究，分析了微信运动发展的原因、条件以及在发展过程中需要关注的问题，他认为运动社交是运动健身类产品的发展趋势①；万里（2016）对微信运动进行了传播学解读，他从技术、经济、政策的角度剖析了微信运动走红的原因，将使用与满足理论用于用户微信运动使用心理的分析中，他认为在新媒体赋权下微信运动推动了健康传播与公益运动，还从"媒介即讯息"的观点出发透视了新媒体技术所带来的社会变革。②

现有研究也有从大学生的角度来研究微信运动的。李文君（2016）对大学生使用微信运动的心理进行的质性分析，通过微信运动与其他运动健身类 App 的对比研究总结出微信运动特点，运用传播心理学理论框架透析了大学生使用微信运动的心理过程与个性心理，他建议运动健身类 App 开发商设计商品时不要忽略产品对用户的刺激感③；韦峰（2016）采用抽样调查的方式分析了大学生使用微信运动的基本情况、大学生的体育生活的方式受微信运动的影响及利

① 吴曦. 体育类社交应用微信运动的发展研究 [J]. 商，2016（14）：209－209.
② 万里. 运动类公众号掀起的"全民运动"风——"微信运动"的传播学解读 [J]. 西部广播电视，2016（14）.
③ 李文君. 大学生微信运动的使用心理研究 [J]. 传播与版权，2016（12）：102－104.

弊，目的在于引导大学生正确使用微信运动，形成良好的运动习惯。[①]

目前能检索到的关于微信运动的实证类研究特别少，这类研究对本研究具有一定的参考价值。张铮等（2017）从计划行为理论的视角出发对微信运动进行了实证研究，从健康传播领域揭示出微信运动应用的社交性与数据化对人们的健康行为有正向的影响，研究者认为，朋友圈等中的他人对其微信运动使用行为具有一定的影响[②]；韩立新等（2017）主要考察微信运动的 4 项互动功能即"点赞""占领封面""排名""朋友圈分享"的强度分别与用户的步行与其他锻炼强度的关系，且验证了都呈负相关关系，从而证明了作者的假设，探索了微信运动互动功能的实质。[③]

2. 微信用户行为相关研究

微信运动想要实现良性发展应该考虑微信与用户的特征，所以研究微信用户行为的影响因素对本研究具有一定的参考价值。通过对近几年文献的梳理，有关微信用户行为的研究，多以技术接受模型为基础模型，结合研究具体情况结合不同理论如创新扩散理论、计划行为理论等，引入新的变量构建研究模型。例如，陆佳慧（2014）以技术接受模型为基础，整合了计划行为理论和创新扩散理论构成研究模型，并根据研究特点引入网络外部性、感知娱乐性、主观规范变量，研究大学生微信采纳影响因素[④]；侯如靖等（2016）结合技术接受模型、网络外部性理论和期望确认理论探究微信用户持续使用意向，研究者认为，提高用户持续使用微信的关键在于提高用户的期望确认度

---

①　韦峰. 微信运动对大学生体育生活方式影响的现状调查研究 [J]. 当代体育科技，2016，6（28）：106−107.

②　张铮，于伯坤，李府桂，等. 微信运动使用对健康行为的影响：基于计划行为理论分析 [J]. 新闻界，2017（6）：60−67.

③　韩立新，刘洪亮，苏敏. "微信运动"互动功能对大学生的影响 [J]. 青年记者，2017（29）：115−116.

④　陆佳慧. 基于 TAM 的大学生微信采纳影响因素研究 [D]. 南京师范大学，2014.

与用户对网络规模的感知[①]；刘勇（2015）在技术接受模型和使用与满足理论的基础上，引入仪式化使用、工具化使用变量构建了微信用户使用意向的研究模型，探究出影响用户使用意向的因素，在理论上更加完善了技术接受模型和使用与满足理论，在实践上给予微信运营商一定的商业参考价值[②]；赵卓鹤（2014）以微信为例，综合商业生态系统理论和技术接受模型等理论，引入感知风险性、系统质量、技术准备度、网络外部性变量，构建了用户移动互联网软件使用意向模型，探讨出影响使用意向的因素并提出相应的发展建议。[③]

第三节　模型构建及研究假设

一、研究模型

（一）模型的构建

通过前一节的文献整理，本研究以技术接受模型为基础研究框架，以感知有用性、感知易用性、态度、行为意向、行为为基础变量，结合微信运动的特点和理论研究，研究者认为感知娱乐性、感知风险、主观规范变量也会影响大学生的微信运动使用意向与行为，同时考虑人口统计变量性别、学历、专业，并把其作为控制变量纳入研究模型的框架，最终研究模型如图 2-10 所示。

---

①　侯如靖，张初兵. 微信用户持续使用意向的实证研究——网络外部性与期望确认度的影响 [J]. 消费经济，2016（1）：63-67.

②　刘勇. 微信用户的使用意图研究 [D]. 长春：吉林大学，2015.

③　赵卓鹤. 移动互联网社交应用软件使用意愿影响因素实证研究——以"微信"为例 [D]. 山东大学，2014.

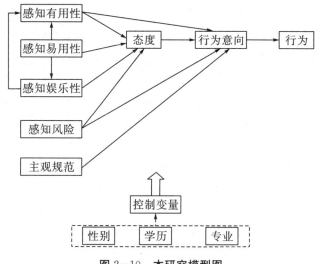

图 2-10　**本研究模型图**

（二）关于变量的解释说明

1. 技术接受模型基础变量的定义

技术接受模型包括感知易用性、感知有用性、态度、行为意向与行为五大基础的变量，其解释定义如表 2-2 所示。

表 2-2　TAM **基础变量定义**

变量名称	变量定义及来源	在本研究中的定义
感知易用性	个体认为使用信息技术将帮助减小其努力的程度（Davis，1989）	大学生认为使用微信运动的容易程度
感知有用性	个体认为使用信息技术能够带来工作绩效增加的程度（Davis，1989）	大学生认为使用微信运动能够带来效用的程度
态度	个体对某目标行为的正面或负面的感受与评价（Fishbein，Ajzen，1975）	大学生对使用微信运动正面或负面的感受与评价
行为意向	个体对于信息技术使用的主观意向强度（Fishbein，Ajzen，1975）	大学生对于使用微信运动的主观意愿强度
行为	个体实际采取的行动（Davis，1989）	大学生实际微信运动使用行为

2. 其他变量的定义

除了技术接受模型基础变量，本研究结合微信运动的特点与相关理论研究引入了感知娱乐性、感知风险与主观规范三个变量。

感知娱乐性最初由戴维斯等于 1992 年加入 TAM 模型以对他们划分的个人内部动机与外部动机进行阐述。外部动机可以理解为个人使用信息系统后感知到的增强的效用、价值，内部动机则可以理解为在外部没有明显效用增强的情况下，个人接受并且继续使用信息系统的意向。感知娱乐性则属于个人内部动机，可以将其定义为在没有能够预计的外部效用增强的情况下，个人感知到的其在采纳技术系统的过程中的欢乐程度。在本研究中，将感知娱乐性理解为大学生在使用微信运动的过程中主观体会感受到的开心程度。[①]

感知风险最初由鲍尔（Raymond A. Bauer）于 1960 年引入消费者行为研究领域，感知风险可以理解为消费者因无法预期购买行为的后果（并且负面后果有可能存在）而感受到的不适感。在本研究中，将感知风险理解为大学生感知到的微信运动的使用所带来的损失。[②]

根据计划行为理论，主观规范也会影响个体的行为意向。主观规范可以定义为个体感知到的自身团队的规范压力或者团队重要他人的影响。在本研究中，主观规范可以理解为使用微信运动的大学生所感知到的来自于朋友圈等中的他人的影响和外部规范的压力。

本研究所涉及的感知要素、态度、行为意向等都是个体对事物的主观感受与评价并且会受到包括人口统计变量的影响。根据相关理论与文献推理，在本研究中笔者认为这些变量会受到包括人口统计变量性别、学历、专业三个方面在内的用户个体特征影响，所以本研究将性别、学历与专业当做研究的控制变量。

---

① 吴茹双. 微信用户使用态度影响因素研究 [D]. 上海交通大学，2013.
② 徐东超. 微信用户对朋友圈广告接受意愿的影响因素研究 [D]. 吉林大学，2016.

二、研究假设

（一）技术接受模型基础变量的假设

戴维斯于 1989 年提出技术接受模型的基础变量的系列观点，他认为个体使用行为由行为意向决定，行为意向受感知有用性与态度共同的影响，态度受感知有用性与感知易用性共同的影响，感知有用性又在一定程度上由感知易用性决定。这一系列的观点都通过了 Ron 等（2003）、Gong 等（2004）、Hung 等（2004）的相关研究的检验。Moon 等于 2001 年通过研究互联网用户接受意向发现感知易用性会影响感知娱乐性[①]，于是研究者也推论大学生感受到的使用微信运动的方便易用的程度会影响其感知到的微信运动的趣味性。因此本研究基础变量的假设如下：

H1：大学生对于微信运动的感知有用性正向影响其态度

H2：大学生对于微信运动的感知有用性正向影响其使用微信运动意向

H3：大学生对于微信运动的感知易用性正向影响其态度

H4：大学生对于微信运动的感知易用性正向影响其感知有用性

H5：大学生对于微信运动的感知易用性正向影响其感知娱乐性

H6：大学生对于微信运动的态度正向影响其使用微信运动意向

H7：大学生使用微信运动意向正向影响其使用微信运动行为

（二）其他变量的假设

1. 感知娱乐性变量的假设

鲁耀斌等于 2006 年通过研究即时通讯用户使用行为发现，感知娱乐性对态度具有直接显著的作用。在此基础上，研究者认为大学生使用微信运动所感知到的趣味程度会影响其对微信运动的评价与感

[①]　Moon J W，Kim Y G. Extending the TAM for a World-Wide-Web Context［J］. *Information & Management*，2001，38（4）：217-230.

受。① 同时，研究者认为，大学生使用微信运动感知到的趣味会影响其使用微信运动感知到有效益的程度。因此本研究关于感知娱乐性的假设如下：

H8：大学生对于微信运动的感知娱乐性正向影响其态度

H9：大学生对于微信运动的感知娱乐性正向影响其感知有用性

2. 感知风险变量的假设

感知风险多被运用于信息技术的采纳意愿与网络购物的意愿的研究中。② 郑磊于 2013 年通过研究微信用户使用的影响因素发现，用户的态度与使用意向与其感知到的关于微信的风险相关，而且呈负相关的关系。基于微信运动的特点，大学生使用微信运动也会感受到一定的隐私、时间等的风险，因此，将感知风险纳入微信运动使用意向与行为研究也是很有必要的。③ 因此本研究关于感知风险变量的假设如下：

H10：大学生对于微信运动的感知风险负向影响其态度

H11：大学生对于微信运动的感知风险负向影响其使用微信运动意向

3. 主观规范变量的假设

在理性行为理论与计划行为理论中，行为意向会受到主观规范的影响。陆佳慧于 2014 年通过研究发现大学生使用微信的意愿受到主观规范的显著的影响。④ 人都是社会性的，大学生使用微信运动的意愿也会受周围人和周遭环境的影响，因此本研究关于主观规范变量的假设如下：

H12：大学生使用微信运动的主观规范正向影响其使用微信运动

---

① 鲁耀斌，徐红梅. 即时通讯服务使用行为的影响因素实证研究 [J]. 管理学报，2006，3 (5)：614−621.

② 干广昊. 基于消费者视角的信息技术换代采纳影响因素研究——以 4G 为例 [D]. 广西大学，2015.

③ 郑磊. 微信用户采纳影响因素研究 [D]. 北京邮电大学，2013.

④ 陆佳慧. 基于 TAM 的大学生微信采纳影响因素研究 [D]. 南京师范大学，2014.

意向

三、假设整理总结

研究者将上文的研究变量的假设进行归纳汇总以便后期的使用，假设归纳如下表2-3所示。

表2-3 变量假设归纳

研究变量	假设
感知有用性	H1：大学生对于微信运动的感知有用性正向影响其态度
	H2：大学生对于微信运动的感知有用性正向影响其使用微信运动意向
感知易用性	H3：大学生对于微信运动的感知易用性正向影响其态度
	H4：大学生对于微信运动的感知易用性正向影响其感知有用性
	H5：大学生对于微信运动的感知易用性正向影响其感知娱乐性
态度	H6：大学生对于微信运动的态度正向影响其使用微信运动意向
意向	H7：大学生使用微信运动意向正向影响其使用微信运动行为
感知娱乐性	H8：大学生对于微信运动的感知娱乐性正向影响其态度
	H9：大学生对于微信运动的感知娱乐性正向影响其感知有用性
感知风险	H10：大学生对于微信运动的感知风险负向影响其态度
	H11：大学生对于微信运动的感知风险负向影响其使用微信运动意向
主观规范	H12：大学生使用微信运动的主观规范正向影响其使用微信运动意向

第四节 问卷设计与数据收集

一、变量测量维度设计

通过上一节的分析，本研究已经确定了研究模型中涉及的相关变量。为了保证研究的可靠性与权威性，变量测量题项的设计过程分两步：第一步，借鉴以往国内外相关研究较成熟的测量量表，从这些成熟量表中找出适合本研究问卷的题项或设计思路，同时根据本研究所涉及的问题，设计出适用于本研究的变量测量题项；第二步，选取成都地区的 10 个大学生同学作为访谈对象（访谈对象均为微信运动用户，对微信运动具有较为深刻的理解），了解他们对大学生微信运动使用意向与行为研究模型变量的想法，挖掘可以列入正式问卷的新题项。

关于访谈，围绕微信运动的特点与本研究模型，研究者设计了以下访谈问题：你认为微信运动能够带来哪些效用？你认为微信运动能够带来哪些方便？你认为微信运动能够带来哪些乐趣？你认为微信运动存在着哪些风险？具体说，是什么（包括人或物）会影响或促使你使用微信运动？你的身边人（家人、朋友、同学）是否会影响或促使你使用微信运动？你所在的团队是否会影响或促使你使用微信运动？媒体对微信运动的相关评价是否会影响或促使你使用微信运动？你对微信运动的态度与评价是怎样的？你觉得你对于微信运动的使用意向强烈与否？具体意向是怎样的？你参与微信运动一般有哪些具体的行为？受访者回答要点如下表 2-4 所示。

表 2-4　受访者基本信息及相关访谈记录

编号	受访者	年龄	职业	回答要点
1	张同学	25	在读硕士研究生	微信运动特别容易操作，一学就会；微信运动只能测出步数，跑步的时候就不会用微信运动；日常用微信运动就够，成为生活习惯，督促自己锻炼
2	郭同学	26	在读硕士研究生	多是想到一些负面的观点，比如为了虚荣心"刷步数"，可让别人通过步数来推测我的日程，使用不同的手机会有步数的误差

续表2-4

编号	受访者	年龄	职业	回答要点
3	刘同学	28	在读博士研究生	身边的同学用微信运动会让自己也想尝试一下；在媒体上了解微信运动会激起自己的兴趣；但用了微信运动会发现其不太专业，只能对步数进行记录
4	沈同学	22	在读本科	会经常开启微信运动，参与到与好友的互动点赞PK中，偶尔取得好成绩会在朋友圈分享
5	邱同学	23	在读本科	最初是在网站上看到微信运动的报道，微信运动的"捐步数"吸引自己，然后尝试使用了一下，觉得社交媒体做公益特别有意义
6	夏同学	24	在读硕士研究生	很简单，就是为了减肥，然后觉得用起来不枯燥，偶尔"占领封面"特别有成就感
7	肖同学	23	在读硕士研究生	使用起来方便又有趣，能和好友互动点赞，觉得比其他运动类App更实用日常
8	柏同学	22	在读本科	受家人影响使用的，使用意向挺强，愿意参与进去互动PK，有时候还会向不懂的人科普
9	余同学	27	在读博士研究生	因为课业忙，使用微信运动缓压，会邀请一些同学参与，一起放松一下挺好
10	陈同学	24	在读硕士研究生	几乎是有手机就能用，特别好操作，偶尔觉得数据被别人知道有点不习惯

研究者在相关文献和访谈的基础上，设计了本研究的变量测量对应题项，其中行为量表为根据微信运动特点以及访谈结果而得的自编测量题项，具体如下表2-5所示。

表 2-5 变量测量题项及来源

研究变量	变量测量题项	参考来源
感知有用性	微信运动能满足社交需求，相当于一种沟通渠道	Venkatesh（2000）；Ron（2003）；Hung（2004）
	使用微信运动能丰富我的日常生活	
	使用微信运动能锻炼身体，养成健康生活习惯	根据访谈结果
	使用微信运动能够督促减肥	
	使用微信运动能有助于公益	
感知易用性	微信运动很容易学习使用	Davis（1989）
	微信运动下载安装很容易，只需关注公众号	雷霄（2011）
	熟练使用微信运动各功能对我来说很简单	
	使用微信运动只需用手机，方便便携、平民化	
	微信运动界面简单，排行榜等一目了然	根据访谈结果
感知娱乐性	微信运动的使用过程很有趣	Davis（1992）；Terry（2001）；Park（2005）
	使用微信运动能有效缓解生活、工作、学习压力	
	使用微信运动实现的与他人的沟通（点赞、分享等）很有趣	
	使用微信运动带来成就感（如占领封面等），丰富娱乐生活	根据访谈结果
感知风险	我担心使用微信运动可能会泄露隐私	王慧（2012）
	我担心使用微信运动会浪费我的时间	
	我担心使用微信运动会导致不公平，如不同设备或手机造成的误差	根据访谈结果及问卷预调查
	我担心使用微信运动导致盲目攀比而运动过度甚至伤到身体	
	我担心微信运动的测量维度不专业，如无法测量强度、海拔等	
	我担心微信运动测量形式过于单一（只测步数）	

研究变量	变量测量题项	参考来源
主观规范	身边越来越多的朋友、家人、同学使用微信运动，这会促使我使用微信运动	Fishbein & Ajzen (2010)； 陆佳慧（2014）
	我所在的团体对使用微信运动有强烈的认同感，这会促使我使用微信运动	
	报纸、杂志、电视等传统媒体常常引导我使用微信运动	
	一些互联网应用（如微博、新闻网站、视频网站等）常常引导我使用微信运动	
态度	我觉得使用微信运动是个明智的选择	雷霄（2011）； Goldsmith（2002）
	我认为微信运动比其他运动健身类 App 更具优势	
	我觉得使用微信运动是件愉快的事	
	总的来说，我对微信运动的评价是正面的	
行为意向	我愿意使用微信运动并参与到互动点赞中去	冯旭艳（2015）
	当我使用微信运动，我愿意告诉周围人我在使用微信运动	王昱（2014）
	当我使用微信运动，我会向同学好友宣传微信运动	
	当我使用微信运动，我会鼓励周围人参与微信运动	
行为	我会经常开启微信运动	自编以及访谈结果
	我会经常邀请好友来参与微信运动	
	我会经常与微信运动好友点赞互动	
	当我排名第一时，我会"晒步数"	

二、问卷设计与调查

（一）文献整理与相关访谈

本问卷的设计借鉴了国内外相关文献中较成熟的测量量表，在鲁耀斌、郑磊、陆佳慧等学者的研究具有相似研究变量的基础上找到适合本研究问卷的题项或相关设计思路，结合本研究对象的特点进行一定程度的修改方才应用，同时从与大学生的访谈中归纳总结设计出适合本研究的变量测量题项；而对于相关研究较少的变量（如行为变量），本研究主要根据研究对象特点及相关文献分析设计自编量表，同时也参考了大学生访谈内容。

为了提高问卷的质量，在问卷初步设计完成后，研究者请教了相关领域的老师、同学，与他们进行了系列访谈，主要访谈对象为研究生导师、同一个导师的师兄师姐与同专业的同学，他们对问卷的题目、内容、相关题项提出了一定的修改意见，使得问卷更加严谨、合理，更能达到研究者的研究目的。

（二）问卷预调查及修改

为了更好地保证问卷的合理性、可靠性，避免正式调查带来的不可估的问题，研究者在访谈、修改初始问卷之后，通过问卷星平台，选取了 20 个成都高校的同学、朋友通过问卷星平台进行了小规模的预调查，这 20 个调查对象有着一年以上微信运动使用经验，对微信运动较为熟悉，更有利于研究者搜集到可靠的反馈信息。通过反映的问题询问相关专业的导师、同学，研究者做了如下三点修改：在个人基本情况的"学历"中，把"博士研究生"选项改为"博士研究生及以上"；在行为量表的前面，增设单选题"你是否使用过微信运动"，同时注明选择"是"的同学继续填行为量表，选择"否"的同学不填行为量表；对"感知风险"的测量指标进行了相应扩展，增加了"担心测量维度不专业"与"担心测量形式单一"的指标。

（三）正式问卷

正式研究问卷分为两大部分，40 个题项。研究者将第一部分设计为"个人基本情况"（3题）；将第二部分设计为为"量表"，其中，感知娱乐性量表、主观规范量表、意向量表、使用行为量表以及态度量表各包含四个题目，感知易用性量表与感知有用性量表各包含五个题目，感知风险量表包含六个题目，还有一个关于行为调查的单项选择题目。问卷开头对研究方法、问卷用途、相关背景作补充说明，问卷中的测量量表均采用李克特五点计分法，"非常同意""同意""一般""不同意""非常不同意"五个不同选项分别赋予5、4、3、2、1的分值。第一部分的用户情况主要调查被试的人口统计变量的特征，包括性别、学历以及专业。

三、问卷统计方法

本研究运用 SPSS 软件对回收的问卷数据进行统计分析，对研究模型与理论假设进行检验，具体统计方法如下所示。

描述性统计分析：了解本研究人口统计学变量（性别、学历、专业）的详细分布情况，并通过平均值、标准差来统计分析感知有用性量表、感知易用性量表、感知娱乐性量表、感知风险量表、主观规范量表、态度量表、意向量表、行为量表。

信效度检验：对于信度，采用克伦巴赫系数来探究问卷的内部的稳定一致性，一般情况 alpha 值大于 0.7 即信度很好，alpha 值趋于 0.35 到 0.7 则信度一般，alpha 值小于 0.35 则信度很低需要对问卷进行适当的改进。本研究主要利用因子分析来探究结构效度，先采用 Bartlett 球形检验与 KMO 值来探究题项相关性，在相关基础上再做因子分析。

相关分析：本研究主要通过皮尔逊（Pearson）相关分析来检验各变量间的线性相关关系。本研究主要检验影响态度的因素与态度、影响意向的因素与意向、感知娱乐性与有用性、意向与行为、感知易用性与感知有用性、感知易用性与感知娱乐性间的相关关系。

回归分析：本研究采用回归分析作为相关分析补充，通过构建研究的回归方程探讨对变量的影响与预测作用。

四、研究被试与样本概况

（一）研究被试

正式研究的被试来自四川大学、西南交通大学两所成都高校的学生，采用线上与线下相结合的调研方法，实地调研与网络调研的回收的样本量各占了近一半。在调研前调查者需要了解被试的微信运动相关情况，被试最好具有微信运动使用经验或曾经有过微信运动使用体验，被试至少需要知道或了解微信运动，这样能保证问卷质量，更好地达到研究目的。网络调研的发放平台为问卷星平台，利用微信、QQ方式通过研究者两所高校的朋友以"滚雪球"方式发放回收问卷；实地调研主要是去往两所高校的图书馆进行问卷发放并够监督其认真填写，能更好地保证问卷质量。问卷发放的时间是2017年7月中旬到2017年8月中旬，共发放问卷326份，实际回收315份，回收率达97%，剔除掉数据残缺的问卷，有效问卷为302份，有效回收率93%。两所高校发放的详细情况如下：四川大学共发放178份，实际回收171份，回收率达96%，其中有效问卷为163份，有效回收率达92%；西南交通大学共发放148份，实际回收144份，回收率达97%，其中有效问卷为139份，有效回收率达94%。

（二）样本概况

被试来自成都的两所高校，被试的个人基本情况统计如下表所示。

表2-6　被试个人基本情况统计表

变量	样本分布	人数	百分比（%）	累积百分比（%）
性别	男	155	51.3	51.3
	女	147	48.7	100.0
学历	本科	222	73.5	73.5
	硕士研究生	68	22.5	96.0
	博士研究生及以上	12	4.0	100.0

变量	样本分布	人数	百分比（%）	累积百分比（%）
专业	理工类	121	40.0	40.0
	文史类	105	34.8	74.8
	艺术类	67	22.2	97.0
	其他	9	3.0	100.0

从表2-6来看，本次研究共收集了302个有效样本，样本特征包括性别、学历、专业三个方面，在正式调研的被试中：从性别看来，男生样本数为155人，女生样本数为147人，各占样本总量的51.3%与48.7%；从学历看来，以本科生占大多数，本科生占样本总量的73.5%，本科生与研究生一起占样本总量的96%；从专业看来，理工类的被试占样本比例总量最多，其次是文史类的被试与艺术类的被试，其他专业占比最少。

第五节 数据分析与假设检验

一、数据的描述性统计分析及信效度检验

（一）数据的描述性统计分析

本研究使用 SPSS 22.0 软件，对大学生感知有用性、感知易用性、感知娱乐性、感知风险、主观规范、态度、意向七个量表进行描述性统计分析，统计出各变量的平均值与标准差。大学生微信运动感知有用性量表整体均值为3.6040，该量表为五点计分法，3分为理论中值，由此可知大学生整体上感知微信运动的有用程度较高；大学生微信运动感知易用性整体均值为3.7291，由此可知大学生整体上感知微信运动易用程度较高；大学生微信运动感知娱乐性量表整体均值为3.5522，由此可知大学生整体上感知微信运动的趣味程度较高；大学生微信运动感知风险量表整体均值为2.1733，由此可知大学生

整体上感知微信运动的风险程度较低；大学生微信运动主观规范量表整体均值为 3.6184，由此可知大学生微信运动的使用整体上会受到主观规范的一定影响；大学生微信运动态度量表整体均值为 3.8377，由此可知大学生整体上对微信运动态度是积极认可的；大学生微信运动意向量表整体均值为 3.5877，由此可知大学生整体上对于微信运动使用意向的程度较高。

（二）信度检验

信度是指采用量表或者测验的工具进行测量及其所得结果的有效性与稳定性的程度，也可以理解为可靠性分析。本研究采用内在信度来检验被试填写所有的题项的有效性与一致性。内在信度指每个量表测量单一概念时组成量表的题项的内在一致性程度，一般使用克伦巴赫系数来分析内在信度，在探索性研究中，alpha 值低于 0.35 则说明信度极低量表需要一定的改进，alpha 值介于 0.35 到 0.7 之间则可靠程度一般，alpha 值高于 0.7 则属于高信度，越接近 1 量表可靠的程度越高。[①] 各变量信度分析的结果如下表 2-7 所示。

表 2-7　各变量信度分析表

变量	测项数目	问项	删除问项后的 alpha 值	克伦巴赫系数
		满足社交需求	0.908	
		丰富日常生活	0.927	
感知有用性	5	使身体得到锻炼	0.925	0.933
		督促减肥	0.910	
		有助于公益	0.915	
		学习使用很容易	0.895	
		下载安装很容易	0.906	

[①] 吴明隆. 问卷统计分析实务：SPSS 操作与应用 [M]. 重庆大学出版社，2010.

变量	测项数目	问项	删除问项 后的 alpha 值	克伦巴赫系数
感知易用性	5	熟悉功能很简单	0.905	0.916
		只需手机很便利	0.895	
		界面简单	0.885	
		使用过程很有趣	0.872	
感知娱乐性	4	有效缓解压力	0.904	0.906
		与人沟通很有趣	0.877	
		能带来成就感	0.861	
		担心泄露隐私	0.921	
		担心浪费时间	0.939	
感知风险	6	担心不公平	0.926	0.940
		担心盲目攀比	0.924	
		担心维度不专业	0.935	
		担心形式太单一	0.929	
		朋友家人的影响	0.867	
主观规范	4	所在团体的影响	0.909	0.912
		传统媒体的影响	0.890	
		互联网的影响	0.897	
		它是明智选择	0.807	
态度	4	比其他 App 有优势	0.853	0.863
		使用很愉快	0.839	
		评价是正面	0.796	
		愿意使用并参与	0.871	
使用意向	4	愿意告诉周围人	0.895	0.902

续表2-7

变量	测项数目	问项	删除问项后的 alpha 值	克伦巴赫系数
		愿意去宣传	0.872	
		愿意鼓励参与	0.851	
		会经常开启	0.873	
行为	4	常邀请好友参与	0.908	0.911
		经常点赞互动	0.890	
		会"晒步数"	0.867	

从表2-7可以看出，感知易用性、感知有用性、主观规范、感知风险、感知娱乐性、使用意向、态度、行为量表（由于部分被试没填行为量表，只对已填数据进行检验）的克伦巴赫系数都在0.7以上，说明各量表可靠性的程度很高。同时，单独删除某一问项，alpha值都有所下降，这说明题项的设计有一定的合理性。从整体来看，正式调研的数据具有较高的信度，各变量及其维度也体现了较高的内部一致性，为后面开展研究奠定了一定的基础。

（三）效度检验

效度指测量工具能够准确测出所需测量的事物的程度。效度能够表明测验的正确性，效度主要分为三类即内容效度、建构效度以及效标关联效度。本研究主要对量表的内容效度、建构效度进行考量。

内容效度反映量表题项或测验的内容是否合适、是否具有一定的代表意义，可以理解为量表内容能够达到测量目的的程度。内容效度一般通过题项分布的合理性来判断，本研究问卷在整理总结相关文献的基础上参考了相关研究成熟的量表设计，同时结合微信运动的特点、大学生群体的特征表现出较强的针对性。通过大学生访谈、老师的指导、预调研等对问卷进行了相应的修改与完善，能保证问卷具有良好的内容效度。

建构效度指量表能够测量出理论的特质或概念的程度，本研究采用因子分析法来测量量表的结构效度，但因子分析具有一定的前提即需保证各题项具有较强的相关关系。

为了保证数据能够做因子分析，本研究首先通过 Bartlett 球形检验与 KMO 检验来考察题项的相关性。KMO 检验依据 Kaiser 于 1974 年提出的标准，判断标准如表 2-8 所示。[①] 使用 Bratlett 球形检验的目的主要是探究相关系数矩阵是否是单位阵，Bratlett 球形检验从原有变量的相关系数矩阵开出发，其原假设为：相关系数矩阵是单位阵。Bratlett 球形检验得出的检验统计量从相关系数矩阵的行列式中计算而来，统计量渐近于服从卡方分布，若该统计量观测值较大同时对应的概率 P 值与给定的显著性水平相比较小的情况时，就应该拒绝原假设，确定相关系数的矩阵可能不是单位阵，则因子分析适用于该数据；若出现检验统计量观测值较小的情况同时对应概率 P 值与给定的显著性水平相比较大，则无法拒绝原假设，可认为单位阵与相关系数矩阵没有显著的差异，数据不适合作因子分析。[②]

表 2-8　KMO 指标值判断准则

KMO 统计量值	判别说明	因子分析适切性
0.9 以上	极适合进行因子分析	极佳
0.8 以上	适合进行因子分析	良好
0.7 以上	尚可进行因子分析	适中
0.6 以上	勉强进行因子分析	普通
0.5 以上	不适合进行因子分析	欠佳
0.5 以下	极不适合进行因子分析	无法接受

各量表通过因子分析得到表 2-9 所示的结果（采用主成分分析法进行提取）。从表 2-9 可看出，将各量表进行 KMO 检验与 Bratlett 球形检验，得出的 KMO 值都在适合做因子分析的范围内；

---

① 吴明隆. 问卷统计分析实务：SPSS 操作与应用［M］. 重庆大学出版社，2010.

② 薛薇. 基于 SPSS 的数据分析［M］. 中国人民大学出版社，2014.

各量表的 Bratlett 球形检验的显著性水平 sig 值都为 0.000 小于 0.01，表明相关系数矩阵可能不是单位阵，可以拒绝原假设，数据都适合做因子分析；各量表通过因子分析都能得到一个特征根大于 1 的公共因子，感知有用性量表、感知易用性量表、感知娱乐性量表、感知风险量表、主观规范量表、态度量表、意向量表、行为量表的特征根分别为 3.943、3.751、3.132、4.643、3.175、2.835、3.090、3.161，对于总方差分别能解释 78.869%、75.013%、78.301%、77.835%、79.379%、70.866%、77.246%、79.026%；各量表中每一个题项的因子负载值都在 0.6 以上，说明各量表均具有较好的建构效度。

表 2-9　各量表因子分析结果

		因子载荷 1	特征根 （解释方差）	KMO 值	Bratlett 球形检验
感知 有用性	满足社交需求	0.919	3.943 (78.869%)	0.869	近似卡方 =1286.221 df=10 Sig=0.000
	丰富日常生活	0.850			
	使身体得到锻炼	0.858			
	督促减肥	0.916			
	有助于公益	0.895			
感知 易用性	学习使用很容易	0.877	3.751 (75.013%)	0.832	近似卡方 =1103.512 df=10 Sig=0.000
	下载安装很容易	0.834			
	熟悉功能很简单	0.838			
	只需手机很便利	0.874			
	界面简单	0.905			
感知 娱乐性	使用过程很有趣	0.897	3.132 (78.301%)	0.753	近似卡方 =900.157 df=6 Sig=0.000
	有效缓解压力	0.835			
	与人沟通很有趣	0.893			
	能带来成就感	0.912			

		因子载荷	特征根	KMO值	Bratlett
		1	（解释方差）		球形检验
感知风险	担心泄露隐私	0.934	4.643 （77.835%）	0.868	近似卡方 =1778.151 df=15 Sig=0.000
	担心浪费时间	0.809			
	担心不公平	0.900			
	担心盲目攀比	0.911			
	担心维度不专业	0.839			
	担心形式太单一	0.879			
主观规范	朋友家人的影响	0.922	3.175 （79.379%）	0.805	近似卡方 =895.339 df=6 Sig=0.000
	所在团体的影响	0.844			
	传统媒体的影响	0.888			
	互联网的影响	0.907			
态度	它是明智选择	0.870	2.835 （70.866%）	0.791	近似卡方 =583.166 df=6 Sig=0.000
	比其他App有优势	0.791			
	使用很愉快	0.817			
	评价是正面	0.986			
意向	愿意使用并参与	0.882	3.090 （77.246%）	0.763	近似卡方 =858.094 df=6 Sig=0.000
	愿意告诉周围人	0.835			
	愿意去宣传	0.883			
	愿意鼓励参与	0.913			
行为	会经常开启	0.910	3.161 （79.026%）	0.828	近似卡方 =678.166 df=6 Sig=0.000
	常邀请好友参与	0.842			
	经常点赞互动	0.882			
	会"晒步数"	0.920			

二、相关分析

相关分析是分析客观事物之间关系的数量分析方法，通过相关分析的统计方法能够明确变量间的关联程度。Pearson 简单相关系数可以用来考量数值型变量之间的线性关系，本研究采用 Pearson 积差相关分析法来对各变量的相关关系进行检验。[①]

（一）感知有用性与态度和行为意向的相关关系

本研究中感知有用性与态度和行为意向的相关分析结果如表 2-10 所示，＊＊表示相关系数在 0.01 的显著性水平下，＊表示相关系数在 0.05 的显著性水平下。

表 2-10　感知有用性与态度和行为意向的相关分析结果

		态度	行为意向
感知有用性	Pearson 相关系数	0.736＊＊	0.496＊＊
	双侧显著性	0.000	0.000

由表 2-10 可以看出，感知有用性与态度的相关系数为 0.736，双侧显著性概率为 0.000 小于 0.01，这表明在本研究中大学生对微信运动的感知有用性与其对微信运动的态度具有显著的正相关关系；感知有用性与行为意向的相关系数为 0.496，双侧显著性概率为 0.000 小于 0.01，说明在本研究中大学生对微信运动的感知有用性与其对微信运动的使用意向具有显著的正相关关系。

（二）感知易用性与态度、感知有用性和感知娱乐性的相关关系

本研究中感知易用性与态度、感知有用性和感知娱乐性的相关分析结果如表 2-11 所示。

[①]　薛薇. 基于 SPSS 的数据分析［M］. 中国人民大学出版社，2014.

表 2-11 感知易用性与态度、感知有用性和感知娱乐性的相关分析结果

		感知易用性
态度	Pearson 相关系数	0.184**
	双侧显著性	0.001
感知有用性	Pearson 相关系数	0.009
	双侧显著性	0.882
感知娱乐性	Pearson 相关系数	0.061
	双侧显著性	0.292

由表 2-11 可以看出，感知易用性与态度的相关系数为 0.184，双侧显著性概率为 0.001 小于 0.01，说明在本研究中大学生对微信运动的感知易用性与其对微信运动的态度具有正相关关系。而感知易用性与感知有用性和感知娱乐性在 0.01 与 0.05 的水平上都不具有显著的相关性，这说明在本研究中大学生对微信运动的感知易用性与其对微信运动的感知有用性不存在显著相关关系，大学生对微信运动的感知易用性与其对微信运动的感知娱乐性不存在显著相关关系。

（三）态度与行为意向的相关关系

本研究中态度与行为意向的相关分析结果如表 2-12 所示。

表 2-12 态度与行为意向相关分析结果表

		行为意向
态度	Pearson 相关系数	0.560**
	双侧显著性	0.000

由表 2-12 可以得到，态度与行为意向的相关系数为 0.560，双侧显著性概率为 0.000 小于 0.01，说明在本研究中大学生对微信运动的态度与其对微信运动的意向呈现显著的正相关关系。

（四）感知娱乐性与态度和感知有用性的相关关系

本研究将感知娱乐性与态度和感知有用性进行相关分析，得到表 2-13 所示的分析结果。

表 2-13　感知娱乐性与态度和感知有用性的相关分析结果

		态度	感知有用性
感知娱乐性	Pearson 相关系数	0.577**	0.541**
	双侧显著性	0.000	0.000

由表 2-13 可以看出，感知娱乐性与态度的相关系数为 0.577，双侧显著性概率为 0.000 小于 0.01，说明在本研究中大学生对微信运动的感知娱乐性与其对微信运动的态度具有显著的正相关关系；感知娱乐性与感知有用性的相关系数为 0.541，双侧显著性概率为 0.000 小于 0.01，说明在本研究中大学生对微信运动的感知娱乐性与其对微信运动的感知有用性呈现显著的正相关关系。

（五）感知风险与态度和行为意向的相关关系

本研究感知风险与态度和行为意向的相关分析结果如表 2-14 所示。

表 2-14　感知风险与态度和行为意向的相关分析结果

		态度	行为意向
感知风险	Pearson 相关系数	−0.612**	−0.590**
	双侧显著性	0.000	0.000

由表 2-14 可以得到，感知风险与态度的相关系数为 −0.612，双侧显著性概率为 0.000 小于 0.01，说明大学生对微信运动的感知风险与其对微信运动的态度呈现显著的负相关关系；感知风险与行为意向的相关系数为 −0.590，说明大学生对微信运动的感知风险与其对微信运动的意向呈现显著的负相关关系。

（六）主观规范与行为意向的相关关系

本研究主观规范与行为意向的相关分析结果如表 2-15 所示。

表 2-15 主观规范与行为意向的相关分析结果

		行为意向
主观规范	Pearson 相关系数	0.633**
	双侧显著性	0.000

由表 2-15 可以看出，主观规范与行为意向的相关系数为 0.633，双侧显著性概率为 0.000 小于 0.01，说明大学生使用微信运动的主观规范与其对微信运动的意向呈现显著的正相关关系。

（七）行为意向与行为的相关关系

由于在本研究中，部分大学生没有微信运动使用行为（不填行为量表），在这里只对有过微信运动使用行为的大学生的意向与行为相关关系进行探究，结果如表 2-16 所示。

表 2-16 行为意向与行为的相关分析结果

		行为
行为意向	Pearson 相关系数	0.615**
	双侧显著性	0.000

由表 2-16 可以看出，行为意向与行为的相关系数为 0.615，双侧显著性概率为 0.000 小于 0.01，说明大学生对微信运动的使用意向与其微信运动的实际行为呈现显著的正相关关系。

三、回归分析

回归分析一般用于探究事物间的统计关系，对于变量间的数值的变化规律进行重点探究，同时建立回归方程将这种关系描述并呈现。回归分析的前提为相关分析，在相关分析中变量具有平等的地位，没有因果之分，而回归分析可以定量得到变量间的关系，而且还可以通过回归系数判断在多个自变量中哪一个影响因素的效果最明显。[1]

---

[1] 薛薇. 基于 SPSS 的数据分析 [M]. 中国人民大学出版社，2014.

在实际应用中，某一事物（被解释的变量）总会受到多方面因素（多个解释变量）的影响，本研究采用逐步多元回归分析来揭示被解释变量与其他多个解释变量间的线性关系，此方法是根据统计准则依序选取自变量进入回归模型中，从多个自变量中找出对因变量最具预测力的自变量，同时剔除不显著的自变量，以建构一个最佳的回归模型。

本研究同时对数据进行多重共线性检验与残差序列独立性检验，以使最终回归方程能较好地反映因变量的特征与变化规律。自变量间高度的共线性给回归方程带来许多困难，研究主要用容差（Tolerance）和方差膨胀因子（Variance Inflation Factor）来对变量间的多重共线性进行探究。容差 T 值在 0 到 1 之间，越接近 0，说明变量间共线性越强，一般标准为 T 值小于 0.1 那么变量之间也许具有一定的多重共线性问题；方差膨胀因子 VIF 值大于 10 则表明变量间可能有多重共线性问题。残差序列存在自相关则说明回归方程没能充分说明因变量的变化规律，方程中可能遗漏了一些较重要的解释变量，残差序列独立性分析通过 DW 值（Dubin-Watson 值）来检验，DW 值越趋近于 2 则残差序列无自相关，DW 值越趋近于 0 则正相关性越强，越趋近于 4 则负相关性越强。[1]

（一）各变量与态度的回归分析

在相关分析中，本研究验证了感知有用性、感知易用性、感知娱乐性、感知风险与态度都具有显著相关性，这里把这四个变量作为自变量态度作为因变量作回归分析，结果如表 2−17 所示。

---

① 吴明隆. 问卷统计分析实务：SPSS 操作与应用 [M]. 重庆大学出版社，2010.

表 2-17　各变量与态度的回归模型

模型	R	R平方	调整R方	标准误差	DW	F	Sig
1	0.736ᵃ	0.542	0.540	2.545		354.911	0.000
2	0.776ᵇ	0.601	0.599	2.378	2.013	225.621	0.000
3	0.785ᶜ	0.616	0.612	2.337		159.590	0.000
4	0.792ᵈ	0.628	0.623	2.306		125.112	0.000

注：a. 预测变量：（常数），感知有用性

　　b. 预测变量：（常数），感知有用性，感知风险

　　c. 预测变量：（常数），感知有用性，感知风险，感知易用性

　　d. 预测变量：（常数），感知有用性，感知风险，感知易用性，感知娱乐性

由表 2-17 可以得到，感知有用性、感知风险、感知易用性、感知娱乐性都进入了最终模型，而且根据变量进入模型的顺序可以得到，感知有用性对态度的影响最大，感知娱乐性影响最小。DW 值为 2.013，趋近于 2，说明残差序列没有自相关问题。最终回归模型的决定系数 R 的平方为 0.628，说明该回归模型对总变异的解释程度达 62.8%，最终回归模型 F 值为 125.112，显著性概率为 0.000 小于 0.05，说明该回归模型合理且有一定的统计显著性。

表 2-18　各变量与态度的回归系数检验

模型	非标准化系数		标准化系数	t	Sig	共线性统计量	
	B	标准误差				容差	VIF
常量	6.547	1.210		5.411	0.000		
感知有用性	0.365	0.029	0.558	12.547	0.000	0.634	1.578
感知风险	−0.100	0.031	−0.172	−3.287	0.001	0.458	2.182
感知易用性	0.096	0.026	0.135	3.676	0.000	0.934	1.071
感知娱乐	0.124	0.041	0.150	2.989	0.003	0.498	2.009

由表 2-18 可以看出，感知有用性、感知风险、感知易用性、感

知娱乐性都具有合理的 VIF 值与容差，表明变量间没有多重共线性的问题；且四个自变量的显著性概率值均小于 0.05，说明回归系数显著性检验均显著，均应保留在回归方程中，由此可以建立态度的回归方程：

态度＝6.547＋0.365 X 感知有用性＋（－0.100X 感知风险）＋0.096X 感知易用性＋0.124X 感知娱乐

由以上分析得出感知易用性、感知有用性以及感知娱乐性正向影响态度，而感知风险负向影响态度。大学生感知微信运动越有用、越容易使用、越有趣味，他们对微信运动的态度越积极，感受与评价就越高；大学生感知微信运动带来的风险越多，他们对微信运动的态度就越消极，感受评价就越低。

（二）各变量与行为意向的回归分析

在相关分析中，本研究探究出感知有用性、感知风险、主观规范、态度与行为意向都具有显著相关性，这里把这四个变量作为自变量行为意向作为因变量作回归分析，结果如表 2-19 所示。

表 2-19　各变量与行为意向的回归模型

模型	R	R平方	调整 R 方	标准误差	DW	F	Sig
1	0.633[a]	0.400	0.398	3.511		200.158	0.000
2	0.673[b]	0.453	0.450	3.357	1.719	123.964	0.000
3	0.686[c]	0.471	0.465	3.309		88.341	0.000

注：a. 预测变量：（常数），主观规范

　　b. 预测变量：（常数），主观规范，态度

　　c. 预测变量：（常数），主观规范，态度，感知风险

由表 2-19 可以看出，主观规范、态度、感知风险进入了最终模型，而且根据变量进入模型的顺序可以看出，主观规范对行为意向的影响最大，感知风险影响最小。最终模型中没有感知有用性，说明感

知有用性对行为意向没有显著的影响。DW 值为 1.719，趋近于 2，说明残差序列不存在自相关问题。最终回归模型的决定系数 R 的平方为 0.471，说明该回归模型对总变异的解释程度达 47.1%，最终回归模型 F 值为 88.341，显著性概率为 0.000 小于 0.05，说明该回归模型合理且具有统计的显著性。

表 2-20　各变量与行为意向的回归系数检验

模型	非标准化系数		标准化系数	t	Sig	共线性统计量	
	B	标准误差				容差	VIF
常量	6.839	1.636		4.179	0.000		
主观规范	0.356	0.061	0.359	5.788	0.000	0.461	2.167
态度	0.273	0.067	0.226	4.068	0.000	0.575	1.739
感知风险	−0.140	0.045	−0.198	−3.130	0.002	0.443	2.259

由表 2-20 可以看出，主观规范、态度、感知风险的容差与 VIF 值都是合理的，说明变量间没有多重共线性的问题；且三个自变量的显著性概率均小于 0.05，说明回归系数显著性检验均显著，均应保留在回归方程中，由此可以建立行为意向的回归方程：

行为意向 = 6.839 + 0.356 X 主观规范 + 0.273X 态度 + （−0.140X 感知风险）

由以上分析得出主观规范、态度对行为意向的影响是正向的，感知风险对行为意向的影响是负向的。大学生使用微信运动的主观规范越高、大学生对微信运动的评价越好，其使用微信运动的意愿强度越强；大学生感知到的微信运动带来的风险越多，其使用微信运动的意愿强度越低。

（三）感知娱乐性与感知有用性的回归分析

在相关分析中，本研究验证了感知娱乐性与感知有用性具有显著相关性，这里把感知娱乐性作为自变量，将感知有用性作为因变量进行回归分析，得到如表 2-21 所示的结果。

表 2-21　感知娱乐性与感知有用性的回归模型

模型	R	R平方	调整 R 方	标准误差	DW	F	Sig
1	0.541ª	0.292	0.290	4.837	1.968	123.898	0.000

注：a. 预测变量：（常数），感知娱乐性

由表 2-21 可以看出，感知娱乐性进入了最终模型。DW 值为 1.968，趋近于 2，说明残差序列没有自相关问题。最终回归模型的决定系数 R 的平方为 0.292，说明该回归模型对总变异的解释程度达 29.2%，最终回归模型 F 值为 123.898，显著性概率为 0.000 小于 0.05，说明该回归模型合理且具有统计显著性。

表 2-22　感知娱乐性与感知有用性的回归系数检验

模型	非标准化系数		标准化系数	t	Sig	共线性统计量	
	B	标准误差				容差	VIF
常量	8.308	0.916		9.074	0.000		
感知娱乐性	0.684	0.061	0.541	11.135	0.000	1.000	1.000

由表 2-22 可以看出，感知娱乐性具有合理的 VIF 值与容差，表明没有多重共线性的问题；且感知娱乐性显著性的概率值小于 0.05，说明回归系数显著性检验均显著，应保留在回归方程中，由此可以建立感知有用性的回归方程：

$$感知有用性 = 8.308 + 0.684 \times 感知娱乐性$$

由以上分析得出感知娱乐性对感知有用性的影响是正向的。大学生认为微信运动越有趣，其感知到的微信运动带来的效用就越高。

（四）行为意向与行为的回归分析

在相关分析中，本研究验证了行为意向与行为相关性较为显著（只对有过微信运动使用行为的大学生的意向与行为的相关关系进行

分析，回归分析也如此）。这里把行为意向作为自变量、行为进行为因变量进行回归分析，得到如表2－23所示的结果。

表2－23 行为意向与行为的回归模型

模型	R	R平方	调整R方	标准误差	DW	F	Sig
1	0.615[a]	0.379	0.376	3.323	2.254	146.298	0.000

注：a. 预测变量：（常数），行为意向

由表2－23可以看出，行为意向进入了最终模型。DW值为2.254，趋近于2，说明残差序列没有自相关问题。最终回归模型的决定系数R的平方为0.379，说明该回归模型对总变异解释程度达37.9%，最终回归模型F值为146.298，显著性概率为0.000小于0.05，说明该回归模型合理且具有统计的显著性。

表2－24 行为意向与行为的回归系数检验

模型	非标准化系数		标准化系数	t	Sig	共线性统计量	
	B	标准误差				容差	VIF
常量	6.083	0.809		7.517	0.000		
行为意向	0.634	0.052	0.615	12.095	0.000	1.000	1.000

由表2－24可以看出，行为意向的容差与VIF值都是合理的，说明不存在多重共线性的问题；且行为意向显著性概率小于0.05，表明回归系数显著性检验均具有一定的显著性，应保留于回归方程之中，由此可以建立行为的回归方程：

$$行为 = 6.083 + 0.634 \text{X} 行为意向$$

由以上分析得出行为意向对行为的影响是正向的。大学生使用微信运动的意愿越强，其实际使用微信运动的行为就更频繁。

四、偏相关分析

在本研究相关分析与回归分析部分，关于感知有用性与意向的关系的结论在这两部分中有矛盾。在相关分析中，感知有用性与行为意向显著正相关，而在回归分析中，感知有用性没有进入各变量与行为意向的最终回归模型，在这里采用偏相关分析来对这一矛盾进行解释，在剔除其他相关影响因素的条件下来计算感知有用性与行为意向间的相关性，结果如表2—25所示。

表2—25　感知有用性与行为意向的偏相关分析

控制变量			行为意向
感知易用性 感知娱乐性 感知风险 主观规范 态度	感知有用性	相关性	0.040
		双侧显著性	0.493
		df	295

从表2—25可以看出，在控制其他的变量的条件下，感知有用性与行为意向的偏相关系数为0.040，显著性概率为0.493大于0.05，说明在0.05的显著性水平下，感知有用性与行为意向显著不相关，这符合回归分析的结果，可以说明感知有用性与行为意向的相关关系受到了其他变量的影响。

五、研究假设验证结果

本研究前文提出了12个假设，通过SPSS对对假设验证与分析的结果如表2—26所示。

表2—26　研究假设研究结果

假设	验证结果
H1：大学生对于微信运动的感知有用性正向影响其态度	成立
H2：大学生对于微信运动的感知有用性正向影响其使用微信运动意向	不成立
H3：大学生对于微信运动的感知易用性正向影响其态度	成立
H4：大学生对于微信运动的感知易用性正向影响其感知有用性	不成立

假设	验证结果
H5：大学生对于微信运动的感知易用性正向影响其感知娱乐性	不成立
H6：大学生对于微信运动的态度正向影响其使用微信运动意向	成立
H7：大学生使用微信运动意向正向影响其使用微信运动行为	成立
H8：大学生对于微信运动的感知娱乐性正向影响其态度	成立
H9：大学生对于微信运动的感知娱乐性正向影响其感知有用性	成立
H10：大学生对于微信运动的感知风险负向影响其态度	成立
H11：大学生对于微信运动的感知风险负向影响其使用微信运动意向	成立
H12：大学生使用微信运动的主观规范正向影响其使用微信运动意向	成立

第六节　研究结论

一、研究发现

微信运动作为时下热门的运动社交应用，大学生是使用微信运动的主要群体，那么大学生微信运动使用意向与行为主要受到了哪些因素的影响？本研究在文献整理的基础上，围绕大学生微信运动使用意向与行为的影响因素展开研究，以技术接受模型为基础框架，针对微信运动的特点引入感知娱乐性、感知风险、主观规范变量构成本研究的模型，同时将性别、学历、专业当作本研究的控制变量纳入研究模型框架。

本研究首先对各量表进行了描述性统计分析，在保证问卷信效度良好的基础上，对模型内的变量做了相关分析，在此基础上再对变量进行了多元逐步回归分析，定量得到变量间的关系，并通过回归方程来描述与反映这种关系。针对在相关分析与回归分析部分有矛盾的变量关系情况，本研究采用偏相关分析以保证研究结果的可靠性。

在本研究中，经典技术接受模型展示了良好的预测能力，同时本研究引入的感知娱乐性、感知风险、主观规范变量提高了技术接受模型的解释力，研究模型可以预测大学生微信运动使用意向与行为的影响因素，因而基于技术接受模型来构建的大学生微信运动使用意向与行为的研究模型是合理的。

研究结果显示有三项研究假设不成立，研究者对此进行相关解释分析。

（一）经典技术接受模型仍具有一定的适用性

从本研究结果来看，大学生微信运动感知有用性、感知易用性正向影响其态度，态度正向影响行为意向，行为意向正向影响行为，可以看出大学生认为微信运动越容易操作、带来的效用越高，便对其的评价越高，从而会提高使用微信运动的主观意愿，增加实际使用微信运动的行为。这几个假设属于经典技术接受模型的假设，这几个假设包含的变量也是经典技术接受模型的基础变量，充分说明在当前的互联网时代，经典技术接受模型依然具有一定的适用性。

在经典技术接受模型中，感知有用性直接影响行为意向，感知易用性会决定感知有用性，这两项假设在本研究中不成立，说明技术接受模型还应放在具体的情境中分析，研究对象的不同也会有不同的结论，同时样本数据的数量与质量也在一定程度上对分析结果造成一定的影响，使得感知有用性对行为意向的正向影响以及感知易用性对感知有用性的正向影响在研究中难以体现。在本研究中，大学生认为微信运动能够带来效用的程度只是影响其对微信运动使用的主观看法，并不会直接提高其使用微信运动的主观意愿强度。"大学生对于微信运动的感知易用性正向影响其感知娱乐性"的假设在研究中也不成立，除了样本数据数量、质量的影响，还有可能与研究对象相关，研究者认为，大学生认为使用微信运动的容易程度并不会影响其使用微信运动感知到的趣味程度，这可能是因为大学生作为接受高等教育、拥有新技术新思想的前沿群体，会认为简单易用的技术系统缺乏探索的意义，从而难以对此产生深厚的使用兴趣，因此就难以体会到使用微信运动的乐趣。

（二）感知有用性、感知易用性、感知娱乐性是影响大学生微信运动使用意向与行为的重要因素

从数据分析结果来看，大学生对微信运动的感知有用性、感知易用性、感知娱乐性会决定其对微信运动的态度（感知风险决定态度的同时还决定行为意向，将其具体放在后面分析），而态度会决定行为意向，行为意向最终影响决定行为。因此，本研究表明，感知易用性、感知有用性、感知娱乐性是间接影响大学生微信运动使用意向与行为的重要因素。这说明微信运动的效用、便捷性以及趣味程度与大学生对微信运动的主观看法密切相关，大学生的看法、评价对于其使用微信运动的主观意愿至关重要，因此微信运动应该首先重视大学生的态度，立足于其对微信运动的感受与评价，对于影响大学生态度的关于微信运动的效用、易用性与趣味性因素作为其后续开发的思路。同时，本研究还将感知娱乐性与感知有用性联系了起来，大学生对于微信运动的感知娱乐性会正向影响感知有用性，这一结果表明大学生感受到的微信运动的效用程度会基于微信运动使用中的趣味性。

回到研究实际，通过文献整理与实际访谈，研究者发现微信运动能给大学生带来多方面的效用，满足大学生不同层次的需求，例如在身体层面，微信运动能够督促锻炼、帮助塑造理想的体型；在精神层面，微信运动能够实现运动社交，唤起大学生对公益的重视。目前微信运动的功能主要聚焦于通过记录步数反映人们的锻炼强度，此项功能足够强大，几乎成了人们的日常"必需品"。微信运动另一值得称赞的是其简易流畅的界面设计，开启微信运动后点开微信运动公众号，首先就能看到一系列用户比较关心的消息通知（自己设置需要哪些通知），包括用户每天走的步数与名次、当天谁得到冠军、谁赞了步数等，其次在"设置"里面可以进行一些自定义设置、邀请朋友加入微信运动或者进入想要看到的界面等，最后"步数排行榜"会直观呈现出用户与其朋友的步数与名次，帮助用户在了解了自己的步数后自由选择是否将步数"分享到朋友圈""发送给朋友"或者"捐赠步数"。除了界面设计的简易流畅，微信运动的易用性还体现在其所需设备的普遍性、便携性上，只需智能手机就能打开运动社交的大门。

微信运动的简洁设计与强大功能，为其赢得广泛用户并为增强用户粘性奠定了基础。微信运动目前在娱乐性方面还有一定的发展空间，通过实际访谈了解到微信运动的乐趣几乎都是与其社交的功能相连，比如"占领封面"晒步数带来的成就感、点赞沟通带来的趣味性等，用户还可以选择重点"关注的人"激励自己参与运动，这充分展现了大学生热衷互动、渴求表达自我的特点，而娱乐是现代社会人们不可缺少的"生活调剂品"，同时在本研究中大学生对微信运动娱乐性的感知会正向影响到其感知有用性，所以研究者认为在娱乐性方面微信运动还可以做一些相应的调整，提高用户使用微信运动的愉悦感，使在身体得到锻炼的同时精神也更加富足。

（三）感知风险与主观规范是影响大学生微信运动使用意向与行为的关键因素

从数据分析结果来看，大学生对于微信运动的感知风险与主观规范直接影响其使用微信运动的意向，意向最终影响行为。因此本研究说明感知风险与主观规范是影响大学生微信运动使用意向与行为的关键因素。这一结果表明，大学生感受到的使用微信运动带来的损失会直接影响到其使用微信运动的主观意愿强度，大学生认为微信运动带来的风险越多则越会降低其使用微信运动的意愿；大学生使用微信运动的主观意愿强度还会直接地受身边重要他人、所属团体、媒体等的影响，因此微信运动的后续发展需要深刻了解并避免其带来的显性或潜在风险，同时还需要重视大学生的亲人朋友以及各类媒体的影响力。

回到研究实际，通过实际访谈了解到大学生感知到微信运动风险的种类较多，具体可以分为泄露隐私风险、时间浪费风险、设备误差风险、健康风险、测量专业性风险等。这些风险其实普遍存在于当前所有运动健身 App 中，微信运动只有不断地站在用户角度完善性能、减轻应用可能存在的风险，才能真正地抓住用户掌握市场。在本研究实际调查中，被试在感知风险量表的整体均值较低，说明大学生整体感知到微信运动的风险还不高，并且用户可以通过"隐私及提醒设置"自由选择是否加入排行榜或接收相关消息等，因此微信运动如能尽早意识到风险的存在并加以改进，可以"防患于未然"，获得更好的用户口碑。微信运动很大程度上依托微信获得了强大的用户基础，微信属于熟人社交为主的强关系平台，微信运动的好友多为亲人、朋友、同事等，而且在当前的全媒体时代，人们每天被海量的信息充斥着，微信运动作为正在生长发展着的新兴事物也不能缺少媒体的报道与推崇，这些无疑都有助于我们对微信运动逐渐实现熟练使用，说明主观规范对于大学生参与微信运动的意向与行为发挥着很重要的作用。

二、微信运动发展建议

在本研究展开的这段时间，2017 年 11 月 9 日，微信在腾讯全球合作伙伴大会上发布了《2017 微信数据报告》，从报告的分析数据来看，微信运动日活跃用户 1.15 亿，较去年增长 177%，微信运动呈现出非常可观的发展趋势。[①] 在前面的内容中，本研究以技术接受模型为基础框架，结合微信运动的特点与相关理论研究，提出了大学生微信运动使用意向与行为的研究模型，根据研究结果，感知易用性、感知有用性、感知娱乐性、感知风险、主观规范都会不同程度地影响大学生微信运动使用意向与行为。

微信运动若要实现长远的发展，在当前激烈的市场竞争中立稳脚跟，可以从有用性、易用性、娱乐性、风险与主观规范五方面入手。立足于使用与满足理论，伊莱休·卡茨（Elihu Katz）等归纳出使用媒体的五大需求即认知的需求、情感的需求、舒缓压力的需求、社会整合的需求以及个人整合的需求[②]，而在本研究的结果中，影响微信运动使用意向与行为的因素也反映了用户情感的需求、缓解压力的需求、社会整合的需求以及个人整合的需求，只有尽力满足用户的各项需求，让用户处于主动的地位，才能让用户真正地接受微信运动，促

---

① 《2017 微信数据报告》[EB/OL].［2017-11］http://www.360doc.com/content/17/1119/12/43535834_705241000.shtml.

② Katz E, Haas H, Gurevitch M. On the Use of the Mass Media for Important Things [J]. *American Sociological Review*, 1973, 38（2）：164.

进用户的持续使用。在得到初步研究结果后，研究者再次与成都的大学生微信运动用户进行了微访谈，以便了解用户对于微信运动的真实需要与后续开发建议，访谈结果结合研究结果，丰富结论的同时提高论文的参考价值。

（一）多方面提高微信运动的效用

微信运动作为运动社交应用，把无趣的运动变得有趣起来，让人们在身体得到锻炼的同时也收获了微信运动带来的效用，例如社交需求的满足、健康生活习惯的养成等。回归到微信运动的本质，最主要的还是推广运动锻炼，但当前微信运动存在一个问题，即倡导运动的同时却让人们对运动的认识变狭隘了，因此才会有之前访谈中出现的一部分大学生担忧微信运动的测量维度不够专业、测量形式太过单一的情况。只记录步数的微信运动与 Nike Running、咕咚等在功能上相比略显不足，与即将打造综合性的健康数据平台的目标存在着差距。在微访谈（相关访谈的记录如图 2-11）中，大学生沈谈到微信运动可以丰富测量的形式与维度，研究者认为微信运动在功能开发时，一是可以考虑丰富测量形式，如增加测量睡眠质量、卡路里的摄入、热量的消耗、血糖血压等，二是增加多项测量维度，除了步数还可以测量海拔、强度、距离、速度等。大学生扬认为微信运动除了能够捐步数做慈善还可以发挥更多的作用，例如可以借鉴支付宝的"蚂蚁森林"，将步数转化为能量，用户能量达到一定的标准可以用于国家的环保与绿化工程，用户对于世界的小小改变做了自己的贡献，这样用户能感知到微信运动能够发挥环境保护的效用；大学生贺则认为微信运动应该支持更多的运动模式，如果开启跑步模式的话，应该通过 GPS 功能为用户提供运动轨迹等。研究者认为，在此方面微信运动可以提供丰富的运动场景并且对室内室外场景进行细分，对于室内运动主要通过传感器进行测量，对于室外运动则通过 GPS 精准测量；未来的微信运动还可以努力实现"工具＋社区＋电商"一体化的愿景，既能推送体育赛事、运动知识、同城活动等优质内容，又能支持 GPS 精准导航让用户发现周边合适的运动场所等，将线上线下相融合，通过提高有用性来赢得更多潜在用户。

图 2-11　微访谈记录一

（二）把握微信运动的便捷性，重视用户体验

当前微信运动在易用性方面把握得较好，是从多方面站在用户角度考虑的。微信运动在下载安装方面非常容易，只须关注微信运动公众号即可，不会占太多用户的内存空间；微信运动在功能设计与界面设计方面以简洁为主要特点，没有烦琐多余的操作，各功能一目了然，方便用户了解掌握并熟练运用；在微信运动使用方面，只要是微信运动支持的设备均可以使用微信运动，使用门槛低且平民化。在后续开发中，微信运动仍应将用户体验作为其重要的出发点，将简单方便的优势继续发扬，即使后来增加了新的功能也要继续保持界面的清晰流畅，还可以通过减少用户的操作步骤或者设计出新的操作方式来提高易用性，让用户利用碎片化时间就能完成相关操作。在微访谈（相关访谈的记录如图 2-12）中，大学生佳认为微信运动还应该支持更多型号的手机设备、更多品牌的智能手环、更多第三方运动健身App，才能扩大微信运动的用户基础；她还认为微信运动的提示方式有待改进，应该让用户能实时接收到相关消息提示。大学生博浪建议微信运动提供播放音乐或者广播的功能，让运动的用户在免去枯燥的

同时，省去音乐广播类 App 与微信运动之间的切换操作。大学生扬对目前微信运动的信息导航设计不满意，研究者认为微信运动可以参考底部 tab 标签导航设计，将"排行榜""个人主页""邀请朋友""捐赠步数""相关设置"等导航共同置于应用页面底部，清晰便捷易于操作。微信运动可以支持设置"锻炼目标"，根据用户个人计划给予相关提醒（自定义设置），同时用户能够随时查看"个人最佳成绩"，勉励自己养成经常锻炼的好习惯。微信运动应该建立反馈处理机制，除了其本身自带的"常见问题"答疑解惑外，还应该设置"用户反馈"界面，及时处理用户的相关问题，给予用户更加方便轻松的体验。

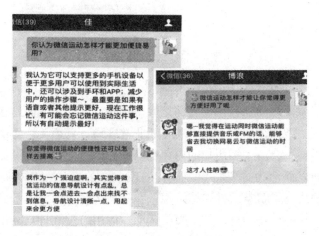

图 2-12　微访谈记录二

（三）融入更多的娱乐元素

微信运动与其他运动健身 App 相比其社交功能更强，能迎合人们渴求社交、热衷表达、乐于攀比的心理，这也是很多人选择使用微信运动的重要原因。微信运动的社交不是只停留在简单的交流层面，而是通过更加具有趣味性的"点赞""排名""占领封面"以及"晒步数"来实现。研究者认为在后续开发中，微信运动应该继续发展这种趣味性社交，带给人们更多更新奇的欢乐，例如在互动方式上面，除了点赞，还可以以留言方式来称赞或者鼓励朋友；在运营推广上面，可以开展线上线下活动，如举办"线上马拉松"活动，参与者在规定时间内达到一定的成绩，就可以获得奖品或者红包；在奖励机制上，排名第一除了可以"占领封面"还可以按步数兑换一定的积分，积分累积到一定数目可以参与线上抽奖等。在微访谈中（相关访谈的记录如图 2-13），大学生扬认为微信运动可以通过"运动健康知识有奖竞猜"活动提高用户的积极性与参与度；大学生小柏谈到微信运动还可以借鉴"悦跑圈"App 的等级制度，以运动量等为标准给予用户相应的级别，让用户的坚持得到认可，成为用户持续使用微信运动的动力。同时，为适应现代快节奏，微信运动需要无穷的创新意识来带给人们未知的惊喜，微信运动应该把趣味元素贯穿到细节之中，例如"功能介绍"采用轻松有趣、贴近用户心理的介绍方式，人性化设计赢得用户好感；当微信运动开发了新的功能时，要充分利用用户的好奇心，用流行词汇以及小彩蛋引导用户使用新功能，形成有趣的用户体验，比如"千万不要点开我，人类的好奇心已经害死了好多的喵星人"之类的语句，带给用户惊喜的同时还能帮助口碑传播，吸引更多的用户。

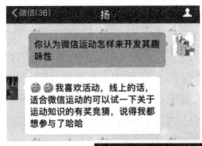

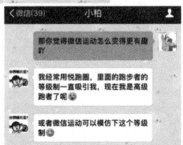

图 2-13　微访谈记录三

（四）重视用户隐私，加大专业化技术投入

在提高微信运动有用性策略方面，研究者建议微信运动增加测量形式与测量维度，加大技术研发的投入力度，这同时也能降低用户感知到的微信运动测量专业性风险。在微访谈（相关访谈如图 2-14）中，大学生佳认为微信运动主要应该保护用户的隐私安全，对于运动数据也要加强管理，确保给用户一个安全轻松的运动环境；大学生博浪则建议微信运动的数据图表化、类比化，能够提供用户精确的可视化图表和不同时间段运动数据的比较。研究者建议在用户隐私方面，微信运动可以合理引导用户正确看待这个问题，让用户认识到如果担心步数会泄露隐私，可以在不关闭微信运动的同时关闭相关设备或 App 读取数据的设置，只需将微信运动里的"加入排行榜"的选项取消或者在通过手机设置中的"隐私"关闭"运动与健身"一栏；如果用户担心数据被特定的人知道，还可以进入公众号"隐私及提醒设置"自定义"不与他（她）排行"的应用；在运动健身应用同质化风险方面，微信运动需要培养其核心竞争力，通过人性化的设计与优质服务慢慢渗透于人们的日常生活中，成为人们运动健身的首选；为了杜绝"刷步数"的作弊行为，微信运动可以开启"用户签到"模式，定时进行后台数据核查；微信运动可以通过便捷流畅的设计让人们在碎片化的时间内完成相关操作，降低用户感知的时间浪费的风险；微信运动在以后的发展中，也应选择具有较大实力、较好口碑的企业合作，这样才能提高用户的认可度，降低用户对于风险的感知度。

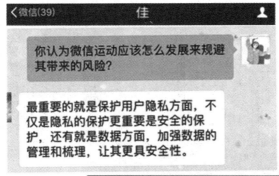

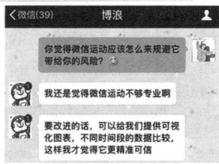

图 2-14　微访谈记录四

（五）充分发挥亲人朋友及媒体的影响力

研究通过问卷调查发现，在主观规范的测量指标题项中（如图 2-15），在题项"身边越来越多的朋友、家人、同学使用微信运动，会影响促使我使用微信运动"中，选择"非常同意"和"同意"的占了 72%；在题项"我所在的团体对使用微信运动有强烈的认同感，会影响促使我使用微信运动"中，选择"非常同意"和"同意"的占了 58%；在选项"报纸、杂志、电视等传统媒体常常引导我使用微信运动"中，选择"非常同意"和"同意"的占了 73%；在选项"一些常用的互联网应用（如微博、新闻网站、视频网站等）常常引导我使用微信运动"中，选择"非常同意"和"同意"的占了 66%。由此可见，微信运动通过亲人、朋友及媒体带动了更多人参与微信运动，主观规范对微信运动发展具有推动作用。

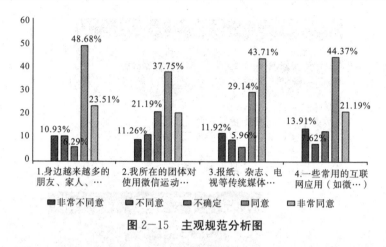

图 2—15　主观规范分析图

　　为了发挥主观规范的作用，一方面，微信运动可以推出亲密好友更多的互动小任务（附加小奖励）来使得用户邀请更多的好友加入微信运动来，在提高用户参与活跃度的同时带动更多潜在用户，既可以活跃原本枯燥孤单的运动氛围，也可以吸引原本没有记步习惯的用户；另一方面，微信运动还要注重在大众媒体平台的宣传，通过多种媒体传播渠道推广微信运动，例如可以利用微博平台的弱关系链扩大微信运动用户规模，倡导微信运动的新型运动社交模式，让一些受益用户甚至"意见领袖"现身说法，给媒体受众留下一个很好的印象，为争取到更多的用户打下基础。在微访谈（相关访谈的结果如图 2—16）中，除了亲人好友、媒体的影响，大学生球球建议微信运动开发一个类似朋友圈的"运动圈"，把作为微信运动用户的好友聚集起来分享互动，用户可以拍照分享自己的体型变化或者用文字记录运动锻炼的攻略，增加用户对于微信运动应用的粘性；大学生佳谈到微信运动还可以重点培养一些核心的用户，让核心用户也参与到微信运动的后续开发与测试中，通过核心用户的体验去了解把握人们的需要，做好用户体验的调研，亲人朋友、媒体与核心用户发挥的主观规范作用能够吸引更多用户来使用微信运动。

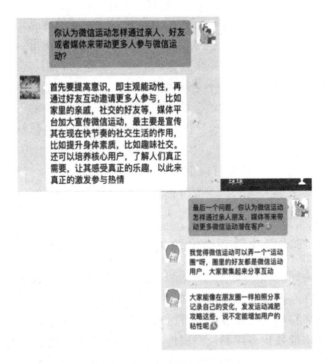

图 2-16　微访谈记录五

（六）普及科学运动观念，合理引导用户

美国社会学家查尔斯·库利（Charles Horton Cooley）提出镜中我理论，他认为人们在与他人的互动过程中能够感知到他人对于我们的评价与相关的反应，从而建立起自我意识、自我形象以及自我评价。[①] 人们通过使用微信运动努力提高步数来获得更靠前的排名，也可以将步数分享到朋友圈，以得到更多的点赞或评论，好的反馈激励了人们的运动和分享热情。人们是在与他们互动的过程中建立了对自己的认识的，但是如果太过于在乎他人的反馈，就容易陷入过度关注数据及排名的误区，盲目攀比步数导致运动过度，甚至为了满足虚荣心而采取作弊手段刷步数，这就与微信运动的最初设计理念相背离。

①　郭庆光. 传播学教程［M］. 中国人民大学出版社，2011.

面对这种情况，微信运动一方面应该普及科学运动的理念，可以设置专门的"小贴士"科普一些运动与健康的科学知识，也可以设置步数提醒，当步数超过了一定的范围影响到用户健康时，用户会收到微信运动的警示提醒。步数并不是越多越好，超出一定的范围就会对身体造成伤害，美国运动医学学会曾经提供了关于不同体质的人的步数推荐量范围，即每天行走 5400 步至 7900 步比较合适，身体状况较差的人如果每天步行达 5400 步就能实现健身的目的，身体比较健康的人就需要步行达 7900 步才可以促进锻炼增强体质。另外，微信运动还应在技术环节加大投入，尽力防止"作弊"等的系统漏洞，以给予用户一个真实且公平的竞争环境。

三、移动运动健身领域的未来发展之路与相关现实思考

随着中国居民健康意识的觉醒，运动正逐渐成为居民主要生活方式之一。在当前运动健身用户的人数越渐增加的情况下，具体结合本研究，未来移动健身领域主要可以从四大方向寻求发展：一是从提高有用性的角度强化应用的社交属性，各类运动健身应用应该根据自身特点与优势开发个性化的社交模式；二是从提高易用性的角度与智能硬件达成更加紧密的结合，增加支持多种来源的数据，使用户的选择更多；三是从提高娱乐性的角度丰富运动健身的场景，专业化而不失趣味性；四是从降低风险的角度重视用户隐私与数据的保护，除了与基础运动相关的数据与图表，不能泄露用户如性别、年龄等与运动毫无关系的隐私。在运动健身市场面临同质化风险的今天，运动健身平台的发展离不开自身的核心竞争力，例如火辣健身 App 专注于健身领域，努力打造一个健身行业的优质内容平台；在做到基本满足用户需求的基础上，独特与创新也是吸引用户的关键，例如"悦跑圈"开创的线上马拉松模式以及 Keep 努力打造的运动电商平台。但最终要留住用户以促进自身的长期发展，各类运动健身平台还得不断地站在用户的角度去完善各项功能。保罗·莱文森（Paul Levinson）在其《人类历程回放》提到"媒介人性化趋势"，他认为媒介技术在进化与发展过程中会越来越符合人们的需求，媒介人性化趋势既是人们感官

的延伸，又能满足人们交流的需要，最终发展为聚合各种媒介功能的复合的媒介。① 运动健身平台作为当前新媒体技术，未来的发展趋势应该以人性化为向导，让技术回归人性，重视用户体验，努力实现媒介与用户感官的和谐相融，例如延伸用户对于运动健身的感知能力。运动健身平台给用户感官带来愉悦的同时，还要实时发展社交的模式，以满足人们的传播需求，不断地挖掘创造力，以成为集实用性、易用性、娱乐性于一体的新型健身平台。

四、研究局限与展望

本研究以成都地区高校学生微信运动的使用为个案，以技术接受模型为理论视角，结合微信运动的特点引入新的变量，初步得到研究模型，在文献整理回顾的基础上通过问卷调查和访谈的方式对影响大学生微信运动使用意向与行为的因素进行探讨。然而研究者自身的实证研究经验还不足，整理综合文献有待提高，分析数据的能力尚薄弱，导致该研究有一定的局限，具体来说有以下几点。

首先，关于微信运动可以参考的文献资料较少。微信运动是腾讯旗下社交软件微信2015年2月初推出的一个运动类公众号，属于时下较新的平台，因而中国知网上关于微信运动的文献很少，研究者只能从仅获得的文献以及实践应用来总结微信运动的特点，从而引入相关变量构建本研究模型。

其次，本研究在网络调研方面采用了"滚雪球"的抽样调查方式，这可能会导致样本的相似程度较高，样本的代表性与科学性受到质疑。在实地调研方面，提前没有做好成本的预算，再加上计划时间较短，本研究样本只来源于成都的两所高校的学生，并且样本量远远不够，后续研究还须扩大研究覆盖面，使得样本更能代表大学生群体，为研究模型提供充分的样本数据。

最后，对于大学生微信运动使用意向与行为影响因素的探究，还

---

① 陈功. 保罗·莱文森的人性化趋势媒介进化理论［J］. 湖南科技大学学报（社会科学版），2016，19（1）：178－184.

可以进一步深入。在变量的引入方面，还有较大的扩展空间，在实际应用中，大学生微信运动的使用还可能受到其他因素的影响，例如大学生感知到使用微信运动的规模与人数、微信运动与大学生的价值观与需求相匹配的程度等。

随着当前移动互联网的发展与新媒体技术的进步，人们的生活方式与生产方式经历着深刻的变化。在各类运动健身平台流行的今天，微信运动作为一项结合了运动、社交、公益等元素的运动类的微信公众号，依托腾讯的品牌效应收获了很高的关注度，掀起了运动社交的热潮。在社交媒体时代，微信运动为人们建构了一个新型网络运动社交场域，人们通过人际传播进行互动，并在各自不同动机驱使下个性化地使用微信运动以满足特定的需求。不断增长的市场需求势必引发一轮激烈的运动健身平台市场竞争，微信运动作为一项新媒体技术平台，人们对它的接受是一个过程，用户的使用意向与后期持续性的使用也是其发展的关键，技术接受模型的引入能对新技术接受的相关因素做出解释说明。因此微信运动想要脱颖而出，必须充分了解人们的需求，本研究以成都市大学生群体为研究对象，探究影响大学生微信运动使用意向与行为的因素及其作用机理，提出针对微信运动的可行的运营建议和推广策略，并思考移动运动健身领域的未来发展之路。

本研究作为大学生微信运动使用意向与行为的实证研究，以问卷调查法、访谈法为研究方法，从大学生角度出发明确影响大学生使用微信运动意向与行为的关键因素。首先，在阐明研究涉及的基本概念的基础上，对技术接受模型、微信运动的相关理论及文献进行梳理和总结。其次，借鉴技术接受模型核心框架，以感知有用性、感知易用性、态度、行为意向、行为为基础变量，结合微信运动的特点和理论研究，引入感知娱乐性、感知风险与主观规范变量，并将人口统计变量性别、学历、专业作为控制变量，构建了本研究模型，并根据变量间关系提出 12 个研究假设，在文献与访谈基础上设计了关于成都市大学生微信运动使用意向与行为的调查问卷。最后，对问卷调查的结果进行实证分析，利用 SPSS 软件对研究模型及相关研究假设进行验证，得出了 3 个主要结论：（1）经典技术接受模型仍具有一定的适用性；（2）感知有用性、感知易用性、感知娱乐性是影响大学生微信运动使用意向与行为的重要因素；（3）感知风险与主观规范是影响大学生微信运动使用意向与行为的关键因素。

最后，基于研究结论，本研究为微信运动提出了运营建议，同时指出，移动运动健身领域未来的发展趋势应该以人性化为向导，让技术回归人性。

第三章　基于使用与满足理论的图解新闻阅读行为研究

第一节　研究缘起

一、研究背景

随着科学技术的进步，在信息传播领域，对图片、视频的运用显得越来越重要，人类社会正在逐渐步入读图时代，读图，正日益成为大众在信息获取中的一种重要手段。在这种传播背景下，大众在信息获取过程中，往往存在简单化接受和选择性阅读的情况。①

就简单化接受心理而言，人们在阅读文字符号文本和图片信息过程中，大脑对信息的加工处理过程存在着一些区别，具体而言，即对图片信息的处理过程会比对纯文字信息的处理更加简单化，纯文字信息由于具有高度凝练的特征，其加工处理过程更加复杂。而网络传输技术的发展，又为在移动设备和 PC 端呈现更加丰富的图片信息提供了极大的便利。因此，在简单化接受心理的驱使下，大众越来越习惯于从图片、视频画面中获取各类信息。

在新闻传播领域，这种倾向一方面体现为人们对新闻图片越来越重视，并进一步衍生出了图片新闻这一特殊的新闻报道形式；另一方面，将文字信息转化为色块、线条、数据图表、人物漫画等视觉符号

---

① 刘波. 读图时代的受众心理和阅读取向 [J]. 编辑学刊，2005（1）：34.

形式，加工设计为精美图片，即在新闻生产实践中大量运用图解新闻这一报道形式，也日益成为一种趋势。图片新闻和图解新闻的区别就在于，前者是以图片为主，文字往往附在图片之后，起辅助解释作用；而图解新闻则是采取图文融合的形式，文字信息经过了视觉化处理。另外，图片新闻往往使用的是新闻照片，而图解新闻中的图片则是经过精心设计，因此，从这种意义上说，图解新闻更像是一种示意性图画。

而读图时代中广泛存在的选择性阅读心理，则与当前社会中的信息爆炸现象密不可分。网络传输技术的飞速进步，PC、移动设备的普及，以及经济社会的繁荣和人际交往的日益密切，共同导致了各类信息在数量上的巨幅增长。在互联网上，每天都会新增许多资讯，其数量极为庞大。在这种传播环境下，由于受众的注意力终究是极其有限的，在其接收各类信息资讯的过程中，存在着大量的选择性阅读行为。而图解新闻由于具有高度综合性特征，在图解新闻的编制过程中，传播者对新闻信息就已经进行了多角度、多层次的逻辑归纳与综合，在一定程度上迎合了大众的这一阅读心理，越来越受到受众青睐。

另外，快节奏的社会生活加上网络技术的飞速发展和移动设备的普及，对人们阅读行为中的阅读层次也产生了重大影响：大众的日常阅读行为越来越体现出碎片化特征。这种不完整、断断续续阅读模式的盛行，使人们在阅读层次上，从深度阅读逐步向浅阅读转向。而阅读图解新闻正是大众阅读方式中这一重大转变的一种体现。

简而言之，碎片化阅读方式的盛行和信息爆炸现象，对当下的新闻信息生产提出了新的要求，呈现简明化、直观化的核心新闻信息，显得愈发重要。结合大众的读图需求，图解新闻这一新的新闻表现形式因而逐渐流行起来。在当下的新闻实践中，不少新闻媒体日益重视图解新闻的制作与发布，例如，人民网与新浪网都单独设立了图解栏目，而且直接命名为图解新闻，此外，新华网也在对资讯的视觉化呈现上十分重视，设立了"图绘新闻"栏目。

对于新闻生产活动中的这一现象，目前研究者们所进行的理论研究主要是集中于对图解新闻这一报道形式的兴起、趋势、内容特征、适用范围等进行探讨，而且实证研究寥寥无几，很少有研究者对部分受众的图解新闻阅读偏好进行研究。如前所述，图解新闻是以浅阅读为导向，它无论是在信息载体形式，还是在信息量、内容深度上，都与一般性文字报道都存在较大区别。对于同一则新闻信息而言，两种报道形式之间的这些差异，在满足受众的需求上是否存在区别？受众成员基于何种需求，而越来越青睐这种视觉化的新闻呈现方式？图解新闻阅读行为背后的诸多接触动机，在作用于大众的具体阅读行为过程中，其强度差异如何？对于这些问题，很有必要通过实证研究路径进行量化统计分析，进而给予解答。

二、研究内容和方法

（一）研究内容的基本框架

本章的主要内容分为四个部分：第一部分是引言和文献综述；第二部分是研究模型与实证设计；第三部分是图解新闻受众的使用与满足调查和数据分析；第四部分是结论与建议。

在引言部分，主要关注的是图解新闻这种新兴的新闻表现形式受到当下不少媒体青睐的时代背景原因，读图时代、信息爆炸现象和碎片化阅读方式对当前大学生群体的影响较为深远，也导致大学生群体中的不少成员具有一定程度的图解新闻阅读偏好。所以，从大学生群体这一受众视角去分析其图解新闻阅读行为，探究其中的使用与满足过程，具有重要意义。

在文献综述部分，本研究主要将从图解新闻相关研究和使用与满足理论研究两大部分入手，前一部分主要从图解新闻的兴起和未来发展趋势、内涵、特征、新闻生产实践、传播优势与不足等角度进行文献分析，以期对图解新闻的已有研究成果进行系统化梳理；后半部分则主要从使用与满足研究的理论发展脉络及其基本假设等角度进行总结，以期获得对使用与满足理论的内涵和运用语境的更深入了解。

在研究模型与实证设计部分，本研究将在前人对图解新闻的已有研究的基础上，结合使用与满足过程的基本模式，形成本研究的研究模型，进而一步步构建本研究的各项研究假设。根据研究假设中的各变量，进行概念操作化，在前期访谈的基础上，拟定各变量的维度、指标，最终设计出测量各变量的量表，通过专业的网络调查问卷网站收集数据。在数据分析环节，本研究将使用 SPSS 21.0 软件，对本研究的所有研究假设进行一一验证，以判断其成立与否，以及样本数据结论能否推论至总体。在此基础上，本研究将结合使用与满足理论，以及具体的图解新闻生产实践，详细阐述本次调查研究所得出的结论，并从研究结论出发，尝试对当前以及此后传播主体的图解新闻生产实践、受众的图解新闻阅读行为提出一系列建议，为新闻媒体的新闻生产活动提供理论引导，从而实现本项研究的实践意义。

（二）主要研究方法和统计分析方法概述

在本项研究中，所采取的研究方法主要包括问卷调查法和访谈法。

在具体的研究方法上，本研究拟采用调查研究方式，通过问卷调查获取受众成员在阅读图解新闻方面的相关数据。在样本的选择上，考虑到本研究是探究图解新闻阅读行为背后的媒介接触动机，要求调查对象具有图解新闻阅读经验，而包括大学生在内的年轻人对这种新闻报道形式较为偏好。因此，本研究将限定在大学生群体这一范围内，通过网络问卷的方式进行问卷发放与数据收集。考虑到在大学生群体内部，性别、专业类别、学历层次等因素对于新闻阅读行为背后的需求动机，以及新闻报道形式偏好可能存在影响，因此，在具体的抽样过程中，将以这些因素为依据，进行样本的选取，样本量拟定为400 以上。在问卷的发放方式上，考虑到问卷发放、回收的效率，以及大学生群体习惯使用互联网的情况，本研究在调查阶段将通过网络问卷的形式去收集数据资料，即通过问卷星这一专业在线调查网站进行问卷的编制和分发，将链接发送至第一批大学生受访者，再通过第一批大学生受访者，在大学生群体之间进行滚雪球抽样。

同时，在本章中，也将通过访谈法进行辅助性研究，以期对研究对象进行更为深入的了解。访谈作为一种质性调查研究手段，是通过研究者与访谈对象之间的互动交流来获取信息的一种数据收集方式，特点是易于获取更丰富的细节信息，在本研究中，访谈法只是发挥前期的辅助作用，旨在为问卷调查的实施提供一定的帮助。访谈可分为结构式访谈和无结构式访谈，前者要求研究者对访谈过程实现较高的控制水平，存在事先预定的标准程序，而后者则只是给定一个大致的主题，双方围绕这一主题自由交谈，易于获得关于一个问题的更为全面、丰富的信息。在本研究的前期访谈过程中，将采取半结构性访谈方式。在访谈过程中，预先拟定大致的访谈纲要，并根据每个访谈对象在交流过程中的具体回答，灵活调整问题项，以期对大学生群体的图解新闻使用行为进行更为全面、深入的了解。具体而言，本研究前期进行的访谈，旨在帮助了解大学生群体在对图解新闻这一新闻报道形式进行媒介接触时，其背后存在的阅读动机类型。虽然根据前人已有的研究文献，认知动机、情感动机、纾解压力动机都被认为是图解新闻所满足的阅读需求，但是在进行量表制作之前，还是需要通过严格的访谈工作，了解受众的阅读需求情况，对前人已有结论进行补充或修正，并凭借访谈所获得信息的丰富性，为概念操作化和量表具体题项的设置提供参考。

在数据的统计分析方面，由于受众的图解新闻阅读行为及其需求满足程度是受到认知需求、情感需求、纾解压力与娱乐需求、媒介印象、媒介接触可能性等众多因素共同影响的，这些因素对于因变量的影响，是单一的，还是综合影响？在传播调查研究中，为了探究因素间的关联性问题，在数据分析方面可运用相关性分析，来对变量间的关联程度进行量化分析。同时，受众在接触图解新闻这一独特的新闻报道形式时，其获得的需求满足程度，可能是众多因素共同作用的结果。那么，在这些影响因素中，哪个或者哪些因素对图解新闻使用满足程度的影响效果最为明显？这些因素间的影响效果差异如何？考虑到这些问题，本研究在数据统计分析过程中，除了进行变量间的相关性分析，还将进行多元线性回归分析，以获得多元回归方程式。通过测定的回归系数值大小，来探究各动机因素在作用效果上的强度差异如何。

第二节 文献综述

一、图解新闻文献综述

目前，研究者们对图解新闻这一新闻报道形式所进行的研究，主要集中于近 5 年这一时间段，这与图解新闻在各大门户网站和"两微一端"上的逐渐盛行的时间点高度契合。通过在 CNKI、万方等文献数据库上进行搜索，共找到 106 篇相关文献。目前已有的文献，对图解新闻的研究，主要集中于图解新闻的兴起过程及其带来的变化、概念内涵、内容特征、适用范围、传播优缺点，以及特定一家或数家媒体的具体新闻实践分析，例如其选题构成、编辑流程等。此外，也有研究者探讨了图解新闻在新媒体环境下的未来发展趋势问题。纵观这些学术文献，对于图解新闻，研究者们所进行的实证研究极少，而且未曾有学者对受众偏爱图解新闻背后的心理动机进行分析，这也是本研究选题的依据之一。

（一）图解新闻的概念、特征

关于图解新闻这一概念，无论是在新闻生产实践中，还是在学术研究中，都得到了频繁运用，这无疑是对图解新闻这一概念的认可。在新闻实践中，人民网单独设立了一个专栏，名称即为图解新闻。此外，新浪网、中新网等具有较大影响力的新闻媒体都对这一概念进行了使用，其他媒体也往往使用"图解"这一概念；在学术研究中，由于图解新闻的适用范围不局限于数据分析解读，还涵括社会、时政、生活服务等诸多领域。因此，它与计算机辅助新闻、数据新闻等新闻形式又存在着一定差异，对于这种新闻报道形式，研究者们也使用图解新闻这一概念加以区分。

对于图解新闻的定义，目前还没有统一的表述，简单来说，它是一种视觉性新闻，其特点为新闻可视化、内容逻辑可视化。在当下的新闻实践中，不少新闻媒体已经将图解新闻作为一种重要的报道方式，例如，人民网的"图解新闻"栏目、新浪网"图解天下"以及新华网的"图绘新闻"，它们都十分重视新闻的视觉化呈现，希望通过图片形式来直观地传递核心新闻信息，同时让受众的新闻阅读过程更为轻松、有趣，并以此满足大众的读图需求。

如上所述，就图解新闻而言，虽然研究者们已经从诸多视角进行了理论分析，但研究者们对图解新闻，还尚未达成较为一致的概念界定，不同的学者对图解新闻的概念阐释存在着一定的差异。

其中，陈功、周鹏根据图解新闻的传播特征，将其概念界定为："图解新闻是在读图时代与大数据语境下应运而生的一种全新的新闻文体和报道样式，将新闻的主要内容及与其密切相关的事件以一定的逻辑关系整合并运用示意性图画构建出来的一种视觉性新闻。"[①] 他们认为，图解新闻是新闻可视化的有效形式之一，能让新闻传播更具视觉美感和冲击力，并实现内容的直观化。

在图解新闻的特征方面，陈功、周鹏认为，图解新闻所凭借的图片形式，能够承载的资讯相对有限，因而信息的提炼程度较高，图解信息具有综合性特征；同时，图解新闻由于大量运用人物漫画、色彩等因素，具有较高的视觉化程度，较传统的文字报道形式而言更为直观化，具有图文并茂的特性。其中，图解新闻的内在属性为高度综合性，在图解新闻的编制过程中，传播者对新闻信息进行了多角度、多层次的逻辑归纳与综合；图解新闻的外在特性则是视觉化与直观性，"图"是一种对新闻事件核心内容艺术性的主观化构图，是对新闻事实的艺术性表达，有利于受众对新闻资讯的直观化阅读、轻松化阅读。

（二）图解新闻的兴起与未来趋势

斯图尔特·卡德（Stuart Card）等研究者在 1989 年首先提出了"信息可视化"概念，而随着大数据时代的到来，在新闻生产领域，新闻可视化也越来越重要。图解新闻的诞生与发展，正是新闻可视化的一种表现。

---

① 陈功，周鹏. 图解新闻的传播特征、适用范围与发展趋势［J］. 当代传播，2015（4）：100.

图解方式在新闻生产领域的盛行，与各大新闻门户网站开辟的图解新闻专栏密不可分。王晓晴认为，图解新闻这种可视化信息呈现方式，是新闻报道领域的一种新趋势，并将"图解新闻"栏目追溯到新浪网在 2012 年 6 月推出的"图解天下"，认为其实现了对以往文字配图片形式的突破，做到了文字与图示的融合，图解新闻因而成为一种新的体裁，而图解新闻的兴起是对读图时代的回应，能满足受众直达信息核心的需求。在视觉文化时代，受众对不断更新的海量资讯只能进行选择性阅读，往往需要直接掌握最核心的事实，而图解新闻通过形象的图画形式来展示复杂繁冗的新闻信息，能够减省对新闻事实的许多文字描述，而留下那些最核心的新闻信息，让受众在较短的时间内接收到更多的信息。正因为图解新闻在内容叙述上的形象化与简洁化，其独特的新闻表现方式与传统的文字性报道相比在传播效果上更为显著，使得图解新闻报道兴起并日益流行。

对于图解新闻的未来发展趋势，张春燕结合新媒体环境，具体分析了这种新闻形式的未来发展潜力。她认为，图解新闻与新媒体环境下的轻量化、碎片化的阅读方式相契合，其简洁直观、逻辑清晰式的报道能够快速地为受众提供其最为关注的信息，满足人们快节奏的阅读习惯。图解新闻对移动化浪潮下的快消文化习惯和读图时代的直观性需求的满足，使这种新闻表现形式在新媒体环境下继续盛行，并且随着图解新闻制作技术的日益成熟，这种新闻形式将受到更多受众的喜爱。同时，她从选题、设计和受众心理的把握三个方面提出了相应的发展建议。她认为，在新媒体环境下，图解新闻在选题上应当聚焦热点，寻找独到的切入角度，从而吸引受众的注意力，在设计方面，应注重事物间关系的挖掘，使设计更出彩，并抓住受众在新媒体环境下进行资讯阅读和转发行为背后的自我展示和好奇心等心理动机，增强其传播效果。

（三）图解新闻的具体新闻实践研究

在现有的图解新闻研究中，有不少研究者从一家具体的新闻媒体机构入手，着重分析其图解新闻栏目的新闻生产实践活动。在这一方面，研究者们在理论分析的同时，也进行了一些实证研究，主要采用的是内容分析方法。

阮超男从网络新闻中数据资料的图解现象出发，以新浪"图解天下"栏目为例，通过运用内容分析法，对新浪图解新闻的新闻来源、类别、图片视觉效果、叙事逻辑进行了统计分析，发现选题类别中61.1%是社会新闻，其次为政治新闻，占比为24.2%，其后分别是文娱体科新闻、财经新闻。[①] 这说明，对于新浪"图解天下"栏目而言，不同的新闻类别在图解新闻中所占的比重存在较大差异，这个图解新闻栏目重点关注的是社会新闻这一新闻类别。在视觉化效果方面，其绝大多数将冷暖色调组合运用，单独使用冷色调或暖色调的比例较低，这是为了突出色彩的对比度和跳跃性。同时，新浪"图解天下"栏目较常使用手绘漫画、动画、人物形象图片、图表等视觉效果元素，使用手绘漫画、动画和人物形象的新闻报道所占比例高达75.8%。在叙事逻辑方面，绝大多数图解新闻采取的是非时间顺序的新闻叙事方式，其占比为82.6%，远高于以时间为顺序展开新闻叙事的报道比例，这与传统的文字性报道存在一定差异。

其中，对于图解新闻的选题，研究者们进行的探讨较多，各方观点类似，都认为它的适用范围主要集中于时政新闻、财经新闻和社会新闻领域。这些类别的新闻，由于严肃性过强或者需要呈现较多数据，因而能够通过图解方式增强其生动性、趣味性和可读性，在信息呈现上能更为直观，降低读者的阅读时间成本。在新闻日益娱乐化的趋势下，对时政新闻、社会新闻中的新闻事实进行漫画处理或者其他形式的视觉化表达，能够实现硬新闻软化的作用，增强这些新闻类型的可读性。

（四）图解新闻的传播优势与不足

图解新闻在新闻网站和"两微一端"的日渐流行，说明它与传统文字报道形式相比，在某些方面具有一定的优势。其中，陈功、周鹏根据图解新闻的传播情况，总结了图解新闻的五方面优势：丰富直观

---

① 阮超男. 网络数据新闻的发展探析——以新浪图解天下为例 [J]. 新闻世界，2014 (12)：143.

的视觉呈现、系统综合的叙事表达、选题的普适性与多样性、通俗易读的受众体验、更为强大的传播效果。① 就叙事表达而言，他们认为图解新闻开创了"组织新闻"这种新的叙事形式，能够自由组合数字、图形、文字、色彩等诸多元素进行新闻报道。在受众体验方面，他们认为，图解新闻开启了受众信息选择与接受的新模式，受众能够根据先图后文的阅读体验和直观的视觉感受来判断自己的阅读喜好，同时，图解新闻对新闻信息的逻辑归纳，利于受众从整体上考量新闻事件，提升阅读效率。在传播效果方面，他们认为，对于受众而言，图解形式能让核心内容一目了然，降低受众的阅读时间成本，但他们只是对传播效果进行了简要分析，并没有进一步对其做实证研究。

对于当前的图解新闻，陈功、周鹏认为，还存在着缺乏对新闻细节的刻画、制作成本高等不足。由于图解新闻具有高度综合性，仅仅是对核心新闻信息进行归纳，因而删减了许多新闻事实细节，是一种浅阅读式新闻。在制作方面，由于一则图解新闻的发布还需要经历创意草图、编辑、设计、检验、信息图完成等诸多环节，因而在制作上将花费更多的人力、物力和财力，制作成本更高，这也影响到图解新闻的发布、更新频率。此外，不少研究者都提到，当前网络新闻中的图解新闻往往还存在互动缺乏的问题。张瑞在分析人民网图解新闻栏目以往传播实践情况的基础上，认为人民网图解新闻栏目应通过设置评论区、增加互动元素，进一步提升用户的阅读体验。② 对此，也有研究者认为，今后图解新闻在新闻传播活动中将得到更为普遍的运用，并能够凭借友好的用户体验，与受众形成良性的互动。

（五）图解新闻与图片新闻、数据新闻

在新闻传播活动中，涉及以图片的形式传递信息，不仅仅体现为当前受到部分受众青睐的图解新闻形式，还包括报刊、网络新闻中经

---

① 陈功，周鹏. 图解新闻的传播特征、适用范围与发展趋势［J］. 当代传播，2015（4）：101.

② 张瑞. 浅析人民网《图解新闻》栏目的信息传播实践［J］. 今传媒，2016（10）：117.

常在文中插入的新闻照片。在此基础上，图片新闻这种特殊的新闻报道方式，也逐渐兴起，并对此后的图解新闻形成了一定影响。

关于图片新闻，已有不少学者进行了相关研究。陈燕在分析网络图片新闻这种报道形式时，将图片新闻的概念界定为："在互联网上利用网络技术或网络功能对最新发生或正在发生的事实通过单幅或多幅静态图片进行的新闻报道。"[①] 她提到，图片新闻在传递新闻信息的过程中，图片与文字所发挥的作用是不同的，其中，发挥主要作用的是图片，而非文字，后者仅仅起到辅助作用。由于这些新闻图片是对新闻事件中的某些瞬间的定格，因此在证明新闻真实上具有优势，有助于提升受众对新闻信息的信任。在这种新闻报道方式中，文字仅仅发挥辅助解释的作用。

随着网络技术的进步，最初由静态新闻图片构成的图片新闻也在发生变化。胡明川在梳理图片新闻的发展脉络时，认为图片新闻在经历最初的静态图片阶段后，逐渐具有了网络的互动性特色，衍生出图片幻灯、滚屏、图片分割链接、360°照片等多种形式。[②]

移动通信技术的发展，以及受众碎片化阅读方式的盛行，使图解新闻从图片新闻的基础上发展起来，成为一种新的新闻报道方式。图解新闻与图片新闻类似，也是通过图片的形式来传递新闻信息，但是两者间也存在着较大的差异。在图文结合的方式上，正如陈燕所言，图片新闻中的图片与文字在定位上存在差异，它是以图片为主导，而文字所发挥的作用相较之下更为有限，基本是作为辅助手段，对图片进行解释，因此往往附在图片之后。而图解新闻则是采取图文融合的形式，文字信息经过了视觉化处理。另外，图片新闻往往使用的是新闻照片，而图解新闻中的图片则是经过精心设计，并非直接拍摄所得，所以陈功、周鹏将其表述为"示意性图画"。简而言之，图解新闻是从传统的图片新闻中发展起来的区别于图片新闻的一种新的报道形式。

① 陈燕. 网络图片新闻报道探析 [J]. 当代传播，2008 (2)：115.

② 胡明川. 网络图片新闻的三大发展趋势 [J]. 编辑之友，2009 (4)：33.

关于"数据新闻"与图解新闻这两个概念，也有研究者进行了辨析。江珊在阐述图解新闻的内容特征时，将二者进行了对比分析，她认为，数据新闻作为一种"基于数据的抓取、挖掘、统计、分析和可视化呈现的新型报道方式"[①]，与图解新闻一样强调信息的可视化传播，但是，数据新闻仅仅是针对数据的艺术化表达，而图解新闻的范围则更广，不仅涉及数据的直观化表达，也包括社会时政、生活服务、科技体育等领域的各类新闻事实。同时，正如王秀丽、王天定在对数据新闻直观化表达的分析中所言，数据新闻是对数据中潜在的重要资讯进行深入地发掘，而图解新闻则不一定具有这种深度性，它一般体现为信息的高度综合性。

二、使用与满足理论综述

（一）使用与满足理论的提出与发展

使用与满足理论是一种受众行为理论，"它以受众为研究本位，讨论受众如何接触和使用媒介，并考察这种接触和使用对人们的需求或期待带来的满足情况"[②]。它起源于 20 世纪 40 年代，最初是基于广播媒介在美国的普及而进行的受众研究，研究表明，受众在收听广播节目时，一方面存在竞争心理，同时也存在获取知识和进行自我评价等方面的不同动机的影响，广播节目的听众在动机上具有多样性。同一时期，伯纳德·贝雷尔森（Bernard Berelson）对人们使用印刷媒介的动机进行了归纳。在《读书为我们带来什么》一文中，他总结出了人们阅读书籍的一些普遍性动机，一方面，印刷媒介的内容能作为工作、生活的参考，同时，某些类型的印刷作品能为读者带来休憩效果，读者通过阅读印刷作品，能获得他人称赞，并转移注意力，从生活烦恼中暂时解脱出来。20 世纪 40 年代的使用与满足研究，对广播、印刷媒介的使用类型、满足类型进行了初步的归纳，为我们揭示

[①]　江珊. 浅析网络图解新闻内容特征 [J]. 中国报业，2017（2）：38.

[②]　韩晓宁，王军，张晗. 内容依赖：作为媒体的微信使用与满足研究 [J]. 国际新闻界，2014（4）：84.

了受众在使用媒介时动机的复杂性、多样性，但还未形成相对成熟的理论。20 世纪 50 年代，则是使用与满足研究的停滞期，期间的研究成果较少。在 1940—1950 年之间，使用与满足研究处于现象描述期，研究者在研究方法上以访谈记录为主，并未进行严格的问卷调查分析。

在 20 世纪 60 年代，使用与满足研究在方法上发生了一定的变化。研究者们开始通过量化的方式，对研究变项进行操作化定义，在样本选取、数据收集分析上都形成了一套严格的调查程序。在这一时期，对电视媒介的使用与满足研究得到发展，其中极为重要的是麦奎尔等人于 1969 年开始的一项调查研究。根据该项节目调查，电视节目在满足受众需求方面存在四种共通的类型：心绪转换效用，即帮助受众释放各式压力，作为人们的休憩、娱乐手段；人际关系效用，包括使家庭成员间关系融洽，建立、强化社交圈的现实人际关系效用，也包括拟态人际关系方面；自我确认效用，即受众通过收看节目，进而以相关内容为参考，对自己进行各方面的评价；环境监测效用，即电视节目能够为人们带来生活环境、社会的变动信息，例如电视新闻，能生动地为受众展现新近发生的新闻事件。

在 20 世纪 70 年代至 80 年代，使用与满足研究步入了"解释期"。在这一时期，研究已经趋近成熟，学者们不再只是对具体的媒介接触动机进行简单地总结归纳，也对受众本身的社会背景加以审视，并初步建立了一套研究步骤：一是以"需求"为出发点，归纳受众的需求，系统地整合受众使用媒介的社会及心理需求；二是以"满足"为出发点，将研究所观察到的满足，利用回溯的方式，重新建立满足的形态及使用媒介的社会、心理因素。

在这一时期，传播学家伊莱休·卡兹（Elihu Katz）和布鲁姆勒（Blumler）提出了"社会因素＋心理因素 → 媒介期待 → 媒介接触 → 需求满足"这一较为完整的因果连锁过程。根据卡兹的理论，受众在接触使用各类媒介时，都是为了满足自身的某些需求，而这些需求，则是受到社会因素和个人心理因素的影响；受众在进行媒介接触之后，会存在两种结果：一种是需求得到满足，另一种是未满足。

而受众根据媒介接触的结果，修正既有的媒介印象，改变对该媒介的期待，从而影响受众此后的媒介接触使用行为。[①]

在 20 世纪 80 年代之后，使用与满足研究进入了"理论建构期"。对于使用与满足研究是否具有理论性质，研究者们观点不一，这一时期，部分学者对相关研究的理论性质提出了质疑。因此，在使用与满足研究发展的这一阶段，不少研究者试图进行使用与满足理论的建构与验证。

总而言之，使用与满足理论是以受众为视角，去探究大众的媒介接触过程，这一理论认为，大众在选择使用某种媒介时，是出于自身某种或某些需求，大众通过使用媒介来达到对这些需求类型的满足。

（二）使用与满足理论的基本假设与评价

关于使用与满足理论，在其被提出时，就存在着如下五点假设：（1）用户使用大众传播媒介是以目的为驱动的行为，其媒介使用行为的背后往往是某种或某些心理、社会需求；（2）对于各类传播媒介，受众并非处于被动地位，而是主动去使用媒介，使自身需求得以满足；（3）大众传播媒介所能满足的各类需求，其他的传播形式，例如人际传播也能满足，这些需求满足方式之间是处于一种竞争的状态；（4）数据资料依赖受众的自我报告，这意味着必须假设受众足够理性，才能使其自我报告的内容足以帮助研究者进行深入分析；（5）对于大众传播媒介而言，价值判断往往不太合适。[②]

基于这些假设，卡兹和布鲁姆勒提出了"社会因素＋心理因素 → 媒介期待 → 媒介接触 → 需求满足"的媒介接触过程，日本学者竹内郁郎在他们的研究成果基础上加以深入、细化，最终提出了如下模式：

---

① Katz E，Blumler J G. The Uses of Mass Communication：Current Perspectives on Gratifications Research [J]. *American Journal of Sociology*，1974，3（6）：318.

② 陆亨. 使用与满足：一个标签化的理论 [J]. 国际新闻界，2011（2）.

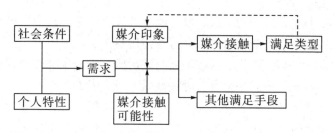

图 3-1　使用与满足过程的基本模式

对于使用与满足理论，不少学者都对其在大众传播效果研究史上的地位给予高度评价。与其他的传播效果理论不同，该理论所采取的是受众视角，而非传播者视角。在"子弹论"或"皮下注射论"中，受众是处于一种被动地位，而在使用与满足理论中，受众却是主动选择媒介，并以此满足自身的特定需求，其媒介接触行为具有积极、主动的特征。这一理论意味着，对于大众传播效果而言，受众一方的具体需求也在发挥着重要的影响。因此，"U&G（使用与满足）研究的出现及发展是传播学研究从传者导向视角向受者导向视角的转折的一个标志"①。

然而，也有一些学者认为使用与满足理论具有局限性，例如，这一理论着重关注的是受传者个体及其心理上的影响因素，虽然也有研究者提及社会条件、社会结构因素的作用，但还是存在行为主义和功能主义色彩过于浓厚的弊病。同时，大众传播过程是传播主体进行信息生产的符号化过程和受众符号解读过程的结合，而这一理论单纯考察后半部分过程，对传播主体自身倾向性与受众社会、心理背景之间的冲突及其妥协过程未加考量，具有片面性。

（三）使用与满足理论相关研究文献综述

在传播学领域，运用使用与满足理论进行的学术研究较多，这一理论路径在媒介的接触、使用以及传播效果方面的研究中，得到了广泛采用。通过在各大文献数据库上检索发现，学者们所进行的既有研

---

①　陆亨. 使用与满足：一个标签化的理论［J］. 国际新闻界，2011（2）：11.

究，主要集中于运用使用与满足理论分析特定媒介使用者的动机、特点以及以这一理论为视角分析某一媒介现象。

在分析新型媒介的使用情况方面，研究者们运用使用与满足理论探究了微信、微博、手机新闻客户端、社会化问答平台、网络社区、短视频 App 等众多媒介形式的受众使用情况。其中，关于微信这一社交媒体的使用与满足研究数量最多，所涉及的角度也最为繁杂，既涵盖了政务微信、高校官微、企业微信公众号等多种官方微信公众号形式，也包括对微信媒介上的网络表情符号系统、人际交往行为等方面的研究。例如，詹恂、严星在对微信使用行为的相关影响因素分析中，认为大众在微信媒介使用过程中，存在着沟通交流、社交、降低成本、休闲娱乐、时尚和任务需求等多种需求形式，微信能在不同程度上满足这些需求，这是用户长期使用微信的重要原因。[①] 胡祯珍以使用与满足为视角，分析了大学生群体热衷刷知乎的现象，认为人们在使用知乎这种媒介时，是为了获取信息和知识，同时也能释放压力，转换心绪，并通过他人的赞同来实现自我确认，在这一过程中也能实现社会交往。由此可见，研究者以使用与满足理论为视角，针对不同的媒介形式，从不同的需求、动机类型出发进行了一系列探究。此外，也有学者对微信媒介的具体使用行为进行了使用与满足研究，例如，荣荣、柯慧玲重点关注的是微信中的"点赞"行为，他们认为自我展现、社交动机和群体交往等因素对微信"点赞"具有重要影响。由此可见，目前许多研究者热衷于从使用与满足理论视角去分析新兴媒介及其具体的使用行为，由于新型媒介处于不断涌现的过程，因而此类研究将继续进行下去。

在运用使用与满足理论分析社会热点现象、媒介现象方面，目前主要涉及各类网络剧、热门综艺节目、网络直播现象、弹幕和网络流行语的使用等方面。对于热门综艺和网络剧的使用与满足研究较多，但这些研究文献往往只是着眼于某一部热播影视剧或综艺，所体现的

---

① 詹恂，严星. 微信用户持续使用意向影响因素及使用与满足研究 [J]. 现代传播，2014 (11)：134.

研究视野较窄，且往往追逐于热播影视，浮于表面，研究结论的深度和拓展性不够。而对于弹幕、网络直播等热点现象，也有不少研究者着力于分析用户的媒介使用动机，并为该现象的良性发展提供建议。

纵观这些学术文献，虽然研究者们围绕微信、微博、手机新闻客户端等新兴媒介所进行的学术探究很多，但在新闻传播领域，目前还未曾有学者从使用与满足的视角去审视图解新闻这一独特的新闻样式。鉴于图解新闻当下在网络新闻中频繁出现，对于这一新的新闻样式，也值得从使用与满足理论视角加以解读。

第三节　研究模型与实证设计

一、理论模型

处在当下这个信息爆炸的时代，面对网络上庞大的信息洪流，受众需要不断去筛选信息，并缩小信息获取的成本，其媒介接触行为将越来越具有主动性。受众在阅读图解新闻时，并非没有其他形式的新闻报道可供选择，也就是说，其媒介接触行为具有高度主动性，那么，驱使他们做出图解新闻阅读行为背后的心理动机是什么？受众哪些需求通过图解新闻能得到较高程度的满足？从使用与满足理论的视角去探究这些问题具有重要意义。

在本研究中，主要借鉴了竹内郁郎的理论模型，在此基础上，本研究主要关注的是"需求"和"媒介接触"以及"满足程度"等变量，而对于社会条件、个人特性、媒介印象、媒介接触可能性等因素，将在问卷中进行测量，但最终是作为变量进行控制处理。因此，可以说本研究的理论模型对竹内郁郎的理论模型进行了一定程度上的简化处理，着眼于探讨不同的使用需求、动机对图解新闻满足程度这一变量的影响，并分析什么样的需求类型，希望能通过图解新闻获得较高程度的满足。

对于日本学者竹内郁郎的使用与满足模式图中"需求"部分，由于是本研究的重点关注因素之一，因此，对于"需求"这个大概念具体的维度如何进行划分，是本研究中的一个重要问题。传播学家卡兹等人 1973 年从大众传播媒介的社会及心理功能的研究文献中划分为 35 种媒介接触需求，并将其归纳为五大类：一是认知的需要，即获得信息、知识并进行理解；二是情感的需要，即情绪的、愉悦的或美感的体验；三是个人整合的需要，即加强可信度、信心、稳固性和身份地位；四是社会整合的需要，即加强与家人、朋友等的联系；五是纾解压力的需要，即逃避和转移注意力。① 在以使用与满足理论去分析受众对不同媒介的接触动机时，国内外研究者大多以传播学家卡兹等人的这种类型划分方式为基础，例如，韩晓宁、王军、张晗等人在对微信这一媒介的使用与满足研究中，就是以卡兹的需求类型划分标准为依据，去实证分析大众对该媒介的使用动机。因此，在本研究中，主要以传播学家卡兹等人对媒介接触需求的分类标准为依据，并结合受众对图解新闻这一新闻报道形式的媒介接触实际情况，从中加以选择。

那么，当大众阅读新闻媒体制作的图解新闻时，其背后可能存在的需求动机类型有哪些呢？根据前人对图解新闻特征的既有研究，图解新闻具有高度综合性、视觉化、直观性、图文并茂等特性，有助于增强受众对资讯的理解，且与当前大众的快餐式阅读习惯相契合，能节约阅读时间成本。同时，既有研究普遍认为，由于图解新闻经常使用图形、色彩、箭头、人物漫画等视觉元素，将文本信息形象化，是对新闻信息的一种视觉化表达，具有较强的艺术价值。而这种艺术价值，是部分受众在传统文字报道与图解新闻报道间偏好后者的重要原因。因此，根据图解新闻的相关既有研究文献，在传播学家卡兹所提出的五种媒介接触动机中，图解新闻阅读行为可能涉及的需求类型主要包括认知需求、情感需求和纾解压力需求。为了进一步了解图解新闻阅读行为背后可能存在的需求类型，在调查研究正式实施之前，对一些大学生进行了前期访谈工作。在访谈中，当问到"您喜欢图解新

---

① Katz E, Gurevitch H M. On the Use of the Mass Media for Important Things [J]. *American Sociological Review*, 1973, 38（2）: 164—181.

闻这种新闻报道形式吗？为什么喜欢看图解新闻？"时，表示存在图解新闻阅读偏好的访谈对象所陈述的原因，也主要包括便于快速阅读、理解新闻信息、具有视觉美感、能缓解心理压力等，与既有研究的观点相契合，即图解新闻能满足受众在认知、情感与娱乐等方面的需求。此外，还有部分访谈对象提到：图解新闻作为一种图片形式，与传统文字报道的区别还在于，便于下载与收藏，因而在资讯分享过程中，比传统文字报道更具优势。对于这一阅读动机，可以将其划分至卡兹等人所提出的"社会整合需求"这一需求类型中去。因此，在量表编制过程中，本研究将把"社会整合需求"这一维度也加入进去，希望通过大量样本数据的统计分析，去验证这一需求动机是否普遍存在，以及其对图解新闻使用满足程度存在何种影响。

总之，在图解新闻阅读行为研究中，对于日本学者竹内郁郎使用与满足理论基本模式中的"需求"概念，本研究主要将其划分为认知需求、情感需求、社会整合需求和纾解压力需求这四个维度，从而建立本项研究的基本模型图，如图3-2所示。

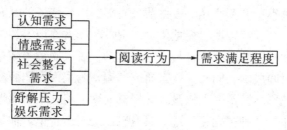

图3-2　理论模型

二、研究假设

在此基础上，本研究提出了如下研究假设。

H1：受众在接触图解新闻时，使用满足程度与相应的需求动机强烈程度相关

H1.1：受众在接触图解新闻时，其认知需求满足程度与认知动机强烈程度间显著正相关

H1.2：受众在接触图解新闻时，其情感需求满足程度与情

感动机强烈程度间显著正相关

H1.3：受众在接触图解新闻时，其社会整合需求满足程度
与社会整合动机强烈程度间显著正相关

H1.4：受众在接触图解新闻时，其娱乐需求满足程度和娱
乐动机强烈程度间显著正相关

H2：受众在接触图解新闻时，其认知动机、情感动机、社会整
合动机、娱乐动机对总体使用满足程度的影响力不同，最大的影响因
素是受众的娱乐需求

H2.1 受众在接触图解新闻时，其认知动机正向影响总体使
用满足程度

H2.2 受众在接触图解新闻时，其情感动机正向影响总体使
用满足程度

H2.3 受众在接触图解新闻时，其社会整合动机正向影响总
体使用满足程度

H2.4 受众在接触图解新闻时，其娱乐动机正向影响总体使
用满足程度

H2.5 受众在接触图解新闻时，不同的动机类型对总体使用
满足程度的影响力存在显著差异，最大的影响因素是受众的纾解
压力与娱乐需求

三、问卷设计

在本项研究中，所采取的主要是问卷调查法。在调查问卷的设计
过程中，本项研究结合了传播学家卡兹等人 1973 年划分出的 35 种具
体媒介接触需求和五大类需求动机，并参考国内学者对于微信、微博
等媒介形式的使用动机量表，例如韩晓宁、王军、张晗等人对微信这
一媒介的使用与满足研究中所编制的量表，制定了《关于大学生图解
新闻阅读行为的调查研究》调查问卷。

此份调查问卷，总计 38 个题项，大致可分为三个部分：在第一
部分中，主要是对调查对象的人口统计学变量进行数据收集。同时，
这一部分还了解了调查对象的图解新闻基本使用情况，例如是否阅读

过图解新闻，以确定该份问卷是否为有效问卷。在第二部分中，主要是致力于对调查对象的图解新闻阅读动机进行数据收集，分为认知需求、情感需求、社会整合需求和纾解压力需求四个小量表。在第三部分中，则主要是对图解新闻的使用满意程度进行调查。

在对阅读动机和使用满足程度的测量上，本研究选择使用了Likert－7级量表，从1（非常不同意）到7（非常同意），每个量表的平均值将作为这一题项的总体数值。之所以选择 Likert－7 级量表而不是 Likert－5 级量表，是为了更准确地测量出图解新闻的四大类接触动机及其使用满足程度之间的差异，以求对各变量和维度进行更为精确的测量。此外，考虑到调查对象对图解新闻这一概念在理解上可能存在一定的难度或偏差，在问卷主干题项前面，首先对图解新闻这一概念以及本项研究的内容、目的进行了简单介绍，以帮助调查对象更快、更准确地理解问卷各题项的含义。

四、变量及其概念操作化

（一）阅读动机

在本研究中，借鉴前人关于媒介接触动机的类型划分[1]，关于图解新闻的阅读动机，主要是测量认知、情感、社会整合和纾解压力动机这四个维度，而不包括个人整合动机，这是因为，媒介使用中的个人整合动机表现为加强可信度、信心、稳固性和身份地位，而图解新闻作为一种新闻表现形式，难以满足此类需求，在前人研究中，都未将个人整合动机视为图解新闻的阅读动机类型。具体的维度定义与指标划分如下，如见表 3－1 所示。

（1）认知动机，是指大学生群体通过阅读图解新闻来寻求新闻信息、知识、观点，来实现对自然、社会环境变动情况的监视，并形成自身观点、态度。在指标划分上，考虑到认知这一维度涉及认知效率、理解程度和记忆效率三个层次，因此，在对受众认知动机的测量

---

① Katz E, Gurevitch H M. On the Use of the Mass Media for Important Things [J]. *American Sociological Review*，1973，38（2）：164－181.

上，应以这几个方面为依据，具体可分为"我想通过阅读图解新闻，快速获取最新资讯，节约时间成本""我想通过阅读图解新闻，快速掌握重点信息，加深对核心信息的记忆""我想通过阅读图解新闻中的直方图、饼状图等图表，促进对数据资料的理解""我想通过阅读图解新闻，快速理顺资讯中的逻辑关系，促进对信息的理解"和"我想通过阅读图解新闻，更好地理解资讯中的专业术语"五个指标。

（2）情感动机，是指大学生群体在阅读图解新闻的过程中，满足其情感的需要，获得情绪的、愉悦的或美感的体验，具体可分为"我想通过阅读图解新闻来打发无聊的时间""我想通过阅读图解新闻来体验视觉元素带来的美感"和"我想通过阅读图解新闻来实现心情愉悦"三个指标。

（3）社会整合动机，是指基于图解新闻便于下载、收藏、转发分享的特性，大学生群体通过转发、分享图解新闻，以加强与朋友间的互动与接触。对于这一维度，主要涉及社会成员之间的相互影响，即图解新闻阅读者本人通过分享行为影响他人，以及群体的阅读行为对个体所造成的影响，具体可分为"我想通过转发图解新闻给朋友，加强我与朋友间的互动与接触""我想通过分享图解新闻到微信朋友圈、微博、贴吧等网络空间，表达我对新闻事件的观点"和"身边很多人习惯阅读和分享图解新闻，我想通过阅读图解新闻增强群体归属感"三个指标。

（4）娱乐动机，是指大学生群体在阅读图解新闻时，能释放心理压力，转移注意力，图解新闻的视觉化元素是有趣的，能达到娱乐目的，具体可分为"我想体验图解新闻带来的乐趣""我想通过阅读图解新闻忘掉学习或生活中的烦恼，转移注意力"和"我想通过阅读图解新闻释放心理压力"三个指标。

表 3-1　大学生图解新闻阅读动机的测量

	题项设置
认知动机	我想通过阅读图解新闻，快速获取最新资讯，节约时间成本
	我想通过阅读图解新闻，快速掌握重点信息，加深对核心信息的记忆
	我想通过阅读图解新闻中的直方图、饼状图等图表，促进对数据资料的理解
	我想通过阅读图解新闻，快速理顺资讯中的逻辑关系，促进对信息的理解
	我想通过阅读图解新闻，更好地理解资讯中的专业术语
情感动机	我想通过阅读图解新闻来打发无聊的时间
	我想通过阅读图解新闻来体验视觉元素带来的美感
	我想通过阅读图解新闻来实现心情愉悦
社会整合动机	我想通过转发图解新闻给朋友，加强我与朋友间的互动与接触
	我想通过分享图解新闻到微信朋友圈、微博、贴吧等网络空间，表达我对新闻事件的观点
	身边很多人习惯阅读和分享图解新闻，我想通过阅读图解新闻增强群体归属感
纾解压力动机	我想体验图解新闻带来的乐趣
	我想通过阅读图解新闻忘掉学习或生活中的烦恼，转移注意力
	我想通过阅读图解新闻释放心理压力

（二）使用满足程度

本项研究希望探析认知动机、情感动机、社会整合动机和纾解压力动机这四种动机类型对图解新闻使用满足程度的影响，而将其他可能产生影响的因素，例如性别、学历背景、专业类别等因素，作为控制变量。在对使用满足程度这一变量的测量上，与之相对应，划分为"认知需求满足程度""情感需求满足程度""社会整合需求满足程度"和"纾解压力需求满足程度"四个维度。也就是说，每一个图解新闻阅读动机题项，都会有一个使用满足程度题项与之相对应。两者在题项表述上虽然有些相似，但测量的变量却不一样，前者测量的是大学生的图解新闻阅读动机强度值，后者测量的则是大学生阅读图解新闻后的实际使用满足程度值。通过测量这四个维度的使用满足程度，即可得到图解新闻的总体使用满足程度，具体题项如表3-2所示。

表3-2 大学生图解新闻使用满足程度的测量

	题项设置
认知需求使用满足程度	篇幅短，能帮我快速获取新闻资讯，节约时间成本
	能帮我快速掌握重点信息，加深对核心信息的记忆
	直方图、饼状图等图表形式，能促进我对数据资料的理解
	能帮我理顺逻辑关系，促进对新闻事实的理解
	图解新闻能促进我对专业术语的理解
情感需求使用满足程度	阅读图解新闻，能帮我打发无聊的时间
	图解新闻能给我带来视觉上的美感体验
	阅读图解新闻能让我心情愉悦
社会整合需求使用满足程度	通过转发图解新闻给朋友，能加强我与朋友间的互动与接触
	通过分享图解新闻到微信朋友圈、微博、贴吧等网络空间，能表达我对新闻事件的观点
	身边很多人习惯阅读和分享图解新闻，阅读图解新闻能给我群体归属感
纾解压力需求使用满足程度	图解新闻中的各类视觉元素让我感觉很有趣
	阅读图解新闻能让我忘掉工作或其他事情，转移注意力
	阅读图解新闻让我感觉很轻松，能释放心理压力

（三）阅读行为

本研究中的阅读行为就是指大学生阅读图解新闻这一活动，应包括是否阅读、阅读频率、分享和互动频率等方面。其中，"是否阅读过图解新闻"是判断调查对象是否合适的一个重要题项，对此题项作出否定回答的问卷将作为无效问卷被排除，具体题项如表3-3所示。

表 3-3   大学生图解新闻阅读情况

	题项设置
有无阅读经历	您是否阅读过图解新闻？
所使用媒介	您通常使用哪些媒介阅读图解新闻？（多选） PC、手机、平板电脑、报纸、杂志、电视、其他
阅读行为	我经常阅读图解新闻
	阅读图解新闻时，我经常进行转发、分享
	阅读图解新闻时，我经常写评论
	阅读图解新闻时，我经常收藏该图片

五、调查实施

（一）样本选择

由于本研究对使用与满足理论视角下的图解新闻阅读行为研究是针对大学生群体，因此，在本研究的样本中，全部为大学生，不含其他教育层次的人员。考虑到东部、中部、西部的地域差异（例如，经济文化上的差异）对媒介使用习惯可能带来的影响，本研究的最终样本主要由广东、福建、江西和四川部分高校的大学生所构成，主要包括四川大学、南昌大学、福州大学、闽江学院等几所高校。

在抽样方法的选择方面，考虑到收发问卷的成本和实施难度，本研究选择采用滚雪球抽样的非概率抽样方式。在由被访者提供其他调查对象的过程中，主要是采取同校学生相互推荐的形式，以确保实际调查对象在大学生群体这一范围内。样本容量在 400 人左右，其中涵盖大专、本科、硕士及以上不同学历层次，以及东、中、西部不同地域的高校。

同时，根据卡兹等人提出的使用与满足基本模式和日本学者竹内郁郎所补充的理论模式（参见图 3-1），社会条件和个人特性会影响需求，进而对受众的媒介接触行为产生影响。因此，在本研究中，调查对象的一些人口统计学数据（例如，性别、年龄）将被详细记录，以便在数据统计分析时进行变量控制。

（二）调查实施过程

本次问卷调查于 2017 年 11 月 15 日上午开始实施，于 11 月 24 日结束，所采用的问卷资料收集方式为互联网在线调查，即通过问卷星这一专业在线问卷调查网站制作、发布问卷，将链接发送至第一批大学生受访者，再通过第一批大学生受访者，在大学生群体之间进行滚雪球抽样。

回收有效问卷的情况良好：本次调查一共回收问卷 453 份，其中，有效问卷共计 441 份。在问卷中，首先设计了"您是否阅读过图解新闻"这一题项，对此题项选择"否"答案的问卷填写者，由于不具有图解新闻阅读经历，不属于本项研究的调查对象，因此无须作答此后题项，剔除 12 份未完整填写以及答案前后矛盾的问卷，总计回收有效问卷 441 份。其中，大专生占比 19.5%，本科生占比 58.96%，硕士生占比 19.73%，博士生占比 1.81%，总体男女比例约为 44.4%：55.6%，样本在性别比例上大致处于均衡水平。

第四节 数据统计分析

对于本研究最终回收到的 441 份有效问卷中的样本数据，本研究将使用 SPSS 21.0 软件进行统计分析。在具体的数据分析方法方面，考虑到本研究着重探究的是大学生群体在阅读图解新闻时，不同的需求类型在图解新闻满足程度上的影响，以及哪些需求类型更易于通过图解新闻获得较高的满足程度。因此，在本项研究中，需要通过将"阅读动机"与"使用满足程度"通过量表的方式进行测量，并进一步通过相关性分析，探究"认知动机""情感动机""社会整合动机"和"纾解压力动机"与其对应的使用满足程度之间是否存在足够显著的相关性，并在此基础上，通过线性回归分析，去探究不同的需求类型对图解新闻满足程度的影响力强度差异，以验证本研究的各项假设成立与否。

一、描述性统计分析

（一）受众图解新闻阅读情况的描述性统计

首先，本研究有效样本（N＝441）的人口统计特征如下。在性别方面，男性 196 人，占比 44.4％，女性 245 人，占比 55.6％；在教育程度方面，由于大学生群体在使用 PC、移动设备获取新闻资讯方面较为活跃，对新兴的图解新闻形式接受程度较高，因此，本研究的调查对象是大学生群体，其中大专生 86 人，占比 19.5％，本科生 260 人，占比 58.96％，硕士研究生 87 人，占比 19.73％，博士及以上 8 人，占比 1.81％。从样本数据可知，本研究的调查对象中本科学历所占比重最大；在专业类别方面，文史类专业 206 人，占比 46.71％，理工类专业 115 人，占比 26.08％，艺术类专业 120 人，占比 27.21％。从样本数据可知，本研究的调查对象中，文史类专业学生所占比例将近一半，而理工类专业和艺术类专业大学生占比大致相当。在对调查对象的基本情况进行数据统计时，之所以将所学专业纳入调查范围，是考虑到不同专业的学生在阅读方式偏好上可能存在差异，这一因素对于图解新闻的使用行为可能存在影响。

图解新闻的阅读情况方面，本研究在问卷调查过程中，共计发出 453 份问卷，其中有 441 位调查对象在"您是否阅读过图解新闻"这一题项上给予了肯定回答，也就是说，在 453 位调查对象中，有 97.35％的调查对象对图解新闻这一新闻报道形式有一定的阅读经历。从这一比例可以合理推测，在大学生群体中，有图解新闻阅读经历的学生应该占据较大比例，这一独特的新闻报道形式在大学生群体中接受程度较高，因此，大学生群体可以作为本研究的调查对象。

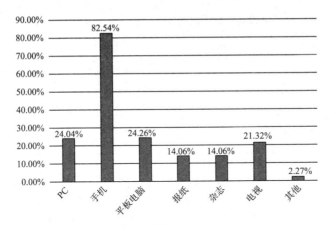

图 3-3　阅读图解新闻所使用的媒介形式

如上图所示，对于"您通常使用哪种媒介阅读图解新闻"这一多选题项，调查结果显示：在大学生阅读图解新闻时，所使用的媒介设备主要是手机、PC、平板电脑，其中，使用手机阅读图解新闻的比重将近 83%。这说明，当下大学生群体在进行图解新闻的媒介接触行为时，所依赖的媒介形式以手机这种移动设备为主，而设备间的差异，对于受众从图解新闻中获得的各式需求满足程度可能存在影响。

（二）阅读动机的描述性统计分析

在阅读动机方面，考虑到图解新闻的具体特征，并结合调查前的访谈结果，本研究所测量的阅读动机包括"认知动机""情感动机""社会整合动机"和"纾解压力动机"四个方面。在具体的测量上，本研究使用 Likert-7 级量表，从 1（非常不同意）到 7（非常同意），将每个量表的平均值作为这一题项的总体数值。也就是说，若均值大于 4，则表示调查对象中的大多数人更倾向于这种观点，所得的均值越大，则表示调查对象越认同这一表述，换言之，此类阅读动机就越强烈。

表 3-4　阅读动机的描述性统计数据（Descriptive Statistics）

动机类型	Mean	Std. Deviation	N
认知动机	4.995395	1.4206789	441
情感动机	4.672149	1.4834273	441
社会整合动机	4.312500	1.5184735	441
娱乐动机	4.726974	1.4479161	441

如表 3-4 所示，在图解新闻的阅读动机方面，所有的题项均值都大于 4，这说明"认知动机""情感动机""社会整合动机"和"纾解压力"这四大动机都存在于大学生图解新闻接触行为之中，大学生基于这四类动机去使用图解新闻这一独特的新闻报道形式。从各类动机在得分上的差异可以看出，这四类动机中最为强烈的是"认知动机"，其均值高达 4.995，其次是"纾解压力动机"，均值为 4.727，再次是"情感动机"，均值为 4.672，而"社会整合动机"位列最后，均值为 4.313。其中，"篇幅短，能帮我快速获取新闻信息，节约时间成本"这一题项的均值最高，为 5.19，说明大学生的图解新闻阅读偏好与这一新闻报道形式在提升阅读效率上的优势密不可分。

（三）使用满足程度的描述性统计分析

在本研究中，分别对调查对象的四类图解新闻接触动机和四类具体需求的使用满足程度进行了测量，也就是说，对于每一个使用动机的题项，都会有一个与之对应的使用满足程度题项，虽然两者在题项内容上存在相似之处，但测量的是不同的变量，不能加以混淆。在对使用满足程度的测量上，使用的也是 Likert-7 级量表，从 1（最不满足）到 7（最满足），中间值 4 代表"不确定"。对于每一种动机，都通过 3 至 5 个题项加以测量，各题项的平均值即代表此类动机的强烈程度。同时，通过计算认知需求、情感需求、社会整合需求和纾解压力需求满足程度的均值，即可得到调查对象的图解新闻总体使用满足程度。

表 3-5　使用满足程度的描述性统计数据

	Mean	Std. Deviation	N
认知需求满足程度	5.135526	1.3157792	441
情感需求满足程度	4.865132	1.3727979	441
社会整合需求满足程度	4.530702	1.4520096	441
娱乐需求满足程度	4.812500	1.4395040	441

如表 3-5 所示，在图解新闻的使用满足程度方面，所有题项的均值都大于 4，这说明大学生在阅读图解新闻时，其认知需求、情感需求、社会整合需求和纾解压力需求都在不同程度上得到了满足，图解新闻这一独特的新闻报道形式在这四个方面具有一定的传播优势。调查结果显示，受众在这四类需求上的使用满足程度存在一定差异，其中，获得最高使用满足程度的是认知需求，均值为 5.136，其次是情感需求，均值为 4.865，再次是纾解压力与娱乐需求，其使用与满足程度均值为 4.813。而社会整合需求的使用满足程度最低，为 4.53。这些数据说明，受众在阅读图解新闻时，最容易达到寻求新闻信息、知识、观点，实现对自然、社会环境变动情况的监视，并形成自身观点、态度的目的。就具体题项而言，"篇幅短，能帮我快速获取新闻信息，节约时间成本"和"能帮我理顺逻辑关系，促进对新闻事实的理解"两个题项所得的使用满足程度值最为突出，均值分别为 5.19 和 5.18，这说明，图解新闻在提升受众的阅读效率方面具有一定的优势。

二、量表信度、效度分析

在卡兹等人的使用与满足研究的基础上，本研究结合前人研究中所制定的成熟量表，制作了本次调查研究的《关于大学生图解新闻阅读行为的调查研究》问卷。对于变量的测量而言，测量质量是一个十分重要的问题。量表的测量质量，包括信度和效度两个方面：量表信度是指使用相同研究技术重复测量同一个对象时得到相同研究结果的可能性，体现的是量表对概念测量的稳定性和可靠性；而效度则体现了实证测量在多大程度上反映了概念的真实含义。①

本研究运用 SPSS 21.0 软件对《关于大学生图解新闻阅读行为的调查研究》问卷进行信度分析，以检测各变量的量表以及问卷整体的稳定性与可靠性程度。本章将研究中的所有变量进行信度检验，在判断信度方面所采用的衡量指标是克伦巴赫系数。当克伦巴赫系数高于 0.9 时，则说明量表非常可信；若克伦巴赫系数在 0.7 到 0.9 之间，则认为量表可信；若克伦巴赫系数在 0.5 到 0.7 之间，则认为量表一般可信；若克伦巴赫系数低于 0.5，则认为量表不可信。

检验结果显示，量表整体的克伦巴赫系数为 0.972，其中认知动机、纾解压力动机、认知需求满足程度、社会整合需求满足程度等变量的克伦巴赫系数都高于 0.9，其余变量的克伦巴赫系数也都在 0.85 以上。这说明，本研究中的量表具有较高的可信度。不同变量的克伦巴赫系数值如下表 3-6 所示：

表 3-6　量表信度检测及结果

因素	题项数	克伦巴赫系数	标准化克伦巴赫系数
认知动机	5	0.934	0.935
情感动机	3	0.894	0.895
社会整合动机	3	0.858	0.858
纾解压力动机	3	0.901	0.901
认知需求满足程度	5	0.929	0.929
情感需求满足程度	3	0.877	0.877
社会整合需求满足程度	3	0.900	0.901
纾解压力需求满足程度	3	0.899	0.899

---

① 徐沛，张艳，张放. 传播研究方法基础 [M]. 四川大学出版社，2011：65.

在量表的结构效度方面，本研究主要采用探索性因素分析来加以测量。虽然探索性因素分析方法通常是作为寻找变量的潜在因素的重要方法，但它在测量量表的结构效度方面也有重要的意义。本研究主要是通过 KMO 检验和 Bartlett 球形检验来测验量表的结构效度，KMO 值应在 0.5 至 1 之间，数值越趋近 1，则说明结构效度越高，Sig 值则反映其显著性。

检验结果显示，四类使用动机共计 14 个题项的整体 KMO 值为 0.942，Sig 值为 0.000，这说明量表对四类使用动机的测量具有很高的结构效度，且在 0.01 的显著性水平具有统计学意义，可以进一步做因子分析。经检验，通过因子分析中的主成分分析法萃取共同因素，将特征值大于 1 的因素提取为主要因素，共计获得 4 个主要因素，这与本研究所提出的 4 个接触动机取向相适应，主因子的累计可解释总方差为 73.2%。

表 3-7　KMO 检验和 Bartlett 球形检验结果

KMO 检验和 Bartlett 球形检验		
Kaiser-Meyer-Olkin 抽样适合性检验		0.942
Bartlett 球形检验	卡方值	3752.569
	df（自由度）	91
	Sig（显著性）	0.000

经过对量表的信效度检验，发现本研究的量表无论是在信度，还是在结构效度上，都具有较高的可靠性，本研究所进行的调查研究在测量质量上有足够的准确程度。

三、Pearson 相关分析

（一）假设检验的方法

如前所述，在本研究中，所要着重探究的是不同的使用需求对图解新闻的满足程度的影响，也即什么样的需求类型通过图解新闻易于获得较高的满足，因此，本研究需要通过线性回归分析方法，来判断认知动机、情感动机、社会整合动机和纾解压力动机这四方面因素对图解新闻的总体使用满足程度影响力上的差异。而相关分析是进行回归分析的前提，只有在相关分析存在的前提下才能进行回归分析，所以，本研究首先需要对四类图解新闻接触动机与其相对应的需求满足程度进行相关性分析，以判断这些对应的变量间是否存在显著的关联性，以及探究这些变量间的关联程度如何。

为了验证"H1：受众在接触图解新闻时，其使用满足程度与相应的需求动机强烈程度相关"及其下设的四个子研究假设，本研究在相关分析上选择简单线性相关系数来判断变量间的相关关系，即皮尔逊相关（Pearson correlation）。根据皮尔逊相关系数 r 的正负和绝对值大小，则可判断图解新闻使用满足程度与需求动机之间的关联强度和关联方向。此外，通过进行显著性检验，当 P 值小于 0.01 或 0.05 时，分别用"＊＊"和"＊"表示，即说明变量间的相关关系在对应的显著水平上具有显著性，此时样本的结论可推论至总体，从而验证研究假设成立与否。

（二）对 H1 及其 4 个次级假设的检验

第一，如表 3－8 所示，根据 Pearson 相关分析的结果，研究假设 H1.1 中的"认知需求满足程度"和"认知动机强烈程度"两个变量间的相关分析和显著性检验结果为：r＝0.748，P＝0.000。相关系数值 r 取值为正数，绝对值为 0.748，这表明，根据样本中的数据，受众在接触图解新闻时，其认知需求满足程度与认知动机强烈程度之间存在正相关关系，且关联程度较强；而 P＝0.000，则表明这两个变量间的正相关关系具有统计显著性，也就是说，在 0.01 的显著性水平下，大学生群体对图解新闻的认知需求满足程度与认知动机强烈程度之间存在显著正相关关系。因此，H1.1 得到了实证数据的强劲支持，该研究假设经验证成立。这说明，当图解新闻为受众提供高度综合化、逻辑化的核心新闻信息，以提升受众的信息获取效率时，受众的阅读行为背后，其实已经潜藏着认知方面的动机。受众是基于其认知动机，去主动接触图解形式的新闻报道，从而满足其资讯寻求的目的。在这种"使用－满足"的过程中，受众并非处于被动的地位，

而是资讯的主动寻求者，图解新闻对认知需求的满足，与该受众本身
具有的认知动机高度正相关。

表 3-8　图解新闻各接触动机与相应使用满足程度之间的相关性

		认知需求满足程度	情感需求满足程度	社会整合需求满足程度	纾解压力需求满足程度	总体使用满足程度
认知动机	皮尔逊相关	0.748**	0.545**	0.447**	0.540**	0.631**
	Sig（双尾检验）	0.000	0.000	0.000	0.000	0.000
	N	441	441	441	441	441
情感动机	皮尔逊相关	0.642**	0.737**	0.590**	0.697**	0.743**
	Sig（双尾检验）	0.000	0.000	0.000	0.000	0.000
	N	441	441	441	441	441
社会整合动机	皮尔逊相关	0.554**	0.649**	0.711**	0.628**	0.711**
	Sig（双尾检验）	0.000	0.000	0.000	0.000	0.000
	N	441	441	441	441	441
娱乐动机	皮尔逊相关	0.677**	0.785**	0.630**	0.751**	0.792**
	Sig（双尾检验）	0.000	0.000	0.000	0.000	0.000
	N	441	441	441	441	441

注：＊＊在 0.01 的显著性水平下呈显著相关（双尾检验）

　　第二，根据 Pearson 相关分析的结果，研究假设 H1.2 中的"情
感需求满足程度"和"情感动机强烈程度"两个变量间的相关分析和
显著性检验结果为：r＝0.737，P＝0.000。相关系数值 r 取值为正
数，绝对值为 0.737，这表明，根据样本中的数据，受众在接触图解
新闻时，其情感需求满足程度与情感动机强烈程度之间存在正相关关
系，且关联程度较强；而 P＝0.000，表明这两个变量间的正相关关
系具有统计显著性，也就是说，在 0.01 的显著性水平下，大学生群

体对图解新闻的情感需求满足程度与情感动机强烈程度之间存在显著正相关。因此，H1.2得到了实证数据的强劲支持，该研究假设经验证成立。这说明，图解新闻通过丰富的色彩、线条和手绘、漫画等视觉化元素给受众带来审美上的愉悦体验时，它对情感需求的满足程度，不仅仅取决于图解新闻自身的审美价值，还与受众阅读图解新闻之前所存在的情感动机强度高度正相关。

第三，根据Pearson相关分析的结果，研究假设H1.3中的"社会整合需求满足程度"和"社会整合动机强烈程度"两个变量间的相关分析和显著性检验结果为：r=0.711，P=0.000。相关系数值r取值为正数，绝对值为0.711，这表明，根据样本中的数据，受众在接触图解新闻时，其社会整合需求满足程度与社会整合动机强烈程度之间存在正相关关系，且关联程度较强。而P=0.000，则表明这两个变量间的正相关关系具有统计显著性，也就是说，在0.01的显著性水平下，受众对图解新闻的社会整合需求满足程度与社会整合动机强烈程度之间存在显著正相关。因此，H1.3得到了实证数据的强劲支持，该研究假设经验证成立。当下，新闻从业者经常将一些重要的社会新闻、娱乐新闻制作成图解形式，而这些类别的图解新闻，由于贴近群众生活，且具有话题性，在人际传播中容易得到转发、分享，因而使图解新闻在一定程度上能够满足受众的社会整合需求。而图解新闻对受众社会整合需求的满足，很大程度上是与受众自身是否具有社会整合方面的动机，以及该动机的强烈程度相关。如果受众不存在将该新闻报道分享给他人的主观意图，则图解新闻在满足社会整合需求方面的效果也会被削弱。

第四，根据Pearson相关分析的结果，研究假设H1.4中的"娱乐需求满足程度"和"娱乐动机强烈程度"两个变量间的相关分析和显著性检验结果为：r=0.751，P=0.000。相关系数值r取值为正数，绝对值为0.751，这表明，根据样本中的数据，受众在接触图解新闻时，其娱乐需求满足程度与娱乐动机强烈程度之间存在正相关关系，且关联程度较强。而P=0.000，则表明这两个变量间的正相关关系具有统计显著性，也就是说，在0.01的显著性水平下，受众对图解新闻的娱乐需求满足程度与娱乐动机强烈程度之间存在显著正相关。因此，H1.4 得到了实证数据的强劲支持，该研究假设经验证成立。

总而言之，经过 Pearson 相关性分析，发现大学生群体在阅读图解新闻时，各动机取向与其对应的需求满足程度之间存在着显著的两两相关关系，但关联程度存在着一定的差异，因此，可以进一步做线性回归分析，以探究这四种接触动机对图解新闻的总体使用满足程度的影响效果差异，从而用实证数据揭示受众阅读图解新闻这一独特新闻报道形式背后的心理动机情况。

四、线性回归分析

（一）研究假设 H2 的检验方法

为了验证 H2"受众在接触图解新闻时，其认知动机、情感动机、社会整合动机和娱乐动机对总体使用满足程度的影响力不同，最大的影响因素是受众的娱乐需求"成立与否，本研究以受众对图解新闻的总体使用满足程度为因变量，而将受众对图解新闻的四类接触动机取向（认知动机、情感动机、社会整合动机、纾解压力与娱乐动机）作为自变量，控制年龄、学历、专业类别等其他变量，多次对每一个自变量与因变量做一元线性回归分析。

本研究将四类接触动机视为图解新闻使用满足程度的影响因素，是基于前人对图解新闻特征、优势的质性研究成果以及调查前期所进行的访谈工作，前人研究中并未对其影响因素进行实证分析，因此，在对这些因素的影响力不够确定的情况下，本研究在做线性回归分析时，首先选择了"Stepwise"即逐步进入法进行回归分析，发现娱乐动机、情感动机、社会整合动机和认知动机这四个变量都进入了回归模型，未有任何变量被移除。因此，本研究在此基础上，再次使用"Enter"即强制进入法进行回归分析，以期分析比较这些变量之间的影响力大小差异。

（二）线性回归分析结果

表3-9　变量进入和移除情况（Variables Entered/Removed[a]）

模型	进入的变量	移除的变量	回归方法
1	娱乐动机，认知动机，社会整合动机，情感动机[b]	0	Enter

注：a. 因变量：总体使用满足程度

　　b. 所有请求变量都被纳入

表3-9所反映的是变量进入和移除情况，从该表中可知：娱乐动机、认知动机、情感动机和社会整合动机等变量都进入了回归模型，不存在变量被移除的情况。也就是说，对于因变量"总体使用与满足程度"而言，这四类动机取向都是其影响因素，都将在回归模型中得到体现。这也在一定程度上印证了前人关于受众阅读图解新闻背后心理动机的已有研究成果。此外，前人对图解新闻阅读动机的质性研究成果中，并未发现其中的"社会整合动机"因素，本章通过在前期访谈工作中总结出的这种动机类型，在线性回归分析中得到了实证数据的支持。

表3-10　拟合的线性模型情况（Model Summary）

模型	R	R方	校正后的R方	估计标准误差
1	0.827a	0.684	0.679	0.7083617

注：a. 预测变量（常量）：娱乐动机，认知动机，社会整合动机，情感动机

表3-10为拟合模型的情况简报。分析结果显示，在模型1中，相关系数$R = 0.827$，而决定系数$R^2 = 0.684$，校正的决定系数为0.679，这说明该回归模型的拟合度相对较高（R^2为决定线性回归模型与实际数据拟合程度的判断依据。$0 < R^2 < 1$，值越大，则回归模型的拟合度越高）。也就是说，通过回归分析所测得的各变量对图解新闻使用满足程度的影响力大小，具有较高的准确度。

表 3-11　线性回归方程的拟合优度显著性检验结果（ANOVAa）

模型		平方和	df	均方	F	Sig
1	回归	324.091	4	81.023	161.472	0.000b
	残差	150.031	299	0.502		
	总计	474.122	303			

注：a. 因变量：总体使用满足程度

　　b. Predictors：（Constant），娱乐动机，认知动机，社会整合动机，情感动机

表 3-11 为线性回归方程的拟合优度显著性检验结果。从回归残差的方差分析结果来看，回归模型 1 的 F 值为 161.472，P 值为 0.000，P 值小于 0.01，这说明，该回归方程在 0.01 的显著性水平下具有统计学意义，样本结论可以推论至总体。

表 3-12　总体使用满足程度的影响因素回归分析结果（回归系数及显著性检验）

模型		非标准化回归系数		标准化回归系数	t	Sig
		B	（常量）	Beta		
1	（常量）	1.203	0.158		7.622	0.000
	认知动机	0.087	0.042	0.099	2.046	0.042
	情感动机	0.151	0.052	0.179	2.893	0.004
	社会整合动机	0.172	0.043	0.208	4.030	0.000
	娱乐动机	0.371	0.052	0.429	7.161	0.000

注：a. 因变量：总体使用满足程度

表 3-12 为回归系数及其显著性的检验结果，也包括回归模型的常数项在内。由上表可知，总体使用满足程度的回归方程为：

总使用满足程度＝1.203＋0.371×纾解压力动机＋0.151×情感动机＋0.172×社会整合动机＋0.087×认知动机。

从所得的回归模型可以看出，在大学生群体对图解新闻的媒介接触过程中，对因变量"总体使用满足程度"影响最大的是受众的纾解压力与娱乐动机，其对因变量的回归系数为 0.371，且在 0.01 的显著性水平下有统计学意义（B=0.371，标准 B=0.429，P=0.000）。对因变量变化有贡献的其次是社会整合动机与情感动机，其回归系数分别为 0.172 与 0.151，两者都在 0.01 的显著性水平下有统计学意义。而认知动机对总体使用满足程度的贡献最次，其回归系数为 0.087，在 0.05 的显著性水平下有统计学意义（B=0.087，标准 B=0.099，P=0.042）。

从线性回归分析结果可以看出，无论是娱乐动机、情感动机，还是社会整合动机和认知动机，都对图解新闻的总体使用满足程度存在显著影响，而且这四类因素在回归方程中的系数都为正数，说明是正向影响。因此，H2.1、H2.2、H2.3、H2.4 这四个研究假设都得到了验证；同时，各变量在回归系数上的差异及 P 值情况，也验证了研究假设 H2.5"受众在接触图解新闻时，不同的动机类型对总体使用满足程度的影响力存在显著差异，最大的影响因素是受众的纾解压力动机"。

简而言之，由于图解新闻具有高度综合性、可视觉性、直观性、图文并茂等特征，当受众选择阅读图解新闻时，其娱乐需求、情感需求、社会整合需求和认知需求等使用需求都会对图解新闻的使用满足程度产生影响，但它们的影响力大小存在差异，影响力最大的是纾解压力与娱乐需求，其次是情感需求与社会整合需求，最后则是认知需求。

第五节　研究结论

一、研究发现与讨论

（一）基本结论

本研究从部分受众对图解新闻这一新闻报道形式的偏好现象出

发，立足于使用与满足理论视角，选择大学生这一特殊群体（对互联网以及新媒体上的新闻报道关注度高，乐于接纳新兴的新闻报道形式，对图解新闻更具阅读经验）进行调查研究，通过在前人量表基础上编制的《关于大学生图解新闻阅读行为的调查研究》问卷收集数据，并对各变量进行相关性分析和线性回归分析，以探究不同的使用需求对图解新闻的满足程度的影响，也即什么样的需求类型通过图解新闻易于获得较高的满足。

H1 及其下设的四个研究假设预测大学生在接触图解新闻时，其使用满足程度与其相应的需求动机强烈程度显著相关，这些研究假设得到了实证数据的强劲支持："认知动机"与"认知需求满足程度"、"情感动机"与"情感需求满足程度"、"社会整合动机"与"社会整合需求满足程度"、"纾解压力动机"与"纾解压力需求满足程度"这四对变量间的 Pearson 相关系数 r 分别为 0.748、0.737、0.711 和 0.751，P 值都为 0.000。同时，根据进一步的线性回归分析结果，这四类接触动机都进入了回归模型，无任何一个因素被移除。这说明，大学生群体在阅读图解新闻时，其使用满足程度会与认知动机、情感动机、社会整合动机以及纾解压力与娱乐动机相关联，这四类接触动机都是其总体使用满足程度的影响因素。

对于认知动机、情感动机、社会整合动机和纾解压力动机这四类接触动机而言，它们都是图解新闻使用满足程度的影响因素，与相应的使用满足程度具有较强的关联性。这是因为，图解新闻这种独特的新闻文体、报道样式，从出现之初，就与传统的文字报道、图片新闻等新闻报道形式存在较大的区别，能够通过线条、色块、漫画等形式使内容更为形象化，使新闻信息更为直观，与消息、通讯等传统文字报道相比，它强调核心信息的视觉化表达。作为一种视觉性新闻，它在形式上表现为一种示意性图画，而非新闻图片，在追求新闻真实性的同时，又格外凸显视觉美感，遵循的是新闻可视化方向。也正因为这种报道样式具有这些独特性，使得它与读图时代的大背景相契合，与受众的碎片化阅读方式、浅层次阅读方式相契合，因而不仅能够凭借直观化的信息和极高的逻辑归纳程度满足受众的认知需求，更在情感、纾解压力与娱乐等方面迎合了受众的需求，使受众在这些方面达到较高的使用满足程度。

H2则预测了大学生在接触图解新闻时，其认知动机、情感动机、社会整合动机、纾解压力与娱乐动机对总体使用满足程度的影响力不同，最大的影响因素是大学生的纾解压力与娱乐需求，此研究假设得到了实证数据的强劲支持。线性回归分析的结果显示，图解新闻的总体使用满足程度＝1.203＋0.371×纾解压力动机＋0.151×情感动机＋0.172×社会整合动机＋0.087×认知动机。这说明，对于因变量"总体使用满足程度"的变化而言，这四类使用动机的影响效果存在差异，其中贡献最大的是"纾解压力与娱乐动机"，其次是"社会整合动机"与"情感动机"，这三类因素都在0.01的显著性水平下具有统计学意义，而"认知动机"的贡献程度在四类因素中居于末位，在0.05的显著性水平下具有统计学意义。

这说明，在读图时代和碎片化阅读方式以及新闻阅读媒介的变迁的共同影响下，受众在新闻资讯寻求过程中，根据在读图、视觉美感、阅读效率、分享便利性等方面的动机，从而选取图解新闻这种不同于传统文字报道的新闻样式，以实现对这些需求更高程度的满足。而且，在这种"使用-满足"的过程中，对受众的图解新闻阅读行为影响最大的需求类型，并非认知需求，而是纾解压力与娱乐需求。也就是说，尽管图解新闻在信息直观化和综合性上具有独特之处，但是，相比较而言，图解新闻的视觉性元素和示意性图画形式所带来的趣味性和娱乐功能对受众满足程度的影响更为强力。

（二）受众认知需求的满足

新闻媒体发布图解新闻的过程，是传播活动的一个组成部分，而新闻传播活动，具有环境监测的重要功能。环境监测功能，在受众的图解新闻阅读过程中，具体体现为对受众认知需求的满足。与传统的文字报道形式以及图片新闻相比，图解新闻在受众认知需求的满足上具有着一定的优势。

图解新闻具有的高度综合性，利于提高受众的资讯阅读效率。图解新闻往往采取"一图读懂"的形式，将复杂烦冗的新闻信息进行逻辑归纳，只保留重点信息、核心信息，并呈现在一张图片上。第一，这种经过新闻编辑归纳后的信息，具有高度的概括性，能使受众在最短的时间内了解某一新闻事件的概况，因而能够极大地提升阅读效率。第二，图解新闻上的信息往往逻辑清晰，较传统文字报道而言更为直观，利于读者对数据资料的理解。数据的枯燥与繁杂，对于提升受众的阅读效率不利，而经过归纳和艺术化表达后的数据，则更能吸引受众，同时提升受众对关键数据信息的记忆程度。第三，图解新闻对信息的视觉化表达，能促进受众对专业术语的理解。如前所述，图解新闻这种新闻样式也适用于财经、政法类新闻，而在法律和金融领域，新闻报道中经常会出现一些专业术语，这些术语会加深受众的阅读困难程度。而在图解新闻中，通过人物形象、漫画和一些示意性符号等元素，能促进受众对专业术语的理解，使专业术语更浅显易懂。

正因为图解新闻所具有的这些特性，使得受众会基于其提升阅读效率的认知动机，选择阅读图解新闻这种独特的新闻样式，以更好地满足其在认知方面的需求，这一观点在实证检验中得到了支持。

（三）受众情感需求的满足

Pearson 相关分析和线性回归分析结果表明，情感需求确实是受众阅读图解新闻时所考虑的一个重要因素。在总体使用满足程度的回归方程中，情感需求这一因素的系数为 0.151，且在 0.01 的显著性水平下具有统计学意义，情感需求对受众的总体使用满足程度的影响强度，甚至高于认知需求。

图解新闻通过示意性图画，将新闻信息浓缩在图片上的形式，与传统的图片新闻存在较大的差异。图片新闻是"在互联网上利用网络技术或网络功能对最新发生或正在发生的事实通过单幅或多幅静态图片进行的新闻报道"[①]，图片新闻以图为主，以文为辅，而图解新闻则是图文融合，此外，这两种新闻形式的差异，还体现在审美价值上。图片新闻是对新闻事件本身的瞬间定格，而图解新闻则是通过示

---

① 陈燕. 网络图片新闻报道探析 [J]. 当代传播，2008（2）：115.

意性图画去呈现信息，能根据视觉体验加以创作。这两种新闻样式的区别，恰恰体现了图解新闻在满足受众情感需求上的优势。

图解新闻的新闻生产过程，除了传统意义上的新闻采、写、编，还包括一个特殊的美术编辑过程，是一种艺术化表达方式。"图解新闻的颜色搭配比较丰富，有底色，标题色、数字和图标颜色也各异，能够根据主题不同挑选，做到符合气氛和读者的阅读感受"[①]，图解新闻因而能够利用诸多的视觉化元素，让受众在接收新闻信息的同时，体验到美感。在这种美感的获取过程中，图解新闻对读者情绪上的愉悦作用也得到了凸显。

（四）受众社会整合需求的满足

根据总体使用满足程度的回归方程，社会整合动机的系数为0.172，在四大类需求类型中，属于对图解新闻使用满足程度影响强度较大的因素，这一实证结论与人们对新闻作品的一般性认知相比具有很大差异。无论是传统的消息、通讯或者图片新闻，主要是在环境监测、知识的传播、传承以及娱乐等方面发挥作用，而图解新闻作为一种独特的新闻样式，除了能够在上述方面产生影响，在受众个体之间的互动方面，也有其特殊之处，能够在社会整合需求方面发挥作用。

图解新闻对社会整合需求的满足，与当下的媒介传播环境密不可分。随着移动智能设备的发展和互联网络技术的进步，微信、微博、贴吧等网络空间已经成为网民们交流互动的重要场所，移动智能设备也成为人们寻求新闻信息的重要工具，并随之形成了碎片化阅读的趋势。在这种环境下，图解新闻所具有的将核心新闻信息浓缩为一张图片的形式，在微信朋友圈、微信群聊、微博、贴吧等空间的转发分享上具有了更强的便利性。例如，微博由于存在字数上的限制，图片形式的新闻资讯在推送、分享上往往更为便利。同时，与转发新闻链接相比，转发图解新闻则更加一目了然，无须进入其他新闻页面，能够

---

① 王海涛. 图解新闻在报道中的应用 [J]. 记者摇篮，2014 (2)：8.

提升阅读效率。

因此，图解新闻这种新闻样式有利于受众与他人的互动，通过新闻资讯分享行为强化与他人的互动关系，并在此过程中向他人传递自身对于某一新闻事件的态度、看法。此外，当某一群体中存在图解新闻阅读偏好时，群体中的个体将出于从众心理，也出现图解新闻的阅读行为。正是基于上述原因，社会整合需求成了受众对图解新闻的"使用－满足"过程中的一个重要因素。

（五）受众纾解压力与娱乐需求的满足

对于传播活动而言，除了进行环境监测，娱乐也是其中的一个重要方面。在新闻传播领域，受消费社会和轻松娱乐的大众文化影响，新闻娱乐化已是一个普遍存在的趋势。"这种消费的、闲暇的以'娱乐'为特征的文化氛围，影射到媒介传播中，必然要求放松的、愉快的、平民化的'娱乐化'传播方式。"① 因此，在资讯传播过程中，增加"软新闻"的占比，强化内容的人情味因素，加强其故事性、趣味性成了提升新闻娱乐价值的重要方式。而图解新闻，则是通过漫画、线条、色彩等形式增强新闻作品的趣味性，通过高度综合化的简短新闻信息来适应碎片化阅读需求，从而使受众阅读图解新闻时，能处于一种轻松、休闲的心理状态，缓解心理压力，使图解新闻的娱乐价值得到提升，以适应新闻娱乐化的大趋势。在总体使用满足程度的回归方程中，纾解压力与娱乐需求的系数为 0.371，远高于其他三类需求类型，足以凸显图解新闻中所存在的娱乐价值。

图解新闻虽然能满足受众的纾解压力与娱乐需求，但是，也要警惕新闻过度娱乐化的倾向。"基于视觉化表达的要求，图解新闻是'图'在新闻报道中的使用。新闻事实仍是其灵魂"②，因此，图解新闻也应当满足新闻真实性、客观性、公正性的基本要求，不能为了片面追求娱乐价值而有损新闻的真实、客观、公正，否则，不仅不利于

---

① 梅琼林. 解析新闻娱乐化倾向的成因 [J]. 新闻与传播研究，2006 (1)：22.

② 陈功，周鹏. 图解新闻的传播特征、适用范围与发展趋势 [J]. 当代传播，2015 (4)：100.

新闻信息的传播，甚至有损于传播主体的媒介公信力。

（六）娱乐动机对总体使用满足程度影响强度最高

受众在对图解新闻的使用与满足过程中，尽管四大类需求都通过媒介接触行为得到了满足，但是，这些因素在对总体使用满足程度的贡献上存在差异，认知动机在这四类因素中贡献程度反而小于纾解压力与娱乐动机。这是因为，与传统的新闻报道样式相比，图解新闻所立足的传播语境不同，导致纾解压力、娱乐、情感等方面的功能反而更为凸显。新闻媒体发布新闻信息，这种常见的传播活动，首先追求的往往是环境监测功能，因此，新闻信息在真实、客观、公正等方面才具有如此高的要求。然而，图解新闻与传统的媒体报道样式不同，其所立足的是读图时代背景和受众的浅层次阅读方式，本研究经过调查发现，将近83％的受众在阅读图解新闻时，所使用的是智能手机，这一比例远高于其他媒介形式，而媒介形式与受众的阅读方式密切相关。使用报纸、电视、PC收看新闻，与使用手机阅读新闻，存在较大差异，后者更多的是一种碎片化阅读，其目的往往是在短暂的闲暇时间内获得一种心理上的放松或者情绪上的愉悦。图解新闻中的大量视觉化符号，例如人物漫画，所起到的就是这一效果。正是在这种语境差异之下，受众在阅读图解新闻时，认知动机对使用满足程度的贡献反而小于情感动机、纾解压力与娱乐动机。

二、不同题材的图解新闻阅读需求差异

在前文中，通过问卷调查的实证研究方式，本研究探究了图解新闻这种新闻报道形式背后潜藏的受众阅读动机类型，并在实证分析中验证了认知动机、情感动机、社会整合动机与娱乐动机对图解新闻阅读行为及其使用满足程度的影响力差异。但是，在新媒体时代，图解新闻作为一种日益流行的报道形式，其所涵括的新闻报道之间也存在着诸多差异，例如新闻题材上的差异。考虑到本研究的研究重点和实际调查工作的可操作性，前文的问卷调查是将图解新闻报道作为一个整体进行研究，而未进行图解新闻报道内部的细分。因此，本研究以访谈法为辅助性研究方法，通过与访谈对象的详细交流，来进一步探

讨如下问题：当受众阅读不同题材的图解新闻时，其阅读需求是否存在差异？若存在差异，那差异如何？

按照新闻报道的题材内容，可以将新闻报道划分为社会新闻、时政新闻、财经新闻和文化、娱乐、体育、科技等新闻类别。简而言之，时政新闻所反映的是党、社会集团、社会势力在处理国家生活和国际关系方面的方针、政策和活动等内容，社会新闻反映的是与群众生活密切相关的一些社会问题、社会事件和社会生活方面的内容，财经新闻则关注的是社会经济生活中的诸多信息，此外，文化、娱乐、体育、科技新闻等新闻类别所反映的题材又与前三项新闻类别相区分。当图解新闻形式被运用到不同的新闻题材之中时，由于信息内容的差异，图解新闻所应当满足的阅读需求类型可能存在差异，也就是说，当受众在阅读图解新闻时，会进一步考虑其所属的具体新闻题材，以判断该新闻报道能在多大程度上满足自身的某类阅读需求。对于这些问题，需要通过访谈工作来加以探究。

在访谈过程中，除了对访谈对象的图解新闻阅读经历、使用情境和传播优势进行提问，从而为调查问卷中量表的制作提供思路之外，针对新闻题材，还设置了"您平时所阅读的图解新闻，在时政、财经、社会和文娱体科等类别中，以哪些新闻题材居多？""您觉得哪些题材类型的图解新闻更需要具有娱乐性和审美价值？""您更喜欢转发哪些题材类型的图解新闻？""您觉得哪些题材类型的图解新闻应以满足人们的信息认知需求为重点？""您认为当前的图解新闻需要在哪些方面进行改进？"等问题。

通过与12位具有图解新闻阅读经历的访谈对象的深度交流，本研究发现，受众在阅读图解新闻时，虽然往往会受到认知需求、情感需求、社会整合需求和娱乐需求等多因素的共同影响，但是，面对不同新闻题材，受众在阅读图解新闻时，其需求类型的侧重点不同。对于某一类新闻题材的图解新闻而言，无须同时满足受众的上述四类需求，例如，并非所有类型的图解新闻都需要具有娱乐性和审美价值。

具体而言，在不同题材的图解新闻所占比例方面，有10位访谈对象表示其所接触的图解新闻报道中，社会新闻类型所占比例最高，其次是时政新闻。大部分访谈对象表示其所阅读的文化、娱乐、体育类题材的图解新闻数量高于财经类题材，而科技类题材最少。受众阅读的图解新闻中，娱乐类信息比例高于财经数据类信息，这一访谈结果与前文的问卷调查与统计分析结果相吻合，说明娱乐动机对于图解新闻而言尤为重要。

在认知需求方面，12位访谈对象都认为财经新闻最应该在提升受众的认知效果方面发力，应提供高度综合化的核心信息、重点数据，提高受众的信息获取效率，同时，不少受访者也提到了财经类图解新闻的审美价值，认为通过对数据的视觉化表达，提升其审美价值，有利于提升受众对数据资料的阅读体验，而娱乐性则不是财经类图解新闻所必须具备的特征；在情感需求方面，大部分访谈对象认为，文化艺术类题材的图解新闻，更应注重满足受众的情感需求，通过提升新闻作品的审美价值，给受众带来美的体验；在社会整合需求方面，9位受访者表示，他们经常转发的图解新闻以社会新闻和文娱新闻居多，这类图解新闻更加贴近人们的生活，在人际传播中更具话题价值，适合转发分享；在纾解压力与娱乐需求方面，大部分受访者表示，他们在阅读文娱类新闻和社会新闻时，更注重的是心理上的放松，而非信息的获取。此外，也有部分受访者认为，当下的图解新闻存在制作时间略长、发布频率偏低的问题，因而更加注重时效性的财经类、时政类新闻，无须为了娱乐性而增加过多视觉元素，以免影响新闻发布效率。

总而言之，虽然认知动机、情感动机、社会整合动机和娱乐动机对图解新闻阅读行为都存在影响，但是，面对不同题材类型的图解新闻，受众所希望满足的需求类型也存在很大的差异，并非所有题材类型的图解新闻都需要具备娱乐性和审美价值。

三、基于新闻实践的相关建议与研究展望

本研究立足于使用与满足理论视角，对受众的图解新闻阅读行为进行解析，以了解受众阅读行为背后的需求动机及其使用满足程度差异，不仅仅是为了对前人研究中尚未涉及的部分进行探究，在学术意

义之外，也是为了给新闻媒体的图解新闻生产实践提供一些建议，从而推动图解新闻这种全新的报道样式的长远、健康发展。

（一）重视图解新闻的转发优势

对于新闻从业者而言，在图解新闻的采编过程中，不能忽视受众的社会整合需求。

受众的社会整合需求，是指基于图解新闻便于下载、收藏、转发分享的特性，受众通过转发、分享图解新闻，以加强与朋友间的互动与接触。虽然图解新闻作为一种报道样式，新闻媒体发布图解新闻的目的不包括社交与互动，但是，由于图解新闻这种新闻样式的特殊性，使得在受众的阅读过程中，经常出现一些互动行为。例如，本研究经过调查发现，不少调查对象都存在转发图解新闻给朋友或者分享至微信群、QQ 群，以及朋友圈、微博、贴吧等网络空间的现象，因为图解新闻采取的是用一张图片呈现新闻信息的形式，与传统的新闻报道相比，在转发至朋友圈、微博时，更为快捷方便，也可直接保存，留待之后分享。而根据本研究的线性回归分析结果，受众的社会整合需求对图解新闻总体使用满足程度的贡献甚至高于认知需求，这从实证数据上对这一观点进行了支持。因此，在新闻生产过程中，新闻从业者不能忽视图解新闻在转发、分享等方面的传播优势，通过合理调整图解新闻的大小、长度，以及在语言风格、标题拟定等方面进行发力，使其更易于转发，从而扩大新闻资讯的传播广度，提升其传播效果。着眼于图解新闻对核心新闻信息的提炼和对信息的逻辑归纳，提升信息的直观化程度，固然是提升新闻传播效果的途径之一，但从受众的社会整合需求出发，为受众的图解新闻转发行为提供便利，扩大该新闻资讯的影响人群范围，也是优化图解新闻传播效果的一种新思路。

（二）在图解新闻的娱乐性和审美价值上继续发力

在图解新闻的新闻生产过程中，应当在满足纾解压力与娱乐需求、情感需求等方面继续发力，进一步强化图解新闻的传播优势。

根据本研究所得的回归模型：总使用满足程度＝1.203＋0.371×

纾解压力动机＋0.151×情感动机＋0.172×社会整合动机＋0.087×认知动机，可知满足受众的纾解压力与娱乐需求、情感需求对于图解新闻而言极为重要。具体而言，纾解压力与娱乐需求，是指受众在阅读图解新闻的过程中，能释放心理压力，转移注意力，图解新闻的视觉化元素是有趣的，能达到娱乐目的。例如，通过阅读图解新闻忘掉学习、生活、工作中的烦恼、释放心理压力、体验图解新闻带来的乐趣。而情感需求，则是指受众在阅读图解新闻的过程中，能实现情绪转换，或者在审美上给受众带来美好的体验。例如，通过阅读图解新闻来打发无聊的时间、体验视觉元素带来的美感和实现心情愉悦。因此，在新闻生产实践中，图解新闻的编制工作应当着眼于"有趣"和"美感"这两个关键点，根据具体的新闻类型进行不同程度的趣味化、艺术化。例如，与时政新闻相比，社会新闻在追求趣味性和艺术化表达方面更具优势，在图解新闻的具体生产实践中，应考虑到它们之间的差异，区别化处理。在追求新闻可视化和艺术化表达的过程中，新闻从业者应当灵活组合数字、图形、文字、色彩等诸多元素，通过手绘、漫画和人物形象等视觉效果元素，增强图解新闻的生动性、趣味性和可读性，从而提升受众的阅读体验。对于图解新闻的采编人员而言，应当具备一些特殊的能力素质，"信息图表编辑不仅要有新闻敏感性，还要有文字缩编能力，既需要具备数据采集、统计和分析能力，又要懂美术设计"[①]。图解新闻与传统的新闻报道样式不同，其新闻生产过程不仅仅表现为新闻的采写与编辑，也包括艺术化创作过程，这就要求新闻媒体有足够的美编人才，同时应建立一套成熟的图解新闻艺术创作流程，与新闻信息的采写区分开，以专业化的操作流程，提升图解新闻的发布效率，从而解决图解新闻的更新频率、发布及时性不如其他报道样式的难题，推动图解新闻的长远、健康发展。

（三）图解新闻研究展望

本研究从图解新闻在新媒体传播环境下日益盛行的现象成因出

---

① 周咏缙. 大数据时代信息图表新闻的生存之道［J］. 新闻界，2014（1）：71.

发，结合读图时代、碎片化阅读、浅阅读方式等背景，论述了受众在阅读图解新闻这种独特的新闻报道形式时，其潜在的媒介接触动机类型。通过采用问卷调查的实证研究方式，验证了图解新闻的四类阅读动机（认知动机、情感动机、社会整合动机与娱乐动机）与其对应的使用满足程度之间的相关关系，并通过回归分析，探究了不同接触动机对图解新闻总体使用满足程度的影响强度差异。研究发现，认知、情感、社会整合与娱乐动机对图解新闻的使用满足程度都存在显著影响，其中，娱乐动机的影响强度最大，高于认知动机，这与人们对图解新闻功能的一般性认知存在差异。同时，通过深度访谈，发现不同题材的图解新闻，在满足受众的阅读需求上也存在差异，并非所有题材类型的图解新闻都需要具备娱乐性和审美价值。

本研究对图解新闻所进行的实证研究，还存在着一些不足之处：首先，本研究的有效问卷为 441 份，样本量偏少，虽然大学生群体在图解新闻受众中具有一定的代表性，他们对于图解新闻有着较为丰富的阅读经历和较高的接受程度，但 441 份调查问卷对于图解新闻的受众群体而言，在数量上略显不足，这可能对数据的统计分析结果存在一定程度的影响；其次，在问卷的设计上，未将"是否具有图解新闻阅读经历"题项置于卷首，从而影响了筛选有效问卷的效率，存在题项顺序上的瑕疵，在此后的研究工作中需要加以改进，但就调查问卷的整体而言，这一问题并不会影响量表对各变量的测量精确度。

在后续的研究中，研究者们在探究图解新闻的阅读动机时，可以在研究模型中加入新闻类别的因素，通过实证分析方式，去进一步探究不同的新闻题材所满足的阅读需求差异。同时，图解新闻这种独特的新闻报道形式，在兴起和逐渐发展的过程中，其形式、特征存在着哪些变化？随着互联网络技术的发展，视频、动画在新闻传播中的运用也越来越广泛，这种趋势在将来是否会对图解新闻带来挑战？对于这些问题，都有待后续研究去加以梳理与解答。

在读图时代背景下，大众在信息获取过程中越来越青睐图片资讯，而快节奏的社会生活方式，又使大众愈发习惯浅阅读方式。碎片化阅读方式的盛行和信息爆炸现象，对当下的新闻信息生产提出了新的要求，呈现简明化、直观化的核心新闻信息，显得愈发重要。结合大众的读图需求，图解新闻这一新的新闻表现形式因而逐渐流行起来。在当下的新闻实践中，不少新闻媒体已经将图解新闻作为一种重要的报道方式，例如，人民网与新浪网开设的图解新闻"图解天下"栏目。

目前关于图解新闻的研究主要集中于图解新闻的兴起和未来发展趋势、内涵、特征、新闻生产实践、传播优势与不足等方面，对于图解新闻阅读行为背后的接触动机，虽然已有部分研究者进行了简要阐述，但并未进行实证研究。而从使用与满足理论视角去解读图解新闻阅读行为的研究文献，目前较为欠缺。

本章首先阐述了此项研究的背景、目的、意义和主要创新点，同时，对图解新闻的相关研究和使用与满足研究的理论发展脉络进行了文献回顾。本研究以前人成果为基础，结合图解新闻这种报道样式的独特性，提出了本研究的理论模型与研究假设，并通过问卷调查法对各变量进行测量。在对数据的统计分析过程中，所采用的是 Pearson 简单线性相关分析和简单线性回归分析，以验证图解新闻阅读行为背后的认知动机、情感动机、社会整合动机与娱乐动机，以及探究这些因素对图解新闻使用满足程度的影响力差异。在此基础上，本章以使用与满足理论为视角，对本研究的结论进行阐释，并针对新闻生产实践提出了相应的建议。

研究发现，在受众的图解新闻阅读行为背后，所隐藏的接触动机具体包括认知动机、情感动机、社会整合动机，以及纾解压力动机与娱乐动机等几大类型，这四大因素对图解新闻使用满足程度都能产生影响，且影响力存在差异。对于图解新闻使用满足程度这个因变量的变化而言，贡献最大的是纾解压力与娱乐需求，其次是情感需求和社会整合需求，而认知需求居于末位。受众在阅读图解新闻时，主要是通过手机这种移动设备，阅读行为具有较强的碎片化特征，其目的往往是在短暂的闲暇时间获得一种心理上的放松或者情绪上的愉悦。因此，在图解新闻生产实践中，新闻从业者应当在追求新闻可视化和艺术化表达的过程中，灵活组合数字、图形、文字、色彩等元素，通过手绘、漫画和人物形象等视觉效果元素，增强图解作品的趣味和直观化程度，进而优化受众的阅读体验。

第四章　汶川地震灾难记忆的互动记忆研究
——赛博空间的记忆议程与记忆书写

第一节　研究缘起

一、研究背景

（一）选题缘由

从自然灾难的角度来讲，汶川地震是一场新中国成立以来造成特大伤亡和巨大经济损失的灾难。这场灾难的突发性物理创伤本身只是时空维度中的一个结点，但随着时间的推移，这个结点延展出了多个超越物理空间的社会价值和文化价值，值得我们从记忆机制的角度进行重新审视。

汶川地震发生后，接着是一场持续整个 2008 年的全国和全民性的抗震救灾。继而进入 2009 年后，重建启动，地震灾区骤然停顿的生活得以重新运转，记忆价值则浮现出来。汶川地震开始脱离灾难事件的自然主义认知框架进入社会认知框架，产生了当时看来新的话题——如何定义和安放这场记忆？

汶川地震作为记忆遗产进入官方的视野显然更早，发生在震后不到两周，2008 年 5 月 23 日时任国务院总理温家宝在北川县指挥救灾时提出"保留老县城、堰塞湖，修建地震纪念馆，以纪念逝者，进行地质科学研究和科普宣传"①。

然而，实际处理、保存和建构汶川地震这一集体创伤事件，其过程并非顺利。《天府早报》2009 年 3 月 23 日发布了《北川地震遗址博物馆 4 年投 23 亿建成》的短消息，并称"博物馆占地 27 平方公里，投资 23 亿元，县城整体作为遗址区，博物馆设在任家坪"。该报道在互联网甫一发布就引发网络舆论强烈震动，招致大量负面批评。

搜狐网以《5·12 地震后的北川，花 23 亿元修博物馆是为了旅游?》提出首次质疑。知名"大 V"五岳散人以《地震博物馆建成了罗生门》为题加入这场质疑浪潮后，冯骥才、任志强、封新城、十年砍柴等网络意见领袖也加入了讨论。新华网、新浪网、网易等媒体派记者前往核实或发布分析该事件的时评。凤凰网以《23 亿元的博物馆、13 亿人的哀痛》为题进行了专题策划，策划题记是这样书写的：

> 怎样去纪念这场灾难? 从去年一直想到现在。最深刻的纪念藏在我们心底，但我们也需要一个物质的场所：可以去寄托哀思，可以去告诉后代。现在，一个 23 亿元的博物馆建设规划已经出台，它是否能让你满意? 而你，希望它是怎样的?②

《天府早报》③、《东方早报》④、新华网⑤则分别试图通过对北川县文化旅游局局长林川、遗址项目牵头人同济大学教授吴长福的采访来进行舆论纠偏。

围绕北川县遗址博物馆的"建与不建""纪念与不纪念"、资金的

①　《温家宝告别北川 称老县城可建地震博物馆》［EB/OL］. http://news. sina. com. cn/c/2008−05−23/011515598497. shtml. 2008−05−23.

②　《23 亿元的博物馆、13 亿人的哀痛》［EB/OL］. http://news. ifeng. com/opinion/topic/dizhen23yi/.

③　《北川地震博物馆方案获通过 总投资逾 23 亿》［EB/OL］. http://news. sina. cn/c/2009−03−23/040917459633. shtml.

④　《北川地震博物馆 23 亿投资非定论：计划未审批》［EB/OL］. http://travel. sohu. com/20090331/n263109753. shtml.

⑤　《北川国家地震遗址博物馆欲耗资 23 亿引争议》［EB/OL］. http://news. sina. com. cn/c/2009−03−27/200017497506. shtml.

质疑，显示出汶川地震灾难记忆符号化的过程并非一朝一夕完成，而是非线性前进的一个累积过程，充满曲折和往复。除此以外，还有别的"新课题"——

回顾 2009 年的媒体生态，其时最为集中的公共舆论空间是博客和论坛。因为存在这样一种"人人可发声"的平台，一来可以实现普通民众和个体意见的公共表达，包括来自任何地方的意见表达者都能进入互联网交流体系；二来可作为一种"媒体记录"（media record）实现一种穿越和现场召回（recall）。因此，我们就有能通过网络工具看到当时北川本地灾区人的意见。下面撷取一些注册地区为"四川省北川县"的网友的博文或评论。

网友"心有彩虹"在其博客上评论称："这是在我们如果真要建遗址纪念区，那么就留下那些毁掉的学校医院没有钢筋结构的校舍好了，牢记该记住的教训吧。（不如）把这些几十亿放在校舍和医院上也能体现人民的福祉。"①

天涯博主"finyas"称："要纪念的话为何不立一个纪念碑？这样既有纪念意义又不会耗资巨大。灾区因为地震就已经造成这么大的伤亡和经济损失，有这么多钱搞什么纪念馆和旅游开发，不如用在老百姓的生活水平提高上！新中国成立那么多英雄流了血，不也就是一个人民英雄纪念碑吗？"

网友"窗边的小豆"在博客上为这项工程算了账，之后称："我觉得很不合理，因为它的投入比例很不合理，而且也没有效率。重要方面没有加大投入，却对于那些外在的形象的投入又占很大比例。"②

2009 年 3 月 30 日一篇名为《别把"地震遗址博物馆"建成一场新的灾难》出现在天涯论坛里，引发了网友激烈讨论。文章中"这个

---

① 《北川真的需要建一座 23 亿的地震遗址博物馆吗？》[EB/OL]. http://blog. sina. com. cn/s/blog _ 4c0f62970100cm78. html.

② 《花 23 亿建北川国家地震遗址博物馆，值得吗？"窗边的小豆"新浪博客》[EB/OL]. http://blog. sina. com. cn/s/blog _ 598a37bc0100cqg4. html.

消息对我造成的震撼，不啻于一场'小型地震'"① 引发网友纷纷将之复制粘贴到回复框里发布，并附议和点赞。其中一位网友评论道："我产生了一种哭都哭不出来的感觉。"

站在 2009 年二三月份的时间维度来看，当时距汶川地震事件不到 10 个月。包括北川县在内的约 10 个市县都已经进入全面重建，各方面的重建工程都在陆续上马。2009 年年初，时任国务院总理温家宝刚刚前往受灾最为严重的北川、德阳、汶川等地和群众过了震后第一个春节。② 彼时，"一种哭都哭不出来的感觉"实际上描绘了灾区亲历地震的公众面对"汶川地震"作为记忆遗产的集体记忆建构时内心无法言说的尴尬。

这种意见表达实际上暗含了记忆建构的复杂性：灾难事件毕竟是局部性的，其物理性时空对人群进行了划分，也同时对社会身份和行为进行了划分。尽管社会共同体构建在政治和社会大格局下，而此时"记忆时刻"已到，国家要将汶川地震这一事件所凝聚的社会教育和民族图腾的功能放置到记忆遗产的构建中，就必须面对不同的记忆公众，根据不同的记忆遗产属性并将之形式丰富的"媒介化"矩阵，最终变成一种具有包容度的公共话语。

（二）背景意义

据本研究而言，汶川地震震后已有 10 年的时间长度。对于汶川地震的研究可谓庞杂，包括地理学、心理学、文学、新闻学、传播学、民俗学、灾难学等，不一而足。其中大部分研究都是将汶川地震这一灾难事件的单一维度作为考察对象，提供了丰富的研究成果和材料。然而，如同前述，汶川地震的灾难记忆在十年中实际上伴随着政治生态的变迁和媒介技术的发展，其记忆建构并非一个线性过程，其载体和对象也处于多维和多面向的状态。

---

① 《别把"地震遗址博物馆"建成一场新的灾难》[EB/OL]. http://bbs.tianya.cn/post-free-1530803-1.shtml.

② 《温家宝总理和四川地震灾区群众共度 2009 年春节》[EB/OL]. http://news.ifeng.com/mainland/detail_2009_01/26/653280_0.shtml.

十年汶川地震灾难记忆建构历程契合杰弗里·亚历山大（Jeffrey C. Alexander）文化创伤理论的基本观点。他首先对"创伤"进行了自然主义和建构主义的两种阐释，区别了基于物理的、自然的"常民创伤理论"（lay trauma theory）和基于社会的、被建构的文化创伤。这样的区分首先契合了汶川地震记忆构建中言说者和公众复杂性的状况。

基于文化创伤的定义，特定的灾难事件并不必然会转化为文化创伤，而只有当这种灾难"被认为"是创伤，或者被需要按照某种模式和框架为其意识形态服务时，文化创伤才得以建构。因此，文化创伤具备过程性、现实性和符号性。我们可以将创伤过程视为"兼具符号性和情感性的再现过程"，其焦点通过表意的螺旋进行"意义生产"[①]。这一理论框架使得话语和媒介分析的工具得以在本研究中使用。

二、研究内容及方法

（一）研究内容

本章的主要内容分为四个部分：第一部分是对研究背景、研究内容、研究方法等的梳理与呈现；第二部分是相关概念的文献综述；第三部分是统计分析，重在新媒体灾难新闻报道和百科词条书写的量化分析；第四部分是研究发现与讨论，表现了赛博空间书写的不同记忆主体之间的记忆协作与争夺。

本章以新媒体的灾难新闻报道和百科词条书写作为主视角，探寻了赛博空间这一场域下汶川地震灾难的新媒体报道议程和记忆书写的竞争、对话。关于新媒体介质中的汶川地震灾难记忆的分析分为两大部分——灾难报道的议程设置和灾难书写。前者力图在考察记忆议程之中来凸显新媒体这一媒介与传统大众媒体所不同的新特性。从记忆议程的角度出发，研究新媒体对于汶川地震的报道不同于传统媒体的

---

① Jeffrey C A. Toward a Theory of Cultural Trauma [M] //*Cultural Trauma and Collective Identity*. University of California Press，2004.

一些特性：第一，记忆设置的超媒体性，即在多种媒体中非线性地组织和呈现信息；第二，记忆议程设置的实时性尤为突出，事件的发生和记忆的建构不再有时间的延宕和空间的距离，信息保真度更强第三，最为重要的一个特征是新媒体的交互性。后者的探讨，则利用百科词条在书写的叙事、时间、篇幅、编辑等方面具备怎样的动态性互动，主要聚焦了中文维基百科的"汶川大地震"条目和百度百科"5·12汶川地震"条目，旨在梳理在线记忆书写平台的话语和文本，采用量化文本分析工具分析和比较二者在汶川地震这一条目下两个写作群体的认知和情感倾向，比较二者的异同。本章着眼于内容分析（百科系统的前区），从叙事的背景、内容、语言进行了叙事学分析；又分析了记忆书写的时间规律，探寻了赛博空间这一场域下汶川地震灾难记忆唤醒和遗忘的机制；分析了记忆书写的篇幅变迁与编辑历史，凸显了赛博空间书写不同记忆受众之间的记忆协作与争夺。

（二）研究方法

1. 文本分析法

这是对于新媒体报道和线上书写的媒介文本所主要使用的定性分析方法。在分析中，主要通过系统梳理和定性分析，并进行符号学和叙事学层面的分析，凸显线上书写在对灾难记忆的建构过程中，如何进行对灾难的"言说"以及以言行事意图的彰显，剖析其背后的力量冲突与交汇、抵抗与收编。

2. 内容分析法

这是用于对新闻媒体文本、线上书写的句词和语篇等所进行定量分析的研究方法，主要借助数据库对于样本的提取、借助类目编码将非量化的文字信息转化为可量化的数据信息，并结合数据分析软件来进行分析和统计，利用各式图标在一定程度上增加研究的系统性和客观性，为本研究的视角和观点提供理性佐证。

第二节　文献梳理及理论综述

一、灾难记忆：被建构的灾难

（一）灾难与创伤事件

灾难，一般是指对人和事造成破坏和毁灭的规模性事件。借鉴灾难学的研究，灾难的分类主要是按起因来进行分类，分为自然灾难、技术灾难和社会灾难三类。自然灾难由于自然不可抗力所导致，包括地震、雪崩、飓风、海啸等；技术灾难则是由科学层面或操作层面所导致，如瘟疫、虫灾、核泄漏等；集体和个人之见互相使用暴力、攻击、杀戮等行为导致的灾难，如战争、屠杀等。也有人从灾难规模上进行划分，那么灾难有别于危机（规模较小、还未发展为既定事实），也有别于灾害（只局限在自然和物理的局部层面），灾难较为强调规模性及其破坏的广度和深度。

对于灾难的研究，呈现出多门学科的交叉和融合状态。以汶川地震为例，地质学、物理学和气象学着眼于进行地震的预测、防控和处理；建筑学、城市学和管理学着眼于震后的重建和规划；社会学和心理学着眼于震后的创伤反应和心理重建。文学和新闻传播学则着眼于灾难文艺和文学以及精神遗产的传承。除此以外，还有政治学、生态学、经济学等研究视角，2008 年汶川地震发生后，就出现了一个交叉和融合学科"灾难学"研究的热潮，借鉴和利用多种研究方法切入灾难研究中。[①]

与灾难近似的概念还有"创伤"。根据世界卫生组织对"创伤"的定义：创伤是个人经历和所见的事情对自己造成的压力性事件。[②]

[①] 李明泉，赵娉萍. 灾难学研究框架构想［J］. 社会科学研究，2009（05）：102－105.

[②] World Health Organization，"The World Health Report：Risks to Health"［R］. Geneva：World Health Organization，1992.

可以得知，与灾难不同，创伤主要用以指代事件给人类个体的心理层面投射，而灾难概念更具有较为中性的客体属性。

因此，本研究在对汶川地震这一事件进行阐释的时候，使用灾难这一概念来对整个地震从自然层面到社会层面，从爆发期到后地震世代所呈现的动态发展和波及的过程，而汶川地震的创伤发生则处于其中的局部阶段和向度。

（二）两种灾难：经验的和建构的

汶川地震灾难记忆的研究应当被放入文化创伤的理论范式中来加以考察。文化创伤理论范式是杰弗里·亚历山大（Jeffrey C. Alexander）开启的。他拒绝将灾难本身进行孤立的分析，而是强调灾难的"言说行为"，亦即灾难的意义陈述。通过言说，灾难被建构为文化创伤（culture trauma），并通过媒介化这一文化机制和框架来面对更为广泛的记忆公众进行意义生产。可以说，必须经由以上编码—赋值—叙事这一过程，汶川地震才不仅仅是一场区域性地震而已，而成为全中国共同面对的灾难。

依据亚历山大的界定，"当灾难性事件发生之后，事件本身使得个人和群体感到了精神上的创伤和意识上的震撼，并最终在群体意识中留下难以抹灭的痕迹。这种痕迹不仅不可磨灭，而且永远改变着他们未来的发展方向。文化创伤才得以发生"[1]。这个定义包含有三层意思：

（1）存在两种"灾难"，一种只是经验事实，另一种是建构结果。本研究着眼于后者，灾难事件在过程性的、自觉的、主体性的、反思性的过程方才是文化创伤。因此它基于特定文化和社会结构的一种对灾难经验的一种书写和再现。

（2）文化创伤的本质是灾难记忆。因为灾难所带来的断裂性，导致实际生活受到极大影响，心灵层面受到极大抑制，社会层面受到极大创伤，这种灾难不仅发生于当时，更影响于当下，并还将永远持续

---

① Jeffrey C A. Toward a Theory of Cultural Trauma [M] //*Cultural Trauma and Collective Identity*. University of California Press，2004.

地产生作用。

（3）文化创伤关乎群体而非个体。灾难作为一种群体性的受难过程，它在提供个体的受难体验外，更提供了范围大、持续时间长的受难体验。而通过这一群体性的受难体验，记忆实现了它的反身性，即建立了群体认同。换句话说，文化创伤形构了广泛的同情心——这不只是发生在别人身上的灾难，而是我们国家、民族或群体的灾难。"一旦辨认出创伤的缘由，并因此担负了这种道德责任，集体的成员便界定了他们的团结关系，而这种方式原则上让他们得以分担他人的苦难。"[①] 这样一来，"我们"成为命运共同体，作为一种功能化的社会建构，文化创伤最终指向更为现实的功能，即基于社会责任的政治化行动。在此之上，灾难过后，我们不仅可以探讨身份认同的问题，还可以探讨人类命运共同体的未来。

亚历山大创伤理论的发源是对自然主义创伤的分析和批判。所谓自然主义的创伤指的是灾难事件本身以及对人、自然、社会、财产和设施所造成的损害和损失，既包括自然灾难（包括地震、海啸、瘟疫等），又包括人为灾难（包括战争、屠杀、迫害等）。这类灾难的产生和发展都是物理层面的，凭借直观的经验判断就可以进行认知。亚历山大将之命名为"常民创伤理论"。

常民创伤在解释框架中又呈现出两种不同的理论形式：其一是启蒙性创伤，即人们在灾难发生后能够理性认知和确认创伤本身，而且也能够做出及时和准确的回应；其二是精神分析性创伤，这一种形式在亚历山大看来，实际上是人们在外部的灾难事件之后和内部的认知和确认之前出现了时间的延宕。在这个延宕之中，出现了心理机制上的无意识恐惧和防卫机制。在这样的机制运作下，当巨大的灾难事件降临之后，人们下意识地把创伤带来的震撼和惊吓进行暂时搁置和压抑，导致创伤记忆在建构中被移置或扭曲，因此也就没有能力再对此产生及时、准确的认知和回应。显然，在弗洛伊德式的精神分析性创

---

① Jeffrey C A. Toward a Theory of Cultural Trauma [M] //*Cultural Trauma and Collective Identity*. University of California Press，2004.

伤模型看来，人们对待巨大灾难时并不具备足够的主体性能力来进行理性的应对和处理，而是反过来通过"整顿"自己内在来进行心理层面的疗伤，而记忆在此过程中完全无法反映真实事件和情感。

与前两种自然主义创伤的理论分析模型不同，亚历山大发展出的文化创伤具备更为有力的阐释性——着眼于媒介化，即文化网络和意义阐释系统。创伤真正的产生是社会文化作为中介性的力量所建构的一种结果。

为了区分社会和文化这两个暧昧的概念，亚历山大还主张将这两者定位在事实和意义这两个层面。他指出："在社会系统的层次上，社会可能经历大规模断裂，却不会形成创伤。"① 例如，对于汶川地震而言，外部人士想要触摸 2008 年那场灾难的话，只能透过外部的文化方式——参与汶川地震的的记忆共同体。所谓记忆共同体是指经过一系列媒介筛选机制之后汶川地震成了报纸上的灾难、电视中的灾难或博物馆陈列的灾难——这种灾难不是本真的、原始的、丰富的，而是被筛选的、间接的、局限性的媒介产物。然而，对于地震灾区的本地人来说，他们本身就亲身获得了灾难经验。而鉴于媒介的筛选机制和意识形态意图，他们个体的、真实的、鲜活的创伤记忆却不一定能在集体建构中获得保留。这时候记忆建构便面临身份危机和认同危机的问题。

（三）灾难记忆的发生：言说如何成立

在亚历山大的文化创伤理论中，客观经验事件和集体记忆之间存在着距离，而填补这个距离的过程称为"创伤过程"（trauma process），而创伤过程中将灾难本身进行特异的意义化即是"言说行为"（speech act）②。言说者、受众和言说行为之间的关系和条件如下图：

---

① Jeffrey C A. Toward a Theory of Cultural Trauma [M] //*Cultural Trauma and Collective Identity*. University of California Press，2004.

② Austin J L. How to Do Things with Words [M]. Oxford：Clarendon Press，1962.

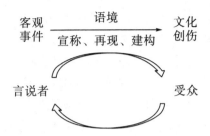

图 4-1　言说者、受众和言说行为关系和条件图

言说者。言说者即灾难的言说主体（agents），往往具备一定的社会阐释和动员能力，并承携着一系列的文化媒介工具。言说行为也是灾难最为关键的形成环节。特定的灾难事件在言说者看来，是宣称的对象，通过一系列的建构和再现最终被解释为灾难。正如亚历山大所说："他们以有说服力的方式将灾难宣称投射到受众或公众。这是论及某种根本损伤的宣称，是对令人恐惧的破坏性社会过程的叙事，以及在情感、制度和象征上加以补偿和重建的吁求。"[①] 可以认为，传统的媒介生产和消费时代，以执政党和政府为代表的官方，是主流的言说者，进行宣称——再现——吁求行为，而其对面则是建构的对象——受众。当然，随着新兴的媒介技术发展，以及媒介边界的拓展而带来的观看和消费方式的改变，受众不再是"沉默的大多数"，而是对灾难宣称具有反思能力和建构能力的社群。也就是说，记忆的言说者和受众在某些领域形成一种互动的态势。

受众。对于言说者而言，灾难和创伤在被以极具说服力的方式投射给记忆受众或者记忆公众时，需要利用一系列的文化网络，并启动符合受众认知习惯的象征资源和文化习俗，给予不断的仪式操演机会。这样的过程下来，"以言行事"（illocutionary act）的效果就逐渐得以体现，人们在语言符号的不断实践中获得叙事效应，相应的记忆受众就会相信他们确实遭受到了某种创伤。而且，这样的象征过程并不只是局限在真正受到物理灾难的人群，而是会逐渐扩大，直至那些

① 　Jeffrey C A.　Toward a Theory of Cultural Trauma ［M］//*Cultural Trauma and Collective Identity*. University of California Press，2004.

在时间和空间上离灾难事件较远的人群，也产生灾难的认知。从这一点来说，特别适用于汶川地震这一灾难记忆。可以认为，如果汶川地震作为灾难能被成功地被言说，使其不再是一个局部性灾难，而是全国、全民、全民族的共同灾难，那么灾难时空以外的人士（包括外地人、下一代等）也就成为灾难宣称的受众。对这些人来说，汶川地震不会因为只是他者的灾难而令人感觉到"与我无关"，而是积极地投身到对灾难记忆遗产的反思和传承中去。

特定语境。因为媒介的文化属性所带来的约束和限制，无论是言说者还是记忆受众，整个记忆的建构不能脱离特定语境，并必须依赖言说行动发生的历史、文化和制度环境。因此，回到 2008 年 5 月 12 日，当时的国家形象和地位、政治议程、政治话语框架、民族和文化框架，尤其是当时的媒介行业发展状况和格局，都是建构灾难必须所依赖的特殊语境，应当加以区分、辨析和考察。

当然，灾难作为集体记忆能否最终建立并获得记忆受众的认同和参与，灾难的直接受害者和更为广大记忆受众的关系至为关键。从更为广大的空间来说，这关乎整个国家和民族能否形成一个广泛的命运共同体。实际上，灾难在不同层面，针对不同受众，需要不同的叙事方式。就像汶川地震而言，对于没有直接受到灾难伤害的受众而言，当地震发生时，并没有在灾区现场，也没有直接参与抗震救灾，因此他们不太可能主动去判断自身和灾区受灾群体之间的关系。对于言说者而言，只有对灾难的再现是将国家和民族看作一个整体，并从最广大人民认同的共有价值出发，而不是纠缠于个体或个别地区，那么最为广大的记忆受众因此才能建立最为广泛的认同，从身份上作为受难同胞来进行自我认知和灾难认知，也才不会将汶川地震进行"他者化"。

（四）灾难记忆的特征：为当下建构意义

文化创伤的理论模型从创立开始，就被运用在各个国家和地区基于某种民族、文化和群体的战争灾难、自然灾害、恐怖袭击等灾难记忆的研究。其本身的边缘学科色彩，使得它可以与社会学、传播学、文学、历史学等不同学科进行融合来进行方法的建构和案例的考察，尤其是当个体的、具体的、不规则的、单数的个体灾难被建构进集体记忆时，灾难记忆的媒介场域如何形成和变化，成为灾难记忆考察的重点。

由于灾难记忆遗产作为一种人类文明的特殊形式被逐渐重视，文化记忆的研究从 19 世纪 80 年代至今，已成为文化研究和社会学研究的热点。来自不同学科的研究者从不同的研究进路切入这一领域当中，在集体记忆这一框架下开花结果，形成了诸多较为丰富和多面的成果。无疑，灾难记忆作为集体记忆的一个特殊类型，具备集体记忆的某些贡献，又同时具备一些特殊性，总体来说，包括建构性、当下性、反身性和权力性。

首先，灾难记忆是被建构的结果。这就意味着，对于建构和再现的过程性考察是灾难记忆研究的重点。目前，集体记忆的产生在学界看来有两种不同的形式。第一种形式是认为记忆的建构是连续的，过去的种种通过建构一直穿越到现在，人们形成的记忆则是这些穿越痕迹的所在。第二种形式则认为，我们脑中的过去无疑是当下处境的反映和折射，当下建构了过去。对于文化创伤形式的灾难记忆而言，灾难记忆是一个相对复杂的充满变化的过程，可能并没有上述两种形式单纯阐释所能概括。因为灾难事件在发生之后，还存在着较为纷繁的个人记忆，这些个人记忆各自为阵又互相纠缠，但在灾难进入社会的建构历程中后，个人记忆又逐渐被"收编"，区域逐渐缩小直至湮灭，这一过程使得文化创伤得以形成，并将个人记忆加以覆盖。此时，记忆的当下性和社会建构性最终被凸显。因此，我们可以说灾难记忆本身既是被动的又是主动的，既是让人遗憾的又是积极的，既是过去的又是当下的。

其次，灾难记忆具有当下性。这意味着，记忆建构的过程和目的或许是统一的，即为当下的某种需求服务和迎合。也就是说，当下有什么样的需求，则就存在什么样的记忆筛选机制。有学者曾经对一个特殊人群——巴黎面包师进行了口述形式的记忆研究，发现对于这些面包师而言，如何认知过去的挫折实际上取决于当下的处境。如果当下正处于"成功者"的状态，那么曾经的挫折意味着"成功之母"，它是成功的必要条件；如果当下正处于"失败者"的状态，那么曾经的挫折事件无疑意味着社会不公平的体现。也就是说，无论灾难也好、创伤也好，也无论其意义色彩是正面还是负面，作为记忆遗产，其完全取决于言说者的处境和需求。灾难事件本身被悬置了，而意义成了建构的核心。如同德利奇（Francisco Delic）所说，记忆不等于事实。记忆再现的都并非事件或者真相本身，它更像一种意义的生成①。由于权力持有者在不同阶段有着清晰而理性的意识形态意图，因此，尽管是自然灾难，记忆再现的也许都是权力者在不同阶段所更新的政治需求下所预期的记忆遗产。

再次，灾难记忆具有反身性。反身性意味着"现实－记忆"之间并非只有单向度的符号传播和意义传递通路。实际上，早在心理学研究中，记忆的反身性已经被发觉，即人们对于过去的认知是一种"有意识的记忆"，而并非简单的被动存储关系。与自己有关的现实事件将在记忆层面被凸显，而且加以记忆处理，使之成为符合自己要求的记忆材料。这一过程被称为"意义构造"，暗含着个人对于自我的评价、认知和发展的需求，其目的在于自我稳定和自我阐释的需求。也正是由于这个原因，记忆制造意义的同时，意义也在修饰记忆，使得个体获得身份上的认同，并成为社会系统的一员。

最后，灾难记忆自带权力属性。这提醒我们在考察灾难记忆，在面对不同的记忆受众，在不同的建构轨道，向着不同的当下需求进行建构和再现时，权力的身影应当被研究者重点关注和捕捉，包括权利主体在其中的合作和竞争。以福柯（Michel Foucault）为代表的学者认为，对于记忆叙事和话语的分析可以得见记忆建构过程中所存在的意识形态、身份、性别等深层的权力身影和争斗关系。② 而处于对占据主导位置的权力所进行记忆抵抗，亦即挑战记忆统治的"反记忆"，也值得我们研究和注意。观照集体记忆中的权力运行，重点是关注其

---

① ［阿］弗朗西斯科·德利奇，陈源译：记忆与遗忘的社会建构［J］. 国外社会科学，2007（4）.

② 周海燕：记忆的政治——大生产运动再发现［M］. 北京：中国发展出版社，2012.

中的言说者和记忆受众的划分和关系，这种划分和关系也不是一成不变的。有的学者从文化霸权的角度进行认知，认为记忆并非只存在一个权力场域之中，而是在多个场域的协商和冲突之中变动存在和融合呈现。①

二、汶川地震相关综述

（一）汶川地震概况

汶川地震，别称有 5·12 大地震、2008 四川地震等。本研究在对地震的指称上既参考以国务院和国家中央级媒体对地震的通行指称，又虑及学术研究的中立性和客观性，故定为"汶川地震"。

汶川地震发生于北京时间 2008 年 5 月 12 日 14 时 28 分 04 秒，震中位置是在中国四川省阿坝藏族羌族自治州汶川县映秀镇附近。据中国地震局的数据，汶川地震的面波震级达 8.2 级。地震波的波及范围围绕地球传播了 6 圈，涉及大半个中国及亚洲多个国家和地区。

根据截至 2008 年 9 月 18 日 12 时的官方数据统计，汶川大地震共造成 69227 人死亡，374643 人受伤，17923 人失踪②，经济损失共8451 亿元人民币。③ 因为其伤亡人数多、波及范围广，被认为是新中国成立以来规模最大、破坏力最强的地震，也是唐山大地震后伤亡最惨重的一次。地震灾难在全国乃至全球引发了大规模的舆情反应和救援动员，各地机构和人士纷纷参与到抗震救灾和各种援助中来，援助金额累计超过 500 亿元人民币。中国政府调动了新中国成立以来包括政治、军事、经济各方面最大规模的力量开展抗震救灾，来自全球和全国的大量民间机构和人士也加入救灾活动中来。震后，中国政府通

① Jefftey O. The Politics of Regret：On Collecfive Memory and Historical Responsibility [M]. Routledge，2007.

② 《四川汶川地震已确认 69227 人遇难》 [EB/OL]. http://news. sina. cn/c/2008−09−25/183514499939s. shtml，2008−09−25.

③ 中华人民共和国国家统计局：《2008 年全国国民经济和社会发展统计公报》[R]. 2009−02−26.

过"一省帮一县"的形式以三年时间完成灾后重建。[①] 2008 年 5 月
19—21 日，中华人民共和国政府设立全国哀悼日，系首次为普通公
众举行全国哀悼。

（二）汶川地震报道及其纪念报道研究

2008 年和 2009 年是汶川地震报道研究的集中期，在这些研究中
关于汶川地震报道的研究，尤其是一周年纪念报道的研究占绝大多
数。相对而言，2009 年之后的"后地震时代"的纪念报道本身愈加
减少，其研究总体也就大大减少。在"后地震时代"的研究中，学者
们较多采取了议程理论和框架分析的角度来研究这些纪念性报道，并
凸显"多难兴邦"这一国家性功能价值的阐释。

1. 汶川地震报道议程设置和国家形象塑造研究

陈亮和李保林关于《楚天都市报》汶川地震报道的研究主要采取
了"议程设置"理论视角，梳理了该报采取的议程策略，即报道数量
的大幅增加和报纸版面的大幅使用等内容，并分析了新闻报道的特
点，例如贴近事实和现场，注重对小人物的关怀等，并最终提出媒体
议程设置的结果是引导大众的关注点，导向政府亲民、爱民形象的
塑造。[②]

相比地方报，《人民日报》关于汶川地震的议程设置也有其特点。
学者徐庭婧采取统计学工具研究了其议题设置，发现其议题所涉范围
较为广泛，议题设置也注重及时性，并采取多种表达方式，总之采取
了一种较为平衡和宽泛的议程设置原则，既达到了灾区人民和全国人
民的灾情知情权的目的，又极大地传递了党中央和国务院的关心、慰
问及在指导救援等方面的行为和努力，发挥了较为良好的媒体抚慰
功能。[③]

① 《四川省长：汶川地震灾后重建完成》［EB/OL］. http://www.chinanews.com/
gn/2012/01—10/3593415. shtml，2013—11—17.

② 陈亮，李保林. 突发事件报道中的"议程设置——以《楚天都市报》对汶川地震
报道为例"［J］. 新闻前哨，2009（2）：52—53.

③ 徐庭婧.《人民日报》汶川地震报道的议题设置研究［D］. 大连理工大学，2009.

薛可和余明阳在汶川地震报道中的国家形象问题上，认为对于灾难报道本身的及时性、公开性、透明性和广泛性就是在显示国家形象，亦即从媒体角度来维护在灾难面前的全国一致和共同救灾。因此，他们认为灾难报道中的国家形象来自如下三个方面：不避讳负面消息、弘扬正面引导、传播权威声音。通过以上三点方可融入世界话语体系，并最终消融社会分歧。在这个层面上，他们认为中国媒体在汶川地震的报道上展现出了"以人为本"的特点，向全世界展现出一种面对灾难的自信而崭新的形象。①

2. 汶川地震报道媒体的对比性研究

从对比研究的维度来看，既有中外媒体的对比，也有对内、对外媒体的对比，还有不同灾难事件之间的报道特点的对比。

对于中外媒体的对比，学者较为注重信息的传播渠道，亦即获取信息的来源和呈现方式。例如马若斌对于《中国青年报》和《纽约时报》关于汶川地震报道的对比分析就可看出，通过对于二者的信息来源和呈现的比较可以体现信息公开这一决策的异同所引发的汶川地震媒体呈现的异同。②

对内、对外媒体的对比主要体现在媒体功能上，例如汶川地震发生后的一个月，《人民日报》主要以中文向内发布，其报道主要体现在树立对人民负责的政府形象，而《中国日报》主要以英文向外发布，其报道主要体现在树立负责任的大国形象。③ 当然，中国和美国两国媒体对于汶川地震报道也存在着差异，中国媒体中的汶川地震主要是关于地震和救援的基本信息以起到功能性社会影响力，并通过媒体抚慰来获得社会稳定的效果。而美国媒体则更多以客观、多渠道的角度来呈现地震细节，通过深度报道的方式来呈现起因及其细节，更

---

① 薛可，余明阳. 国家形象塑造中的媒体角色——以汶川地震报道为文本 [J]. 国际新闻界，2008（11）：58-64.

② 马若斌.《中国青年报》与《纽约时报》汶川地震报道对比研究 [D]. 兰州大学，2009.

③ 蒲林玲. 突发事件的对内与对外报道比较研究 [D]. 湖南师范大学，2010.

多对政府提出质疑和问责。[①]

　　而学者戴立则对比分析了新中国成立以来的两次地震（唐山地震和汶川地震）的灾难报道，通过对二者的报道议程进行分析，发现其背后主要是一种报道伦理的变迁，即改革开放之后新闻话语和议程的一种"以人为本"的倾向，更为注重信息的透明和公开，更为注重人文关怀。[②] 而杨奇主要聚焦的近几年的两大都发生在四川的地震——汶川地震和雅安地震，并通过内容分析法来总结《中国青年报》对于二者的新闻报道的特点，并提出了问题和建议。[③]

　　3. 汶川地震报道的反思性研究

　　总体来说，由于汶川地震所处的特殊时代和环境，媒介的运用受制于前期"非典"报道的非议和压力，加上国家对于信息公开和透明的推动和努力，因此整体呈现出较为客观、及时、丰富的特点，得到全国乃至全世界的普遍而整体的赞誉：一方面，其体现出的媒体专业精神较好地保存了汶川地震记忆；另一方面，也为此后灾难报道"立法"，树立了"以人为本"的典范。

　　关于上述优点，陈力丹和王冠进行了总结，认为主要体现在"大、小"两个方面，"大"在于国家人文关怀的体现，"小"则主要优在信息发布的速度之快，可以作为一个里程碑，为后来者"立法"。[④]

　　优点之外，也有学者提出一些意见：例如学者李静波研究汶川地震的央视直播，他认为其及时、公开和功能性等优点之外，因为是第一次做这样大规模的灾难直播，其报道仍然具有表现手法单一等不足。[⑤] 徐冬梅聚焦《人民日报》在震后一个月的报道，通过对于其新

---

　　① 雷婉霞. 中美报纸对我国汶川地震报道的比较分析 [D]. 湘潭大学，2010.

　　② 戴立. 历史性大跨越 [D]. 湖南师范大学，2009.

　　③ 杨奇.《中国青年报》汶川地震和雅安地震报道研究 [D]. 天津师范大学，2014.

　　④ 陈力丹，王冠. 汶川地震报道特点即对传媒未来的影响 [J] 当代传播，2008（4）：41—44.

　　⑤ 李静波. 论我国灾害新闻的转型及发展之路——以央视汶川地震报道为例 [D]. 南开大学，2009.

闻文本的分析，指出其意识形态色彩太过浓厚而对于政府的问责明显不足。① 学者陈翔则关注以汶川地震新闻报道为研究对象的悲情传播。既然定义为"悲情传播"，他就企图关照"悲情"本身是否客观的媒体伦理问题。一些媒体记着利用"我在现场"的特殊身份，利用其信息严重不对等的优势，故意制造和夸大这种悲情氛围，将一种较为原始和本能的猎奇心放置在灾难报道之中，从而引导、干扰人们对于灾难事件的认知和对于舆论的评价。②

对策方面，宁燕根据汶川地震报道的分析，总结了其新闻伦理和规范值得肯定之处，并在此提出我国国情下灾难报道的示范性建议和意见。③ 姜伟超尤其肯定汶川地震报道中各个媒介极为注重的个体命运，尤其是其中受灾的弱势群体中的个体，其中体现出较大的人文关怀，而这样的报道取向既有利于"以人为本"的社会责任感，又有利于提升从业人员自身的素养。④ 陈翔则基于上述的批评，提出灾难报道应该有伦理的"度"，不应当允许过于泛滥的"悲情"，记者应当坚守客观理性的底线。顺着陈翔的思路，唐远清再次衡量了灾难报道和媒体伦理之间的关系，并以震后两周的媒体报道作为考察的样本，提出媒体在"报道"和"救援"之间应当如何选择的问题，以及媒体报道是否会对受灾人群造成"二次伤害"的问题，并提出了理性的反思和建议。⑤

4. 汶川地震纪念（周期性）报道研究

对于汶川地震纪念报道的研究，学者们主要采取不同地区和层级

① 李静波. 论我国灾害新闻的转型及发展之路——以央视汶川地震报道为例 [D]. 南开大学，2009.

② 陈翔. 悲情传播中的媒介伦理危机——以"5·12 汶川地震报道为例"[J]. 新闻与传播研究，2008（4）：31−37.

③ 宁燕. 规范与失范：中国灾难报道的伦理思考——以汶川地震报道为例 [D]. 安徽大学，2009.

④ 姜伟超. 灾难报道中的人文关怀——以汶川地震报道为例 [D]. 兰州大学，2010.

⑤ 唐远清. 汶川地震报道中的新闻伦理反思 [J]. 当代传播，2008（4）：47−48.

的媒体所进行的比较研究。

例如，童晓玲和李小军选取了代表国家级官方媒体的《人民日报》、隶属于地方官方报业集团的都市报《华西都市报》和其他地区的都市报《南方都市报》关于震后一年的报道作为对比的样本。对比考察的范围包括议程设置、报道所涉人物、叙事语言特点和态度倾向等 4 个方面。① 对比分析后发现，《人民日报》主要延续国家级官方报纸的报道色彩，主要传递党和国家领导人的声音，发挥传播国家意志的功能，而《南方都市报》则更多关注个人命运，以及其微观的视角进行新闻深度挖掘和呈现。相比来说，《华西都市报》更凸显区位特色和优势，展现一种较为积极向上的心理氛围，使用较多"我们都是汶川人""我们四川人"等语汇。相比来说，《人民日报》和《华西都市报》的议程设置主导性更强，凸显意识形态的引领力度。而《南方都市报》则较多以一种平视、客观的角度来叙事。邢艳在对比样本中则增加了更多的样本，她的分析样本涉及《人民日报》《南方周末》《中国青年报》《四川日报》《华西都市报》《成都商报》，其分析的范围则主要是反思报道的框架，包括题材、内容、视觉等方面。②

相比比较性分析，学者朱非白更为注重纪念性报道中的"人文关怀"，他将这些灾难报道的人文关怀拆分为三大主题：祝福、希望、重生。通过对于灾后一周年的报道分析，这三大主题始终贯穿始终。③

而非虚构叙事的新闻写作也有零星研究，例如李鸣生《后地震时代》的写作，他六进灾区的事迹本身就成了报道对象。这些非虚构写作的所见所闻对于汶川地震新闻报道所建构的集体记忆构成了一种较

---

① 童晓玲，李小军. 汶川大地震一周年的媒介景观——以人民日报、华西都市报、南方都市报为例 [J]. 青年记者，2008（8）：5—6.

② 邢艳. "公共事件反思传播"的报道框架——以几家报纸对"5·12"汶川地震周年报道为例 [J]. 新闻爱好者，2009（9）：33—34.

③ 朱非白. 灾难后续报道中的人文关怀——以汶川大地周年祭报道为例 [J]. 青年记者，2009（8）：7—8.

为独特的视角。①

5. 汶川地震的灾难记忆相关研究

关于汶川地震的记忆遗产和文化记忆的建构、保护、演变有所涉及的更多是人类学和社会学界，他们将博物馆、遗址、祭祀、日常生活等纳入分析对象的框架中进行考察和解构。

社会学者王晓葵从传统丧葬习俗出发来探讨人们对公共死亡事件的处理。他认为这实际上已经不再属于"私人"的认知和价值判断范围，其本身就是对生死、日常和非日常的基本问题范畴。个体通过对纪念馆、纪念物、遗址等机构的记忆参与来参与公共事务，唤起自身与社会之间的关系，最终构成社会共同记忆的一部分。② 而学者范可也将灾难事件看作一个公共灾难事件，并认为灾难发生后就不再属于个体而是属于社会，在这个场域之中各种政治和非政治势力开始进行对话、协商和博弈。③

台湾学者陈佳利通过《被展示的伤口——记忆与创伤的博物馆笔记》一书深入探索了台湾二二八纪念馆、广岛和平纪念馆以及犹太大屠杀纪念馆的博物馆展示设计与叙事策略。她揭示了这些创伤记忆无论来自战争还是自然灾害，其背后一直都有着权力身影，并指出"伤口"被展示其本身的权力意志属性。④ 同是台湾学者的容邵武则将焦点放在社区的记忆活动，通过对"国家 921 地震纪念园区"和"鹿神祭活动"进行比较分析，他将创伤记忆的建构分为两种：一种是有着官方言说特色的静态、铭记式的记忆构建，另一种则是有着民间言说特色的动态、表演式的记忆构建。⑤

---

① 李鸣生. 后地震时代 [M]. 中译出版社，2016.

② 王晓葵. 记忆论与民俗学 [J]. 民俗研究，2011（2）：28—40.

③ 范可. 灾难的仪式意义与历史记忆 [J]. 中国农业大学学报（社会科学版），2011（1）：28—39.

④ 陈佳利. 创伤、博物馆与集体记忆之建构 [J]. 台湾社会研究，2007，66：105—143.

⑤ 容邵武. 灾难的永恒回归：记忆政治与灾难反覆的探讨 [J]. 台湾人类学刊，2011，02：95—134.

当然，是社会学和人类学关于灾难记忆的研究只是运用社会学工具和方法去观照灾害现象和灾难本身，而本研究亟待利用文化记忆范式和传播学视野来看待汶川地震十年间灾难记忆的建构机制和意义生产过程，考察其中言说行为的发生以及其中的权力过程。

三、媒介化中的灾难记忆

（一）灾难记忆的媒介化研究

新兴媒体技术的出现，记忆研究不止步于关注过去而忽略当下，或者失之简略或碎片化。阿斯曼指出，"互联网媒体创造出一个类似时间长河的交流框架"，将"过去的过去"（past as past）和作为"当下的过去"（past as present）之间所存在的紧张关系进行了有效关联"。进入 21 世纪以来，随着媒体技术的变革，尤其是得益于互联网的崛起和快速发展，关于集体记忆和记忆媒介化的研究迎来了全新的局面。

哈维·佩斯金（Harvey Peskin）以诺贝尔和平奖得主吉戈贝塔·门楚（Rigoberta Menchu）和出版纳粹大屠杀回忆录的威尔科米尔斯基（Wilkomirski）为研究案例，指出这类所谓"事件亲历者"都已经远离了他们所谓的亲眼目睹事件，所筛选记录的事实只不过是"选择"和"相信"的其中一部分，当然特别在大屠杀和种族灭绝事件中对弱者有所偏向，"记忆都会为穷人和弱者说话"。因此，佩斯金号召公众提高警惕，要具备"自由的怀疑能力"，不要充当媒介选择的"跟随者"。①

在此思路下，一些学者在《公共记忆、公共媒体和公正政治》中就探讨了"记忆公正"的问题，既然在公共领域和媒体传播领域存在"公正"，则就存在"盲从"和"不公"（Lee & Thomas，2011）。② 而

---

① Harvey P. Memory and Media："Cases" of Rigoberta Menchu and Binjamin Wilkomirski [J]. *Society*，2000，pp. 39-46.

② Lee P，Thomas P N. Public Memory Public Media and the Politics of Justice [M]. Palgrave Macmillan，2012.

《新闻与记忆》一书则将新闻业置于记忆研究的重点研究领域，探讨常常被学者忽略的新闻生产如何塑造和建构记忆的（Zelizer & Tenenboim-Weinblatt，2014）。[①]

另外，研究者也关注到数字时代可能带来的集体记忆的危机，如民间记忆与官方记忆的冲突。当然，学者们不得不面对来自数字时代对记忆研究可能带来的新挑战。首先是记忆冲突，主要是来自官方－民间这一对冲突：在鲁滨逊（S. Robinson）对卡特里娜飓风的研究中，可以读到来自官方和民间完全两种完全不同，甚至相反的描述文本。而民间版本则通过持与官方不一致的说辞来进行抵抗。这对矛盾的记忆文本共同形成了记忆的建构。[②] 而吉布森则研究了网络上关于奥斯维辛集中营的视频。在视频中一些幸存者在集中营旧址跳舞——对于这样的视频制作者，吉布森归纳了角色转换（role switching）、重新定义（redefinition）、分离（dissociation）三种方式以描述民间记忆对集体记忆的一种纠偏和抵抗。在这里，新媒体使得人们回到历史现场，但又与原有的记忆体系不同，因为它使得人们在记忆深度产生了某种异质化类似和"认同"有关的反抗情绪。[③] 其次，是碎片化记忆引发的记忆危机。例如学者英斯（Ince）提醒道，新媒体所带来的信息传播模式的变化会导致记忆建构本身的变化，与传统媒体的传授关系不同，新媒体的文本是以提供数字化的超文本为特征而形成的交互性较强的、更为平等的关系，而数字冗余的形成有可能反过来造成某种"数字化遗忘"（digital amnesia）。因此，有必要重新思考记忆建构的媒介化及其内涵，并探寻新媒体视域下可能显现的权力掌控者和权力对象之间的"记忆之战"（memory war）。

---

① Tenenboim-Weinblatt K. Bridging Collective Memories and Public Agendas: Toward a Theory of Mediated Prospective Memory [J]. *Communication Theory*, 2013, pp. 91-111.

② Robinson. S. If You Had Been with Us: Mainstream Press and Citizen Journalists Jockey for Authority over the Collective Memory of Hurricane Katrina [J]. *New Media Society*, 2009, II (5). pp. 795-814.

③ Gibson P L, Jones, S. Remediation and Remembrance: "Dancing Auschwitz" Collective Memory and New Media [J]. *Essachess*, 2012, 5 (10), 24.

（二）赛博空间中的灾难记忆

而与传统媒体相对应的，是基于虚拟的、民间的、草根的赛博空间，其对于汶川地震灾难记忆的建构因此具备互联网媒介生产的普遍特点和逻辑：开放性、低门槛、强互动、广受众等。

赛博空间的记忆建构主体不再是单向度的"传"与"受"关系，而是进行在线协作式书写来完成记忆的储存和共享。当然，这里的"协作"是包含合作、冲突、争夺、商议等不同的对话过程。其话语的形成是动态的：从交互式的、非正式的、混乱不稳定的交流记忆转变为正式的、有序的、客观的文化记忆的过程。

如前所述，汶川地震不简单只是一个自然灾难，而是一场牵扯千万个方面的社会性灾难。如皮埃尔·诺拉（Pierre Nora）所说，集体记忆难以完整和最终建立，是由于其流动、混乱、不可能完成的属性。① 然而，基于赛博空间的记忆书写，则被事无巨细地进行了记录，也就是说媒介动态性重建过程被予以忠实记录。另外，由于赛博空间书写和记录机制的公开和透明，记忆书写得以去中心化和民主化。任何人的书写贡献都能被读出，也就是说，任何人的记忆贡献都可以被定位。

从"言说者"的角度来说，赛博空间的新媒体信息发布和记忆书写中发布和阅读者之间的地位是完全平等的。在传统的媒体环境下，媒介的传受关系是不对等的，媒体传播格局是较为单向度的流动，大众也失去了议程设置权。而赛博空间的传受关系已经实现了对等，因此从记忆建构的角度来说，双方是协商式的。

因此，在这个层面上，本研究将探讨新媒体的灾难新闻报道和百科词条书写，探寻赛博空间这一场域下汶川地震灾难的新媒体报道议程和记忆书写的竞争和对话，重新审视汶川地震灾难记忆在民间话语场域中的媒介化过程。

---

① 皮埃尔·诺拉. 记忆之场［M］. 南京大学出版社，2015.

第三节　新媒体新闻报道：互动性的记忆议程

百度作为中文世界最大的搜索引擎，不仅是互联网世界搜索相关信息最常用的工具，而且其本身也具备汇集最多中文资讯的功能，从研究者的角度来说，其高级搜索功能能较为精准而全面地控制研究样本的区间和进行样本采集和统计，并进行统计。因此，为了探求新媒体关于汶川地震新闻报道的数量与时间之间的关系，本节以百度新闻的搜索功能为工具进行样本采集，并通过数据分析的方式对汶川地震的网络新闻报道数量与报道时间进行研究，具体的收集过程为：

首先，利用百度新闻高级搜索功能，搜索 2008 年 5 月 12 日—2018 年 6 月 30 日每年全年内所有报道标题中包含"汶川地震"字样的网络新闻报道，并数量统计。

其次，利用百度新闻高级搜索功能搜索 2008 年 5 月 12 日—2008 年 6 月 11 日一个月内的所有报道标题中包含"汶川地震"字样的新闻报道，并统计数量。

最后，利用百度新闻高级搜索功能搜索 2009—2018 年每年 4 月 28 日5 月 27 日（即汶川地震周年纪念日前后各两周，总计一个月）所有报道标题中包含"汶川地震"字样的新闻报道，并统计数量。

一、议程分配：灾难记录和记忆建构的历时性考察

基于上述数据的收集和处理，我们首先对汶川地震发生一个月内的新闻报道数量及各个周年纪念日前后新闻报道数量占 2008 年 5 月 12 日—2018 年 6 月 30 日这 10 年来全部新闻报道数量的比重进行分析，以得出纪念日日期与新媒体新闻报道数量的关系，相关数据如下：

2008 年 5 月 12 日—2018 年 6 月 30 日百度新闻共搜索出题目中包含"汶川地震"字样的新闻报道约 23021 篇，其中地震发生后一个月及地震发生周年纪念日前后一个月内百度新闻共搜索出题目中包含"汶川地震"字样的新闻报道约 19335 篇，占全部报道数量的比例为83.98%，新闻报道基于日期维度的集中程度很高。

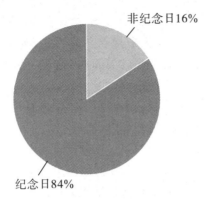

图4-2 2008—2018年百度新闻搜索篇数中纪念日与非纪念日的比较

我们还可以通过日均报道数量这一指标来验证前述关于汶川地震新媒体新闻报道集中程度的分析结论。

表4-1 百度新闻搜索报道数量在纪念日与非纪念日的比较

年度	纪念日前后日均报道数量	当年全年日均报道数量	倍数关系
2008	192.3	28.8	6.7
2009	9.8	1.4	7.2
2010	5.7	1.3	4.4
2011	10.3	1.4	7.5
2012	2.0	0.5	4.2
2013	5.0	1.0	4.8
2014	1.6	0.5	3.6
2015	2.5	0.7	3.5
2016	3.9	0.7	5.8
2017	4.6	1.1	4.1
2018	403.3	72.8	5.5
合计	64.5	6.9	9.3

从表 4-1 中，我们可以看出，纪念日前后的日均新闻报道数量
为约 64.5 篇，是总体日均报数量 6.9 篇的 9.3 倍，从分年数据上来
看，每年的这一数据统计都超过了 3.5，这进一步验证了纪念日前后
新媒体新闻报道更加集中的结论。

通过第一轮数据分析我们证明了周年纪念日是新媒体新闻报道构
建汶川地震集体记忆的重要纪念语境。

我们利用这组数据进行的第二轮分析是年度报道数量这一数据在
年度上的分布集中程度分析以及在时间沿革上的趋势分析，以获取报
道数量与年度的内在联系，相关数据如下：

2008 年 5 月 12 日—2018 年 6 月 30 日百度新闻共搜索出题目中
包含"汶川地震"字样的新闻报道约 22921 篇，其中 2008 年当年报
道数量 6710 篇，占总报道数量的比例为 29.27%；2018 年当年报道
数量 13100 篇，占总报道数量的比例为 57.15%，其余各年度合计报
道数量 3111 篇，占总报道数量的比例为 13.57%。

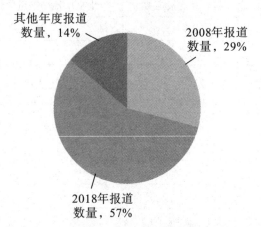

图 4-3 2008 年、2018 年和其他年度报道数量比较

从图 4-3 中可以看出，在汶川地震发生的 2008 年及整 10 周年
的 2018 年度，汶川地震的新媒体新闻报道数量显著高于其他年度，
全部报道有 70% 以上集中于以上两个年度，尤其是 2018 年度，汶川
地震的相关新闻报道呈现了爆发式的增长，这显然与 2018 年是汶川

地震发生十周年密不可分。

　　为了进一步分析新闻报道数量与年度的相关程度，我们将连续十年的这一数据进行趋势分析，以确定发生年度、发生次年、整十周年以外各年度报道数量是否随时间推进存在某种运动趋势。

表 4-2　2008—2018 **年百度新闻搜索篇数各年度情况**

年度	当年全年报道数量	占总报道数量的比重
2008	6710	29.27%
2009	501	2.19%
2010	472	2.06%
2011	497	2.17%
2012	176	0.77%
2013	376	1.64%
2014	167	0.73%
2015	266	1.16%
2016	243	1.06%
2017	413	1.80%
2018	13100	57.15%
合计	22921	100.00%

　　我们将上述数据以更直观的图表样式反应出来后，发现除 2008年度、2018 年度之外，其他年度当年的报道数量均处于较低的水平，相对于较大的整体报道数量来说变化趋势不显著，这使得我们不得不将这几年的数据单独拿出来进行可视化的趋势分析。

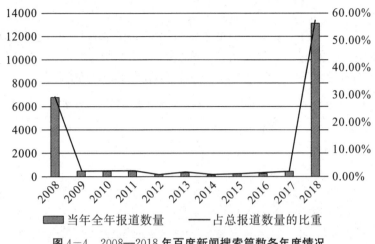

图4-4 2008—2018年百度新闻搜索篇数各年度情况

通过单独对 2009—2017 年度的年度报道数量进行趋势分析，我们可以看出，在这 9 个年度内，报道数量随时间的推移并未呈现明显的运动趋势，而是呈现一种较为随机的分布规律，因此可以说除了时间发生当年以及整十周年以外，对于汶川地震的灾难记忆构建来说，新媒体作为更具有民间意味的关注和呈现，显然是一种"低潮"。

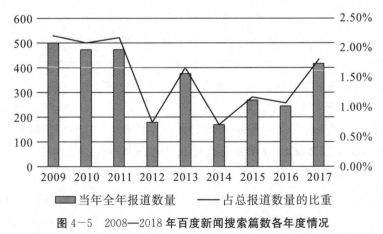

图4-5 2008—2018年百度新闻搜索篇数各年度情况

然而，去掉 2008 年 2018 年这两个百度新闻搜索数量明显高过其他年份几十倍的数据，只保留 2009—2017 年的"中间年份"来进行分析，还可以发现，其中 2011 年、2013 年等"逢三""逢五"等符合中国传统纪念语境下的年份，也呈现出新媒体报道的集中。显然，"逢十"作为整十年其纪念意义最大，因此新媒体作为更有互动性和民间性的媒介其报道数量积累最多。我们甚至可以预计到下一次有关汶川地震的新媒体新闻报道数量爆发式增长的时间将是 2028 年，即汶川地震发生后整 20 周年的年度。

关于第二轮数据分析我们可以得出如下结论：汶川地震发生后的一段时间（大约 1 年）以及发生后的每个整 10 周年，是新媒体构建和唤醒整个汶川地震集体记忆的重要纪念语境。

结合上述两类分析，我们几乎可以肯定的得出这样的结论：汶川地震整十周年的周年纪念日，是新媒体新闻报道最为集中的一段时间。

通过数据分析，我们也能够轻易证实这一点：2018 年 4 月 28 日—2018 年 5 月 27 日这一个月的时间内，百度新闻搜索出来的新闻标题中含有"汶川地震"字样的新闻报道共计约 12100 篇，占到了 10 年间所有汶川地震新闻报道总量的 57.15%，在这一个月的时间内，新媒体每天平均要发布关于汶川地震的新闻报道 403.33 篇，这差不多是 10 年以来这一数据平均值（6.88 篇）的 59 倍，用"信息爆炸"来形容这一时间段内新媒体对汶川地震的报道也毫不过分。

表 4-3　2018 年 4 月 28 日—2018 年 5 月 27 日百度新闻搜索数量情况

时间段	报道数量	日均报道数量
20180428—20180527	13100	403.33
20180512—20180630	22921	6.88
占比/倍数	57.15%	58.65

上述分析证明周年纪念日尤其是整十周年纪念日是汶川地震灾难记忆最为重要的纪念语境，这与传统媒体对于汶川地震灾难记忆构建的纪念语境基本一致。

通过上述分析可以得知，面对汶川地震这一灾难事件，对于新媒体这一更为民间和互动的媒介和平台，记忆言说仍然是符合记忆研究学者舒德森（Schudson）对于"纪念性"与"非纪念性"公共记忆形态分区的，亦即前者将过去带入当下，而后者则令过去得以存续。①

但从政治功能的角度来说，符合当下需求的纪念性报道仍然是随官方言说的记忆秩序"起舞"的，也可以说官方言说在整个汶川地震灾难记忆秩序的建立中，也不得不暗合某种社会传统和心理习俗，既有在关键时间节点的"扬"也有在其他时间节点的随之而"抑"。尽管，政府政府即是危机的应对者，也是救援和重建的决策者。同样，它也是记忆建构的合作者。

为了保持数据源的一致性，并进行更深度的分析，本研究对报道主题的分析我们仍然以百度新闻搜索数据为基础进行，而百度新闻高级搜索功能中的"按焦点排序"为我们建立样本提供了便利，因此我们构建了一个以汶川地震发生后一段时间及每年纪念日前后的新媒体新闻焦点度前 10 篇新媒体报道构成的样本库，共计 110 个样本。具体抽样原则是，根据上述关于 2008—2018 年的历时性分期，并考虑各时间段内百度新闻搜索结果的数量和主题分布差异性（如地震发生一段时间之内新媒体新闻报道以灾害情况报道为主），采用了差异化的取样方法，以保障每个时间段内的样本均保持一定的随机性和可靠性。

（一）第一阶段（灾难发生期）的报道

对灾难报道的探索始于 20 世纪 50 年代，主要是美国学界针对地震、战争、飓风等灾难的报道而做出的系统性研究。我国的灾难报道在早期具有较强的政治功能性，改革开放之后媒体社会功能得以恢复，基于事件的"事本位"逐渐凸显出来，而 2008 年之后，随着国

---

① Schudson M. Lives, Laws and Language: Commemorative Versus Non-Commemorative Forms of Effective Public Memory [J]. *The Communication Review*, 1997, 2 (1): 3—17.

家信息公开制度的不断完善和发展，以及国家哀悼日的确立，灾难报道的"人本位"得以逐渐成形。再加上这个期间新媒体所掀起的媒体革命——更为及时、全面、互动、民间的新闻报道和阅读方式，更加助推了这种"人本位"思路的一种时代性确立。

汶川地震事件发生之后，尽管传统媒体如中央电视台和凤凰卫视等发挥了其前所未有的快速采访和报道能力，备受国内外的关注和赞誉，然而仍然被新媒体抢在前面——基于新媒体对于地震的热议首先形成了灾难传播的"第一推动力"。另外，新媒体天然所具备的快速性，以及信息的海量和多样性，使得人们对汶川地震的关注大量注于网络平台。而这样的事件实际上也改变着当时很多人的信息获取习惯。尤其是突发新闻的发生，新媒体用户可以在第一时间了解到相关短讯，再通过报纸、电视等传统媒体进一步深度了解和印证。

根据当年度的统计，从 2008 年 5 月 12 日—5 月 18 日，新华网、人民网、央视网、中新网等政府门户网站对于地震险情和相关事件的新闻报道，包括文字、图片、音视频等共 12300 条；而社会门户网站包括新浪网、搜狐网、网易、腾讯网等整合发布地震险情和相关事件的新闻共 133000 条，上述 8 家门户网站汶川地震相关内容的点击量达 116 亿次，汶川地震相关内容论坛的帖子数达 1063 万个。另外，新浪网、搜狐网、网易旗下关于抗震救灾而专门建的博客该年度的文章综述超过 233 万篇，点击数超过 23.6 亿次，回帖数超过 1260 万个。① 可以看到，新媒体在 2008 年当年在事件呈现、传播和延伸互动上所达到的丰富度是其一大特点。

我们以百度新闻搜索高级搜索功能为工具，在新闻标题中搜索"汶川地震"为全部关键词（由于百度提供的按照标题搜索的功能仅能按时间顺序显示，因此采用按全文搜索的功能），以地震发生后 3、6、9、12、15 日（即 5 月 15 日、5 月 18 日、5 月 21 日、5 月 24 日、5 月 27 日）每日当天为搜索时间段，并按照新闻焦点度进行排序，

---

① 《汶川地震启示录之四》　［EB/OL］. http://news. 163. com/special/0001207l/ins04. html，2008（6）.

将每日焦点度前 10 名的新媒体新闻报道置入样本库，共产生样本文章 50 篇。通过这些样本的主题分析，可以发现这些新媒体报道在汶川地震记忆建构的第一阶段，发挥了其独特的作用。

首先，从 50 份样本可以看到，很大一部分是提供大量的一线、一手的讯息。由于地震刚发生不久，新媒体利用其快捷、迅速的传播特点，采用一切可能的手段和渠道传递灾情和救援情况，通报实时动态。这一 24 小时全天候的传播特点满足了公众对海量信息的需求。

其次，可以从看出新媒体报道主题的个体意识。由于新媒体采编团队深入一线，且大多采取快速、及时、现场感极强的描摹手法，并以第一人称展开叙述，这类自述式报道共有 7 篇，例如《四川汶川地震亲历者讲述，只 5 秒钟山塌村没》《北川幸存师生：汶川地震前几个月大地经常晃》等。这些样本主要以现场的人、事件、心理活动为主：

> 大家静坐在自己的位置上，谁也不敢出声，甚至呼吸都很小声，没有老师。从我出生之后，北川没有地震过，其他同学也一样，谁都没有经历过什么是地震。所以，所有人都懵了，不知道该怎么办，只有恐惧在心里回荡。突然有人大声喊了一句"地震了，我们快跑?"所有人，迅速起身，大家争先恐后地往外面跑去，没有人停顿。我的位置离教室门口只有 3 个课桌的位置，但是我感觉非常艰难，跑到教室门口好像跑了一个小时……好不容易，终于跑出教室门了，然后，我的脚下好像被什么东西绊了一下，一下子硬摔在走廊上。这个时候，我发现同学们其实都趴在地上，跟我一样。我的前面是一个穿着绿色衣服的女同学，我看到她用手捂着自己的头，应该是被砸到了，很痛苦的表情。于是我也赶紧护着自己的头。突然，地面开始倾斜，应该是地面裂开了，我掉了下去，感觉自己想抓住什么东西却抓不着。我不断安慰自己说，这肯定是一个梦，只不过比较真实而已。①

---

① 《5·12 地震十年·家书｜就像从未离开过》［EB/OL］https://news.sina.com.cn/o/2018-05-11/doc-ihamfahw2927917.shtml.

　　这种自述式的新闻报道手法，并没有固定的视角，把故事中的"人"作为唯一核心来进行观照，根据法国结构主义批评家热奈特（Gerard Genette）的说法，是为限制性叙事或内焦性叙事。对于精英视角的传统媒体而言，新闻操作自有其客观、中立且法则严密的一套逻辑。然而，对于新媒体而言，这种记者意识和报道权力的让渡，反而造就了个性主观的视角，内焦性的叙述方式、细腻深入且现场感十足的笔法，为其带来了生动、活泼的氛围，并使得受众极为亲切。

　　事件发生后，新媒体报道的速度和信息密度本身也造成了信息失真度的问题，尤其有些网络媒体为了第一时间抢到信息并进行推送，来不及对信源进行核实，更缺乏新闻材料的交叉比对和求证。可以从样本中看到，例如《四川北川水库出现裂缝　上万人狂奔撤离（图）》《外媒称中国从汶川地震中恢复需要 10 年时间》《美间谍卫星在汶川地震后第一时间拍摄的图像》《专家建议"汶川地震"更名"映秀北川地震"》这些消息较大比例的出现，而《汶川地震后核设施处于安全可控状态》《开展跨学科系统研究——18 位地学院士解析汶川地震》《国新办就四川汶川地震灾害和抗震救灾情况举行第六次发布会》《中国地质调查局：汶川地震原因已有初步的结论》《中国地震局将汶川地震震级从 7.8 级修订为 8.0 级》等则是不断对进行信息修正和补充。高频而密集的信息虽然可能会产生谬误和偏差，但其本身也处在偏差-纠偏的动态平衡中。

（二）第二阶段（灾后重建期）的报道

　　如前所述，根据 2009 十一届全国人大二次会议审议批准的政府工作报告，灾后重建"三年任务、两年完成"，也就是说 2010 年 5 月 12 日是汶川地震灾后恢复重建即将全面完成的日期。对于新媒体所擅长和凸出的民间记录而言，从"抗震救灾"的灾难叙事主题再到"重建"和"新生"的叙事主题过渡，也经历了嬗变。

　　对于 2009—2011 年，我们以百度新闻搜索高级搜索功能为工具，在新闻全文中搜索"汶川地震"为全部关键词（由于百度提供的按照标题搜索的功能仅能按时间顺序显示，因此采用按全文搜索的功能）、以每年 5 月 12 日为搜索时间段，并按照新闻焦点度进行排序，奇数年将焦点度前 6 名的新媒体新闻报道置入样本库，偶数年将焦点度前 5 名的新媒体新闻报道置入样本库，共产生样本报道 50 篇。

与灾难报道的即时性、当下性不同，2009—2011 年是汶川地震震后社会效应在整个国家的政治、经济、文化、民生各方面影响力度最大的三年，新媒体对于灾难记忆的建构也相应开启，进入"后灾难报道时代"。这一时代的特点是，灾难已经过去，只能被以纪念的方式来回望和重述，并通过过去和现在的时间距离来关照当下和立足现世。从空间的维度来看，后灾难时代处于事件的"背面"，因此相关新闻报道需要绕过事件和人物进入到对灾难的回忆、反思中去，挖掘希望和信仰层面的价值。

新媒体的新闻报道文本本身就具备某种超链性，而灾难事件为其提供了前文本和情感底色。通过一系列基于新媒体互动性传播的媒介化，形成了各种灾难记忆的延伸性建构。本研究根据新媒体关于汶川地震报道的不同目的，对这些报道进行了如下划分：

一是在某些重要的时间节点对灾难本身的纪念报道（52%）。对于社会和文化规约而言，灾难周年祭是一个符合大众期待的新闻由头，通过一系列的媒体报道，关于纪念活动的展演能使人们回溯灾难的发生与抗震救灾的过程。通过灾难纪念报道的阅读和评论，也参与了某种哀悼和疗伤，由此便在赛博空间建构出了一个独特的纪念空间。

二是在社会情感需要时进行的灾难创伤治愈报道（25%）。[①] 灾难发生之初，来自官方的传统媒体和主流媒体的新闻往往都在全力书写救灾故事、谱写抗震赞歌；而新媒体报道的主题往往采取平视视角。

三是在新的新闻要素出现时对灾难进行的后续跟踪报道（15%）。例如汶川地震期间的失踪人员、救灾英雄、被救人士后续的人生和生活当出现新的线索和进展，媒体会随之跟进，并勾连事件和人物的背景，尝试织起一个完整的逻辑链条，最终展现某种记忆层面的价值观。

---

① 这种类型有时不能单纯地独立于纪念报道之外，与纪念报道不同的是，灾难创伤治愈报道更为注重大众心理角度的挖掘和体认。

四是在类似灾难性事件发生时进行的两次灾难的类比报道（8％）。例如 2010 年玉树地震和 2012 年的雅安地震，相关新闻报道则会提及汶川地震，并将后者作为一种标尺。因此，在这样的对比报道中，原来的灾难事件将被赋予经典地位，其生命周期由此得以延长，将影响和连接其他灾难事件和灾难记忆。

玉树地震·与汶川地震对比		
类目	玉树地震	汶川地震
时间	2010年04月14日，07时49分。	2008年5月12日，14时28分。
地点	青海省玉树藏族自治州玉树县（北纬33.1，东经96.7）。	四川省汶川县映秀镇（北纬30.986，东经103.364）。
深度	震源深度33千米。	震源深度14千米。
震级	7.1级。	8.0级。
伤亡	截止2010年4月25日下午17时，玉树地震已造成2220人遇难，失踪70人。	汶川地震遇难69225人 受伤374176人 失踪17923人 治疗96402人。
余震	据中国地震台网中心统计，截至2010年4月20日15时，青海玉树地区共发生余震1278次，3级以上余震数字已连续3天没有增加。	截至2008年5月20日11时，汶川8.0级地震共发生余震7000余次，其中4级以上余震189次，其中5级以上26次，6级以上4次，仍然持续增加。
受灾区域	青海省玉树藏族自治州玉树县，称多县，四川省甘孜州。	四川成都、都江堰、绵阳、德阳、广元、阿坝州、北川、绵竹、青川，汶川县为主要受灾地区。甘肃天水、陇南等地有震情发生。死亡人数364人，受伤7560人，陕西死亡122人，受伤2948人。河南死亡2人，受伤7人，湖北死亡14人。
波及范围	青海玉树地震对四川部分地区带来影响，四川甘孜州石渠、白玉等地地震感较为明显。	除四川外，陕西，河南，湖北，重庆等四省市出现伤亡。大半个中国均有震感。
震区民族	玉树藏族自治州，是青海省下辖的一个自治州，总面积为26.7万平方公里，总人口25.27万人（1999年），其中藏族占97%。	汶川地震，作为少数的少数民族，其计有2万余羌族人士遇难或失踪，占羌族8人口的10%。全县羌族人口，还有羌族建筑等，亟需急需进行文化重建。
震区防疫	4月23日上午地震第九天，卫生部发言人在新闻发布会上表示：玉树震区要严防出现大病害疫和鼠疫感。	汶川-2008年5月7日，震撼世界的汶川大地震进入第六天，有关专家称现在也进入了预防灾区疫情的关键时期，炎热的气候，大量遗体逐渐腐烂，大量灾民免疫力下降，大数量地震的废墟相互，防治汶川灾区恢复纾缓防疫形势。
震区建筑	玉树灾区建筑多为土木结构，玉树县城结构以土木结构房屋几乎全部倒塌。4月22日，青海省教育厅厅长首次发布学生伤亡情况，经初步统计207名学生在地震中死亡。	汶川灾区建筑多为砖石结构，地震曾造成四川绵竹市等城镇两所幼儿园和两所学校倒塌，1700人被埋，其他灾区也有大量学校倒塌，学生群体成为灾情最重的受灾群体之一。

图4-6　网易门户青海玉树县7.1级地震专题

因此，在第二阶段，对灾难本身的后续延伸、对灾难记忆和创伤治愈的"抚慰"功能，是新媒体在建构过程中的主要主题。对于这类回望型和重现性的报道，实际上是要对灾难事件进行"二次处理"和"二次消费"：一方面由于人类在一直面对不同的灾难事件，并一次又一次团结起来应对灾难；另一方面人类的创伤和团结的心理是相通的，通过灾难记忆的勾连能获得对于人类最为普遍的价值观的重塑。这位汶川地震灾难记忆的媒介化建构腾出了话语空间和共识基础，即这样的集体记忆是能够被统一和融入到整个国家和民族记忆中去的。

（三）第三阶段（灾区发展期）的报道

对于 2012—2018 年，新媒体报道的情况和传统媒体一样，"逢五""逢十"这样的周期性和仪式性报道较为显著，而报道数量在 2018 年这一整数节点上达到另一个顶峰（82%）。而且，对于后灾难报道的"句点"，仍然也是灾难叙事的"句点"。

我们以百度新闻搜索高级搜索功能为工具，在新闻全文中搜索"汶川地震"为全部关键词（由于百度提供的按照标题搜索的功能仅能按时间顺序显示，因此采用按全文搜索的功能），从 2012—2018 年以每年 5 月 12 日为搜索时间段，并按照新闻焦点度进行排序，奇数年将焦点度前 6 名的新媒体新闻报道置入样本库，偶数年将焦点度前 5 名的新媒体新闻报道置入样本库，共产生样本报道共 50 篇。

从主题来看，在 50 个样本中，多个新媒体报道都梳理了汶川地震这一历史事件的发展脉络和因果关系，扮演了历史记录者的角色。尽管对于媒体的记录和叙述，很多历史学家并不认为能像历史书写那么系统化和客观性，但不同于传统的历史书写，媒体记忆的书写具有其独有的特性，它作为一种历史原材料被历史所采纳和整理，为历史书写提供佐证，但不论报道形式还是内容都更具弹性。这其中，常有新媒体最为擅长的多种媒体耦合呈现的形式，不仅综合运用了文字、图片、视频等符号来再现历史，还将承载着灾难记忆、精神内涵的丰富的符号与高清组图、大数据等媒介技术相结合。

以样本中的澎湃新闻为例，它所做的纪念报道，始终融入了当下新兴的 H5 和短视频相结合的报道方式，使得其传播效果既有极强的现场感，又突破了原来的版面限制，显得内容交互感更强且内容更具弹性。其中，《汶川十年影像志》完全是图片记录，而《汶川十年镜头无尘》《北纬 31°》则是图文结合的新闻策划，"视频"版块则包含一个总括性的纪念短视频以及 3 则记者的实地采访视频。在这一多媒体融合的报道中，视觉呈现这一极为直观和贴近的方式，激活了汶川地震十周年的集体记忆。

图 4-7　澎湃《汶川十年影像志》专题

　　在澎湃《汶川十年影像志》这一专题中，我们可以看到图文的交替使用，以及对包含大数据、数据可视化的新技术的借用。在其中，包含汶川地震灾难记忆极为有象征意义的符号不断穿插呈现，已然成为人们回到灾难现场的一个"符号入口"。①

　　当然，不少新媒体以平民视角进入纪念现场报道中的时候，呈现的也是普通人的生活片段和记忆碎片，这不得不说是这场灾难记忆的"微光"，不成体系、个体性强、极为零散，但相对统一的、集体的、有秩序的宏达记忆而言，又显得弥足珍贵，不容忽视。可以说，新媒体的媒介记忆与传统媒体的不同之处就在于此，当传统媒体在构建记忆的宏大叙事时，新媒体便聚焦于个体记忆的片光掠影和细致之处。这种以小见大的记忆建构不仅是对宏大叙事的一种反抗，更是对记忆"微光"的保存，使得整个汶川地震灾难记忆更为丰富和复杂，也更有人文关怀和温度。

---

　　①　《汶川十年影像志》［EB/OL］．［2018-05-03］http：//k．sina．com．cn/article_5044281310_12ca99fde02000e1h3．html．

二、新媒体记忆议程建构的对比

根据样本数据对各类媒体参与汶川地震新媒体新闻报道的频次所进行的统计，在 150 个样本中，由政府部门官方网站发布的有 28 篇，由传统媒体门户网站发布的有 32 篇，由新媒体门户网站发布的有 68 篇，由其他资讯网站发布的有 22 篇。

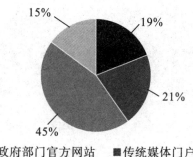

15%　19%

21%

45%

■政府部门官方网站　■传统媒体门户网站
■新媒体门户网络　　■其他资讯网站

图 4-8　各类媒体参与汶川地震新媒体新闻报道的频次

除对总体数量分布的分析外，笔者还根据各类网站新闻发布数量在各个时间阶段的分布情况，通过对该数据进行分析，我们发现，新兴新闻门户网站所发布的信息数量除总体上占样本量的比重较大以外，在每个时间段内，新闻门户网站所发布的信息数量均处于各个网站类别的领先位置，但政府官方网站、传统媒体的互联网门户网站这两类网站的影响力在不同的阶段却呈现出不同的表现。

表 4-4　三个阶段中不同新媒体的报道样本数

时间段	政府部门官方网站	传统媒体门户	新兴新闻门户	其他咨询网站
第一阶段	16	7	20	10
第二阶段	8	15	20	7
第三阶段	4	10	28	5

　　在第一阶段，地震事件发生不久，灾难事件的真空急需信息来进行填补，因此，新媒体以其快速、高频的方式迅速占领受众眼球。然而这必定是信息发布和信息修正这两种行为不断同时涌现的局面。因此，一方面各类新媒体介质借此时机占领信息高地，一方面政府部门官方网站发挥了信息发布的权威性，担当起信息维护者的角色。

　　在第二阶段中，政府部门官方网站的信息数量急剧减少，但仍然保持对灾难信息发布的权威性，并建立了某种信息信度的依赖感。而在第二阶段的"后灾难报道"时期，传统媒体门户网站则利用传统媒体对于深度新闻事件和人物的挖掘，进行了更为突出的报道。

　　在第三阶段中，由于事件本身的影响几乎远去，因此政府部门官方网站对于信息发布的需求极大降低，而各大新媒体门户则采取更为丰富的报道手段，利用音视频、图文、大数据、VR 交互等手段以纪念的方式"重返灾难现场"。

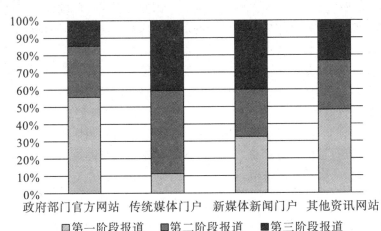

图 4-9　2008—2018 年三个报道阶段不同新媒体类别占比

　　由图 4-9 可以看出，政府部门官方网站在灾难记忆构建过程中的影响力巅峰期出现在第一阶段，这是因为对于自然灾害的事实性报道，政府部门官方网站有其天然的优势，而这一阶段新媒体新闻报道受众的关注重点往往集中于自然灾害本身，如伤亡情况、救援情况等；而在后面的两个阶段，它的影响力逐渐下降，这与其相对固化的报道主题和方式均有关系，将在后续的数据分析中进行解读。

传统门户网站在第二阶段中达到了影响力的巅峰，这说明其更加关注"日常的纪念"，更加重视其在灾难记忆构建过程中对抗遗忘的作用，而其在第一阶段中几乎没有出场，是受其自身媒体属性的影响和限制。而这一阶段传统媒体的新媒体门户网站的发展非常迅速，许多传统媒体将其新媒体门户网站作为独立的业务单元去运营，与新兴的新媒体新闻门户之间的边界已越来越模糊。

虽然新媒体新闻门户网站在各个阶段都是汶川地震新闻报道的"中流砥柱"，但是其在各个时间阶段的分布上还是呈现出了较大的变化，从图4-9我们可以明显看到，新媒体新闻门户网站在第一阶段和第三阶段中的表现更加突出，在第二阶段中其发力并不明显，这体现出新媒体门户网站对信息的态度更加"市场化"，以受众——或者说消费者——关注的焦点内容为重点。因此，新媒体新闻门户网站对于灾难记忆建构的积极性随受众的信息需求和兴趣高低而增减。

将目光转移到报道主题上，显而易见的是，不同的报道主题对灾难记忆的构建会施加不同的影响，它们向信息的接收者提供不同的叙事内容，传达或是缅怀，或是激励，或是感伤的情绪，这些信息的受众会将这些情绪和叙事保存在个人的记忆中，最终汇总成一个综合的、复杂的、动态的记忆建构历程。本研究在对汶川地震的新媒体新闻报道进行取样的过程中，分析并总结了报道主题的类别，并以此对样本进行了标签化的赋值。

（1）时间段，即第一阶段（灾难发生期，2008年5月12日—2008年12月）、第二阶段（灾后重建期，2009—2011年）、第三阶段（灾区发展期，2011—2018年）三个时间段。

（2）发布网站类别：a-政府部门官方网站（如绵阳市政府网站）；b-传统媒体门户网站（如人民网）；c-新媒体门户网站（如新浪新闻）；d-其他资讯网站。

（3）新媒体新闻报道的文章主题：

a-事实报道，指包含伤亡及损失情况、救援开展情况、灾区重建情况等事实性叙事的报道。

b—人物专题，指包含受灾群众事迹、灾区救援事迹、捐赠事迹等聚焦个人事迹的报道。

c—纪念活动报道及纪念文章，指对汶川地震的线上、线下各类纪念活动进行的报道，也包括由名人撰写或媒体撰写的纯纪念文章。

d—其他地震相关报道，如关注震区生态环境保护与恢复的报道、关注震区非遗遗产保护的报道等。

e—地震知识科普，即介绍汶川地震相关的地理知识、地震预防、地震逃生等相关知识的报道。

f—官方活动，即有关政府机关、部门和领导人关于汶川地震的活动。

g—与地震本身无关的报道，即仅以汶川地震为切入点报道其他内容，或在报道内容中提及汶川地震但并不把地震作为主要报道内容的报道。

在该变量的筛选及判定过程中，我们对同一篇新媒体新闻报道的赋值是唯一的，也就是说我们只关注一篇新媒体新闻报道的主要报道主题，涉及多个报道主题的，只选取其最主要的关注主题，如《第3届龙门山自行车赛举行，纪念汶川地震4周年》的报道中，报道主题为纪念活动，虽然报道文章中提及了灾区重建工作的进展，但在统计报道主题时，我们向其赋值为"c—纪念活动报道"。

（4）是否为纯文本报道：a—是；b—否。

（5）是否为全媒体报道：a—是，指利用文字、图像、音频和视频结合（包含两种以上）的全媒体报道；b—否。

（6）是否包含大数据及其可视化呈现：a—是；b—否。

（7）是否运用卫星地图报道：a—是；b—否。

（8）是否运用时间轴叙事：a—是；b—否。

（9）是否运用3D动画视频报道：a—是；b—否。

（10）是否运用互动式的报道：a—是；b—否。

按照上述原则，将 150 个样本作为我们对新媒体新闻报道进行数量分析和文本分析的基础样本，分析这些主题类别的总体分布规律以及其在不同时间段的分布情况、在不同的网站类别的分布情况，以归纳新媒体环境下时间和载体这两个因素对集体记忆构建过程的影响规律。

总体上，有关地震的事实报道，包括伤亡及损失情况、救援开展情况、灾区重建情况等事实性叙事的报道，占总样本数量的比重达到 35%；地震人物专题报道，指包含受灾群众事迹、灾区救援事迹、捐赠事迹等聚焦个人（或某个特定团体，如"日本救援队"）事迹的报道数量占总样本数量的 28%；纪念活动报道及纪念文章，包括对汶川地震的线上、线下各类纪念活动进行的报道，以及纪念性文本占22%；无法归类的数量均未超过 10 篇，占总体报道数量的比重也没有超过 5%。

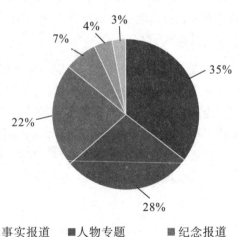

图 4—10 汶川地震灾难报道不同主题所占比例

另外，通过对报道主题在不同时间段中的分布规律进行统计，可以分析人们在不同阶段灾难记忆构建过程中关注焦点的变化。

表 4-5　三个阶段中不同报道主题的样本数

	第一阶段	第二阶段	第三阶段	合计
事实报道	31	12	9	52
人物专题	6	17	19	42
纪念报道	2	14	16	32
官方活动	6	4	1	11
地震知识科普	5	1	0	6
地震其他报道	0	2	5	7

（一）事实报道

事实报道构建了汶川地震集体记忆的重要基础，相当于汶川地震灾难记忆构建的基石。在第一阶段此类报道占据了总样本量的 60％，而在随后的两个时间阶段内，这类主题的报道数量逐年减少，从文本分析过程中我们看出，第一阶段中人们所关注的新媒体环境下所发布的事实报道，以伤亡、损失报道和救援报道为主，而在随后的两个阶段则以重建情况报道为主，这说明汶川地震集体记忆的架构中，地震本身的破坏性、造成的损失占据主要地位，而地震发生后的恢复和重建则处于次要的地位。

例如，题为《截至 27 日 12 时四川汶川地震遇难人数为 67183 人》的新媒体新闻报道介绍了国务院新闻办公室 5 月 27 日下午 4 时在国务院新闻办新闻发布厅举行新闻发布会的情况，摘录了国新办新闻局局长郭卫民的通稿全文，最后以一张表格清晰地列出了每个受灾区域的伤亡统计情况，全篇报道内容简洁清晰，有效地传达了受灾情况及伤亡情况。题为《"史上今日"汶川地震》的报道，记者从发生原因、影响范围、破坏力、伤亡情况、经济损失、国内援助、国际援助等方面，全面回顾了汶川地震的相关事实，并且延伸介绍了地震救援过程中涌现出来的一些"英雄少年"事迹以及 20 世纪中国历史上的十大地震，报道具有一定的百科性质。

（二）纪念报道

作为对抗遗忘的主要手段，纪念报道起到抵挡外部风雨的作用。有别于传统媒体的相关报道，新媒体的纪念报道较为注重互动性，叙事角度较为平民化，且个性化表达较多。例如发布于腾讯网娱乐版块的报道文章《汶川地震七周年祭，众星缅怀：世事无常珍惜当下》①能够进入样本库（除了考虑到其作为当时媒体焦点外），说明在新媒体环境中，人们不仅关注官方或者正式的纪念活动，也同样关注个性化的，尤其是其日常所关注的个性化人物（如文体明星）对于此事件的纪念性活动或表达；另外，由于这篇报道引述了多个明星在微博中的纪念性表达，能够通过微博发起相关的纪念活动，说明在新媒体环境下，记忆场所不再是某个具有象征意义的实体场所，而可能是某个虚拟的网络空间，临时组成一个纪念的维度来作为记忆的场所。

（三）人物专题

向受众传递了更个性化的情绪，为集体记忆的构建提供了更鲜活和真实的叙事，可以将这类主题的报道看作是在集体记忆构建过程中进行粉刷、涂色的过程，对逝者的哀思呈现出灰色的基调，对坚强的受灾群众的描述是鲜明的红色，对救援、帮助的事迹报道则是暖色调的主题。从表 4-5 可以看出，人物专题从第一阶段到第三阶段都处于比较重要的地位，尤其是在第二阶段、第三阶段两个阶段。这说明新媒体环境中，人们更加关注那种鲜明的、个性化的叙事，这些鲜明的个人事迹更容易影响个人的记忆，甚至可以通过新媒体的报道和传播成为一种记忆符号，"敬礼娃娃""可乐男孩"

---

① 《汶川地震七周年祭，众星缅怀：世事无常珍惜当下》［EB/OL］. https://ent. qq. com/a/20150512/042173. htm.

甚至"猪坚强"都是通过这类报道主题的传播成为汶川地震集体记忆中的重要符号。

以环球网《一个外国人眼中汶川地震：灾难中这里没有抱怨》为例，该文章以作者和一个在地震发生时在成都工作的美籍男子约翰之间的交流为主线，以一个外国人的视角讲述了他亲历地震瞬间的感受，他所观察和感受到的中国人民、灾区人民对待自然灾害所展现出来的态度和采取的行动，以及他本人的情绪表达（感动）和行为（参与救援），整篇文章为叙事性报道，充满个性的表达，以个性化视角去构建主流的灾难记忆。①

在《汶川地震后那些人：可乐男孩真的去了可口可乐》里，作者将汶川地震发生当年媒体大量报道的一些焦点新闻人物7年后的生活状态进行报道，并与其当年接受新闻媒体采访时对将来的期望进行对比，辅以第一阶段当事人的图片和地震发生7年后图片的对比，给读者带来强烈的冲击感。在新闻人物的报道过程中，作者除了表达与主流情绪相符合的积极向上的情绪外，也表达了一些不同的个人担忧。②

（四）地震知识科普

这一报道主题主要出现在第一阶段（5篇），且主要为介绍地震形成原因的科普报道，仅1篇出现在第三阶段，内容为地震防灾及逃生知识，而这一主题在第二阶段中没有样本出现。由于上述三类报道主题出现频次较小，我们仅进行了简单的分析，在下文的规律性分析中不涉及这三类报道主题。

"地震其他报道"类的报道一共出现了4篇，分别出现在第二阶段阶段和第三阶段。这些报道文章以汶川地震为切入点报道与地震本身无关的事件，如2017年的报道《汶川地震空降兵15勇士5000米

---

① 《一个外国人眼中汶川地震：灾难中这里没有抱怨》［EB/OL］. http://www.chinadaily.com.cn/hqgj/2008-05/27/content_6714130.htm.

② 《汶川地震后那些人：可乐男孩真的去了可口可乐》［EB/OL］. https://news.qq.com/a/20150512/053404.htm.

奋不顾身的一跳，你知道有多危险么?》是以地震期间伞兵救援灾区的事实报道为切入点，着重介绍中国伞兵的武器装备情况及训练情况。再如2018年的报道《汶川地震十年祭：唯一上市公司净利润不及地震前》是以地震十周年纪念日为切入点，分析上市公司岷江水电的市场表现。

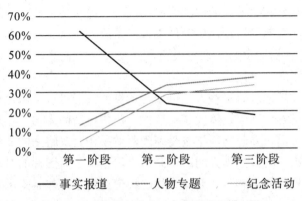

图4-11 报道主题在三个阶段的比重对比

表4-6 同新媒体的不同报道主题的样本数

	政府部门官方网站	传统媒体门户	新兴新闻门户	合计
事实报道	19	11	21	51
人物专题	4	9	28	41
纪念报道	5	11	16	32
官方活动	4	2	5	11
地震知识科普	1	1	4	6
地震其他报道	0	3	2	5

在完成了对报道主题在不同时间阶段分布情况的分析之后，我们又将报道主题在网站类别上的分布进行了分析，以期归纳出各类网站对于各类报道主题的报道偏好规律。

政府部门官方网站虽然仍具备新媒体的传播特点，但它的背景和功能决定了其独特切入点和叙事方式的采用。可以看出，政府部门官方网站更偏好于报道时事型的主题，如事实报道（58％）和纪念活动报道（15％），通过对文本的深入分析，我们还发现，政府部门官方网站对于事实报道中的重建情况报道以及对纪念活动的报道，往往以政治宣传为落脚点，如《汶川地震三周年：在新的起点上实现跨越式发展》一文中，在进行重建工作成果事实性叙事的基础上，重点对国家的强大、党的执政能力的提高进行宣传性报道。

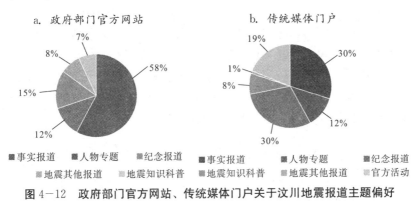

图 4-12　政府部门官方网站、传统媒体门户关于汶川地震报道主题偏好

传统媒体的新媒体门户网站是一类比较特殊的新媒体新闻门户网站，它们一方面有传统媒体受官方管控的特性，也有新媒体新闻门户网站事实的开放特性，从图 4-12 我们可以看出，传统媒体的新媒体门户网站在三大主要报道主题上没有特别明显的偏好分化，这类媒体对于事实报道、纪念活动报道、人物专题报道同样重视，尤其是关于聚焦领导人视察活动和讲话的官方活动报道，是最多的（19％），有利于体现官方这一记忆言说者对记忆秩序的重视。当然，这一过程中，传统媒体门户网站在进行事实报道和纪念活动报道的过程中，有意避免直接对政治宣传的呈现，如《回眸十年，那场大地震留给我们的记忆和感悟》，而是将宣传议程放在细节和叙事中。

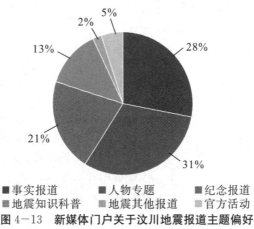

■ 事实报道　　　■ 人物专题　　　■ 纪念报道
■ 地震知识科普　■ 地震其他报道　■ 官方活动

图 4-13　新媒体门户关于汶川地震报道主题偏好

　　新媒体新闻门户在汶川地震事件期间和后续的纪念活动中可谓大放异彩。从主题来看，其报道主题在事实报道、人物专题、纪念报道三大版块上是较多且较为均衡的，更为偏重对人物的聚焦和个体情感（31％），较少官方活动的呈现（5％），除了全文转载政府部门官方网站文章的报道外，较少进行政治宣传。

三、叙事文本：灾难话语的文本生产和实践

　　新媒体环境下的新闻报道相对于传统媒体来说往往会采用较多的报道方式，我们通过对上述样本进行分析后，对新媒体环境下新闻报道对汶川地震采用的多种报道方式进行了总体上的分布规律总结，同时对某些创新性较强的报道方式进行了深入的分析举例。

　　总体来说，在我们获得的 150 个报道文章样本中，采用纯文本方式的共计 49 篇，不到样本总量的三分之一，而采用两种以上报道方式相结合的文章为 101 篇，超过了样本总量的三分之二。

　　在时间分布上，我们可以通过表 4-7 看到，随着时间的推移，采用多媒体方式进行报道的比重逐渐增大，这一方面是由于新媒体环境的深化发展，新媒体新闻报道总体上越来多地应用了多媒体技术；另一方面也是由于汶川地震发生当年新媒体新闻报道更多地追求信息

报道的即时性，大部分新闻发布网站不会多放多媒体内容。

表4−7　不同阶段新媒体不同报道方式的样本数

报道方式	第一阶段	第二阶段	第三阶段	合计
纯文本	27	15	7	49
多媒体	23	35	43	101

在发布网站分布上，我们可以通过表4−8看到，随着"新媒体化"的深入，采用多媒体方式进行报道的比重逐渐增大，这说明越是新兴的新媒体新闻发布渠道，越倾向于使用多媒体结合的方式进行报道。也正是得益于此，对于汶川地震的集体记忆构建过程来说，新媒体环境下，更多地加入了影像、图片、声音等传统媒体所无法提供或很少提供的元素。

表4−8　不同类型新媒体的不同报道方式的样本数

报道方式	政府部门官方网站	传统媒体门户网站	新媒体新闻门户网站	合计
纯文本	19	10	20	49
多媒体	14	27	56	97

在对所选取样本的分析过程中，我们选择了一些典型的新媒体环境下的创新型新闻报道方式进行深入研究，以期获取各类创新型报道方式的应用场景规律，以及发现它们在新媒体环境下集体记忆构建过程中起到的特殊作用。

（一）大数据的运用

美国学者舍恩伯格和肯尼斯·库克耶编写的《大数据时代》中，大数据（big data）指针对所有数据（亦即全数据）来进行分析处理。[1] 根据这一定义，大数据一般被应用在互联网可以介入而一些常规统计和分析方法无法完成的统计场景。一般通过数据集合来形成强

---

① ［英］维克托·迈尔·舍恩伯格. 大数据时代［M］. 浙江人民出版社，2013年版。

大的洞察力和决策力。在新媒体环境下的新闻报道中，大数据分析结果的应用能够辅助书写者去说明事实，表达观点等。我们在收集到的样本中，选取了两篇运用了大数据分析的典型案例进行文本研究。

其中一篇是题为《汶川地震 7 周年，哪些在进步》的报道文章，这篇文章发表于新华网数据新闻版块。在这篇文章中，大数据分析帮助作者说明灾区经济的恢复情况、人民的生活水平改善情况以及防灾减灾水平的情况，在事实性新闻报道中，大数据分析结论帮助新闻报道提升了可信度、增强了说服力。

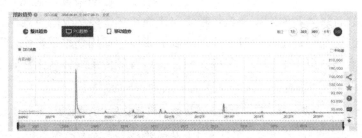

图 4-14　新华网报道《汶川地震 7 周年，哪些在进步》的数据版块

另一篇是题为《汶川大地震 9 周年：微时代的国民记忆》的报道文章，在这篇文章中，记者引用了人民网舆情监测室发布的汶川地震舆情大数据，这份数据报告中分析了舆情指数随时间发展的变化，指出了每年 5·12 纪念日前后该指数的波动状态，以及"逢五逢十"波动较大的情况。

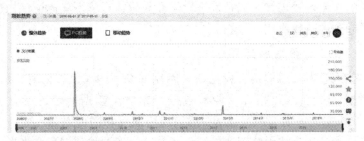

图 4-15　新华网报道《汶川大地震 9 周年：微时代的国民记忆》的数据版块

　　另外，这份报告还创新性地分析了"汶川地震"的地域关注程度，研究人员发现除四川外，浙江、北京、广东、江苏与上海的网友对汶川地震的关注程度较高，通过比对四川省外出人口的主要流向后分析得出了这些地区舆情指数较高的原因。这些利用大数据技术进行分析得出结论的实时性和准确性是传统的抽样研究所难以企及的。

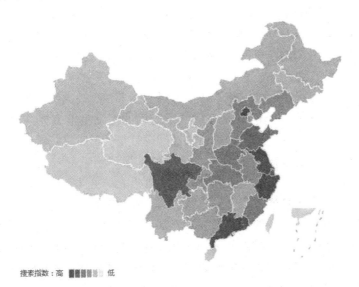

搜索指数：高 ▉▉▉▉▉ 低

图4-16　新华网报道《汶川大地震9周年：微时代的国民记忆》数据版块

（二）互动式的报道方式

　　互动式的报道方式并不是在新媒体环境下产生的独有报道方式，但是借由新媒体环境中信息传输速度快、范围广的特点，互动式报道在新媒体环境下发展尤为迅速，也比较能够代表新媒体环境下创新的报道方式。在新媒体环境下的新闻报道中，互动式报道可以有效拉近信息传播者与接收者的距离，更方便信息传输者和接收者个人思想的表达，我们在收集到的样本中选取了3篇运用互动式报道的报道文章作为典型案例进行文本研究。

　　第一篇是题为《丁元竹谈"从汶川地震看国家应急机制"》的互

动直播报道，在该报道中，直播节目以"从汶川地震看国家应急机制"，邀请了国家发改委宏观经济研究院研究员丁元竹教授接受访谈，并回答在线网友即时提出的问题。在直播过程中，主持人首先按照常规人物专访的流程对嘉宾进行专访直播，而后由参与直播互动的网友提问，嘉宾进行现场解答。直播结束后，主办方还将直播实录内容以文字的形式发布于直播视频下方，供没有观看直播的观众阅读。在这篇报道中，直播互动的形式拉近了嘉宾与观众的距离，使观众能够亲耳听见权威专家对自己所关注问题的解答，有助于向非灾区的普通民众普及抗震应急机制、宣传抗震精神。

第二篇是题为《网友忆十年前地震：聊天发现一大批同学头像全黑了》的新闻报道，这篇报道文章所运用的互动报道方式与直播不同，是先期进行话题征集，然后精选网友答复的留言进行报道。这篇文章采用的这种互动式报道方式比视频直播更能吸引普通民众的参与，任何一个人都可以通过互动分享地震当天的见闻和感受，报道者所精选的留言也传递出了十分丰富的信息和情感表达，有亲历者描述地震造成破坏的惨状的，有失去亲人寄托哀思的，也有表达地震后的十年来对人生变化的感慨的……这种报道方式将每一个当事或者未当事的个人作为叙事主体，以普通人的视角传递更细腻的情感，更容易引起读者的共鸣。

第三篇是题为《5月12日512分钟超长直播带你看汶川地震灾区十年巨变》的网络直播互动，网络视频直播是一种近年兴起的视频互动方式，其主要应用场景是游戏直播、才艺直播等，通过网络直播平台报道汶川地震灾区十年的变化是一次报道方式的巨大创新，这种方式现场感极强，可以使直播的参与者更相信报道内容的真实性。作为汶川地震重建成果的展示性报道，这篇报道采用网络互动形式，以向受众不间断呈现与5·12汶川地震相关的新闻、事件、人物等多种信息，同时注重直播中与受众的良性互动，大幅提高了节目的传播力。

第四节 在线书写的前区：记忆内容文本研究

本章的第四、五、六节以中文维基百科和百度百科的汶川地震相关条目作为主视角进行研究，考虑到用户来源和编辑贡献机制的差异性，故辅以百度百科作为对比研究视角开展分析。两种在线协作书写平台都提供了词条的历史版本供使用者查阅，这就为我们分析在线记忆书写提供了异常丰富的经验材料。

在本章第四、五、六节的分析中，以中文维基百科的"汶川大地震"条目和百度百科"5·12汶川地震"条目（两个在线协作平台中汶川地震的主词条名各有不同，分别如上所示）二者的记忆文本的叙事和表征以及在线协作和争夺行为作为研究对象，分析当民众作为言说者的赛博空间的灾难记忆构建。

分析主要基于中文维基百科和百度百科汶川地震词条的记忆话语组织。从以往文献来看，对于百科平台的在线记忆书写的研究主要还是以个案的质性研究为主，较少量化研究。因此，本研究借助量化文本分析工具 LIWC 的词库以及词频分析工具，从梵·迪克（Van Dijk）关于新闻图式结构的模型出发，以言语行为和语义学为方法进行分析。

探索与字词计数软件（Linguistic Inquiry and Word Count，LIWC），是一款量化文本分析工具。该工具主要被用数据模块和程序来取代专业评分者来对文本进行分析。LIWC 是于 20 世纪末由彭尼贝克（James Pennebaker）等人开发并在 21 世纪得以大量应用。LIWC 具备强大的类别词名和范例词库，尤其是心理学和情感色彩词汇经历了相关语言学家数年的论证和验证。待分析的文本可被导入软件，再以词库来进行比对和计算，以在同一文本中呈现出不同类别字词被使用的比例。据权威检验可证有较高信效度。[①] 由此，为方便针

---

① 张信勇：LIWC：一种基于语词计量的文本分析工具 [J]. 西南民族大学学报（人文社会科学版），36（4），2015.

对同一词汇类别进行对比研究，本研究选取 LIWC 简体中文版词典，主要关注 LIWC 中的人称代词、时态词、社会历程词、情感历程词和认知历程词，如表 4-9 所示。

表 4-9　LIWC 类别词名称及范例

Output Label	LIWC 2007 mean
Word Count	11，921. 82
Summary Variable	
Analytical Thinking	56. 34
Clout	57. 95
Authentic	49. 17
Emotional Tone	54. 22
Function Words	51. 87
Total pronouns	15. 22
Personal pronouns	9. 95
1st pers singular	4. 99
1st pers plural	0. 72
2nd person	1. 7
3rd pers singular	1. 88
3rd pers plural	0. 66
Impersonal pronouns	5. 26
Negations	1. 66
Affect Words	5. 57
Positive emotion	3. 67
Negative emotion	1. 84
Anxiety	0. 31
Anger	0. 54

Output Label	LIWC 2007 mean
Sadness	0.41
Cognitive Processes 2	10.61
Insight	2.16
Cause	1.4
Discrepancies	1.44
Tentativeness	2.52
Certainty	1.35
Differentiation 3	2.99
Time Orientation 4	
Past focus	4.64
Present focus	9.96
Future focus	1.42
Relativity	14.26
Motion	2.15
Space	6.89
Time	5.46

作为一种定量分析方法，LIWC 词频分析可追溯到情报学的应用，能对趋势、热点和关系变量进行描述和分析。这一量化方法的理论基础在于，"某个词在固定文本中被凸显的程度可以基于词语使用频率来进行标的和衡量，亦即词频越高，该词被提及的次数就越多，越有可能与文本支撑性意涵相关"。由此，本研究试图将中文维基百科关于汶川地震的条目置于该方法下，以考察其词汇使用情况，以反映该百科用户书写者的关注焦点和焦点之间的关系。

对于中文维基百科词条而言，存在着较为固定的分区。一般一个词条包含了"条目页""历史页""讨论页"。在"条目页"中，浏览用户可以看到该词条最新被编辑的完整状态；在"历史页"中，则可以看到该条目从第一个用户贡献至今所有的历史版本和动态修改过程；在"讨论页"中，则记录了针对本词条的某个具体细节的编写，不同用户之间进行讨论、协商和共识的过程。学者黄顺铭、李红涛对在线百科条目进行了分区分析，即前区、中区和后区。[①] 前区指条目页，即最新修改和调整之后的当前时刻记忆文本；"中区"为条目编辑的历史页面，呈现的是修改过程，可以对其记忆文本的变动轨迹来进行分析和研究；"后区"为讨论页，这是中文维基百科特有的（百度百科无此功能），可对其进行书写者的关系研究。

本研究借助量化文本分析工具 LIWC 对汶川地震相关百科条目"前区"文本进行分析。针对在线书写条目的"中区"，主要梳理条目编辑的变化轨迹，从汶川地震记忆书写的时间规律、篇幅变迁以及编辑历史等不同纬度来分析。针对在写书写的"后区"，主要围绕着词条书写者们围绕不同细节所展开的争议与协商过程来加以分析。在本章第二、三、四节中，笔者还对中文维基百科和百度百科两个书写平台在记忆生产中的规律和特点进行了比较研究。

一、叙事背景：归因框架的多样化

首先考察百科词条书写中灾难事件背景的书写。范·迪克指出，对于事件背景而言，一般由两个部分共同组织：一是环境（circumstances），主要指事件发生之前的一切外部信息，包括历史、政治、经济、文化等现状；二是历史（history），主要是指事件之前的事件——可能是主要事件的起因或条件。

与新闻报道的写作书写习惯不同，在线百科书写有其独有的逻辑。对于新闻报道的书写来说，书写逻辑服从于观看逻辑，也就是说，为了观看者更好地阅读，因此通常首先呈现主要矛盾，往往背景信息的补充和拓展都被放置在主要新闻事件之后。然而，对于在线百

---

① 黄顺铭，李红涛. 在线集体记忆的协作性书写——中文维基百科"南京大屠杀"条目（2004—2014）的个案研究 [J]. 新闻与传播研究，2015，22（01）：5—23，126.

科平台来说，用户通常按照事件发展的更新逻辑顺序来进行条目的书写。因此，在汶川地震条目中我们可以看到背景内容主要位于正文的前面。

在百度百科的"汶川地震"条目中，只有地理学上的阐释。而中文维基百科则提供了较为详细和多样化的灾难事件背景信息。首先是环境背景。"汶川大地震"条目提及了震前1—5天震区上空的电离层平均密度骤降一半以及数十万只蟾蜍迁徙的现象。其次是历史背景。当其出现在条目开篇时，主要为勾连灾难事件相关的历史背景。当然，词条中每一条信息都有来源和出处，以链接的形式进行备注。而且，这些信息来源复杂，实际上以一种互文的方式在延伸和拓展条目正文，这也为后续分析提供了素材。

百度百科的信源则相对单一，仅仅只有中国地震台网一个。而在中文维基百科"汶川大地震"条目中，汶川地震成因的地理学背景阐释给出了8个信源，包括中央电视台、新华网、美国《自然》杂志、台湾"星岛环球网"、香港《明报》、中国评论新闻网、美国科学网站ScienceNOW、美国地理网站Geophys，其中美国《自然》杂志还被引用两次。中文维基百科更体现出了记忆书写的协作性框架，但其纷繁的信息来源也必然导致在事实呈现的层面产生更大的信息噪音。

可以看出，中文维基百科对于官方媒体阐释的呈现只占其中很小一部分，而大量通过引用争议性观点来增加归因框架的归因数量，使其复杂化。

与中文维基百科相对比，百度百科的"汶川地震"词条对背景信息的着墨相对少，仅仅只有地理学上的成因呈现。而且，百度百科通常引用官方调查报告进行绝对权威的信息呈现。在中国互联网的监管体制下，百度百科并非一个真正意义上的协作式写作平台，"官方"这一言说者在这里作为审查者或"把关人"是隐约存在的。

二、叙事主体：话语框架的建立

中文维基百科的叙事文本主要呈现一种貌似角度客观、角度多样的倾向，注重中立性原则和过程性原则。在对于汶川地震的建构框架中，中文维基百科显然采用的是一种民间视角。在其条目中，可以发现，其用户直接或间接通过对其观点有利的外部链接进行引证，来试图对地震伤亡数字的确认、救援专业型、灾难报道的倾向性、纪念活动和仪式等进行质疑或批判。对"官方"这一言说者较多持反向建构的态度。在"汶川大地震"条目中的类目具体如下：

表4—10 中文维基百科"汶川大地震"具体类目排列

一级类目	二级类目
1. 地震详情	1.1 震级
	1.2 震中
	1.3 地质
	1.4 波及面
	1.5 余震
	1.6 成因
	1.7 征兆与预警
	1.8 损失与伤亡
2. 震后影响	2.1 卫生与污染
	2.2 通讯
	2.3 交通
	2.4 地貌与水利
	2.5 生态
	2.6 金融与工业
	2.7 核研究
	2.8 文化与古迹

一级类目	二级类目
	2.9 治安
	2.10 心理
	2.11 教育与校舍
	2.12 维权与诉讼
3. 救援	3.1 政府
	3.2 军队
	3.3 境外
	3.4 民间
	3.5 捐款
	3.6 救援报道
4. 重建	4.1 对口援助工程
	4.2 中央政府重建工程
5. 纪念活动	5.1 全国哀悼日
	5.2 北京奥运会
	5.3 纪念馆与文艺作品
	5.4 后续纪念和教育活动

反观百度百科的书写时则呈现出另一种情况。其类目种类多于中文维基百科，增加了"人物事迹""衍生作品"等一级类目。另外，"重建"类目的二级类目内容也更为丰富。

表 4-11 百度百科"5·12 汶川地震"具体类目排列

1. 地震经过	1.1 时间位置
	1.2 发生原因
	1.3 震源深度
2. 灾区范围	2.1 极重灾区
	2.2 较重灾区
	2.3 一般灾区
3. 产生影响	3.1 影响范围
	3.2 伤亡情况
	3.3 经济损失
	3.4 文物损失
	3.5 次生灾害
	3.6 中外援助
	3.7 国内援助
	3.8 港澳台
	3.9 国际援助
	3.10 个人团体
5. 灾后重建	5.1 重建条例
	5.2 对口支援
	5.3 重建成果
	6.1 专家详析
	6.2 外媒评价

续表4—11

7. 人物事迹	7.1 手刨同学
	7.2 游人互救
	7.3 善良教师
	7.4 敬礼娃娃
	7.5 废墟女孩
	7.6 班长林浩
	7.7 "范跑跑"
	7.8 最美女警
8. 后人纪念	8.1 哀悼日
	8.2 防灾减灾日
	8.3 公祭
	8.4 特别节目
	8.5 防灾减灾教育馆
	8.6 地震纪念馆
9. 衍生作品	9.1 影视剧
	9.2 绘画
	9.3 图书
	9.4 摄影

更为重要的是，叙事倾向是正面的。也就是说，百度百科如实地记载了灾难本身，但更为强调地记载了救援过程和重建过程，尤其凸显了重建成就，即"过程是动荡的、混乱的，而结果则是有序的、可接受的"。最值得一提的是，百度百科专门开辟了"人物事迹"这一

类目，有游人互救、善良教师、敬礼娃娃、废墟女孩、班长林浩、"范跑跑"、最美女警等二级类目，以放大正能量，抵制负能量（"范跑跑"成为负面典型）。这些内容表明了百度百科编辑者主要采取"官方"言说者作为主导视角，或者说参与到了"官方"言说者在赛博空间对于灾难记忆建构的意识形态中。

总的来说，从叙事文本来看，中文维基百科用貌似角度客观、角度多样的写作方式，注重事发的过程和过程中出现的问题和细节，且尽量在灾难记忆的建构框架中采用一种民间视角，并试图将"官－民""媒体－民众"作为解构性的话语框架。而国内的百科平台"百度百科"的叙事主体则呈现出更多宏大叙事的特点，闪烁着"官方"言说者的身影。

三、叙事语言：文本的关注点分析

（一）人称代词：群像与个体

表 4-12　中文维基百科与百度百科人称代词使用频度对比表

	第一人称单数（I）	第一人称复数（We）	第二人称（You）	第三人称单数（She/He）	第三人称复数（They）
中文维基百科	0.126	0	0.09	0.11	0.03
百度百科	0.16	0.48	0.04	0.27	0.11

从表 4-12 来看，整体而言，中文维基百科和百度百科都呈现出第三人称的使用较高频的情况。中文维基百科更多关注第三人称个体，而百度百科的叙事更多关注集体。也就是说，对于灾区"人"包括受灾者和救援者而言，第三人称意在进行客观描述，中文维基百科的叙事更多落在细微的个体上，对于灾难建构没有百度百科那样采取宏大叙事。

（二）时态标定词：过去与未来

表4-13. 中文维基百科与百度百科时态标定词使用频度结果对比表

	过去时态标定词	现在时态标定词	未来时态标定词	延续时态标定词
中文维基百科	0.21	0.37	0.41	0.68
百度百科	0.12	0.62	0.63	0.97

根据LIWC词库的基本设定和词汇收录，过去时态标定词主要包括过去、历史上、刚才、去年等，意在考察文本对于过去状态的提及频率；而现在时态标定词则包括如现阶段、当下、现在等，主要考察文本着眼现在的程度；而未来时态标定词则包括今后、未来、之后、将来等相关词汇，以考察文本对于未来展望的频率；延续时态标定词则包括截至、至今等词汇。总体来说，"时态词也可以反映人们的注意焦点"①。

以话语的表意机制来说，延续时态标定词的高频使用代表了一种自事件伊始发展至今的持续性关注。整体而言，在线协作平台的用户贡献了较高的"延续时态"（0.68％/0.97％），其焦点并未随着汶川地震这一灾难事件的过去而分散，相较于传统媒体的新闻报道而言，显示出了更强的持续度，更看重灾难事件的动态发展与变化。

相较百度百科，中文维基百科的用户在进行灾难事件集体记忆书写时，呈现的关乎过去的信息量也是较为充沛的（0.21％/0.12％），而百度百科则呈现出对未来和希望的叙述倾向。

（三）社会历程词：关注"人"的书写

表4-14. 中文维基百科与百度百科社会历程词使用频度对比表

	社会历程词	家庭词	朋友词	人类词
中文维基百科	12.55	0.21	0.05	1.77
百度百科	23.5	0.39	0.18	7.65

---

① 张信勇. LIWC：一种基于语词计量的文本分析工具 [J]. 西南民族大学学报（人文社会科学版），2015，36（04）：101-104.

整体而言，在线协作平台对于"汶川地震"都不只是定义为自然事件，而更多是社会事件，指向其社会意义。对于灾难的社会学意义建构而言，证明"民众"作为"言说者"是清醒的。在"社会历程"的叙事框架中，"人类"无疑是频度最高的，显示出在灾难事件报道中的人本主义色彩。而百度百科的叙事文本对于人类的指涉和贡献更大于中文维基百科，从对灾难的建构意愿上来说，受"官方"言说者的控制叙事倾向性显然更强。

表 4-15   中文维基百科与百度百科人类词 Top 10 对比表

中文维基百科		百度百科	
词语	频数	词语	频数
人	264	人	564
民众	56	人民	153
人民	34	群众	98
市民	21	居民	43
居民	20	孩子	32
群众	15	领导	67
个人	10	市民	25
成员	10	民众	16

对比中文维基百科和百度百科二者的数据，可发现他们的书写者所使用的高频人类词重合度相当高，"人""人民""群众"等词在两个百科平台的汶川地震词条中都被高频使用。当然，二者也有显著差别。在中文维基百科中，更多使用较为中性的人类词，如"民众""市民""个人""成员"等。即使"人民"频数排名第三，但仔细推敲也可以发现，其主要出现于中国官方媒体消息的引用上。而百度百科的高频词中，"人民"频数排名第二，且更多出现例如"群众""居民"等更有政治色彩的人类词指称。这些差异实际上也折射出中文维基百科平台和百度百科平台书写者群体的视角所受意识形态影响是不同的。

（四）情感历程词：负能量与正能量

表4－16　中文维基百科与百度百科情感历程词使用频度对比表

	情感历程词	正向情绪词	负向情绪词	焦虑词	生气词	悲伤词
中文维基百科	3.15	1.12	0.9	0.33	0.37	1.01
百度百科	10.81	6.23	0.3	1.77	0.82	3.11

情感历程词在 LIWC 词库中主要体现的是书写者情绪的卷入程度，还能体现书写情绪和情感色彩。从条目的叙事框架来看，中文维基百科的书写中，负向情绪词得分较高，也可以看作一种书写者对汶川地震相关词条书写时较多采用"批判叙事"。另外还可以看出，百度百科写作者总体情绪的卷入程度较高，而且分别在正向情绪和悲伤词上卷入较高。这实际上也暗合了灾难记忆建构中汶川地震 10 年来从压抑到希望的转向轨迹。

（五）认知历程词：主观与客观

表4－17　中文维基百科与百度百科认知历程词使用频度对比表

	认知历程词	洞察词	因果词	差距词	暂定词	确切词
中文维基百科	21.22	6.22	3.02	0.79	1.08	0.78
百度百科	28.46	6.07	4.53	0.71	1.5	3.29

认知历程显示的是叙事逻辑和主观化程度。可以看出，中文维基百科因其多元化征引，故总的主观化程度是弱于百度百科的，更多呈现出的是质疑反思和动态重构；百度百科则在认知历程中体现的是静态信息，呈现出笃定和信任的姿态。二者认知历程词类目中词频分布呈现较为相似。中文维基百科的确切词分布较少，表明其写作叙事主要讲求"摆证据"和逻辑关联，这也成为中文维基百科记忆协商和争夺较多的原因之一。

第五节 记忆书写的时间规律：遗忘与唤醒

一、条目编辑量年度分析

中文维基百科关于汶川地震的条目定为"汶川大地震"。条目于2008年5月12日07:10创建，截至2019年1月2日，条目被编辑次数总计3638次，最新修改完成于2018年11月30日13:47。

百度百科关于汶川地震的条目定为"5·12汶川地震"。条目于2010年4月15日09:24创建，截至2019年1月2日，条目被编辑次数总计491次，最新修改完成于2018年8月30日18:00。

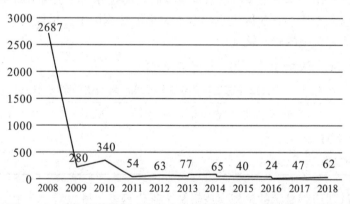

图4-17 中文维基百科"汶川大地震"条目年度修改情况折线图

从以上统计不难看出，中文维基百科"汶川大地震"条目的编辑次数在2008年地震发生后形成编辑次数的最高峰，灾难事件的发生必然引发资讯的爆炸以及人们对于不可知的灾难进行阐释的欲望，经历情绪的动荡和情绪分享之后进入平淡期，而且，从频度的量级来看，2008年处于千量级，而跌落后则仅仅处在百量级，并在2012年前后基本稳定在仅为两位数的编辑数量上。从高度关注降为低度关注，从高频、高反复的修改逐渐回归常态化的更新，最终呈现出常态化的"遗忘"过程，同时作为文化创伤的灾难记忆随之形成。然而，

图4-18中的百度百科条目历年编辑次数、编辑总量更大。汶川地震10周年的2018年中文维基百科仍有62个编辑量（相对于百度百科的2个）。

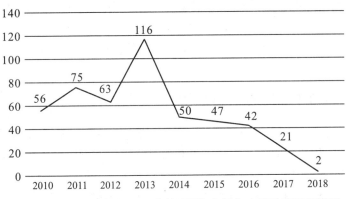

图4-18　百度百科"5·12汶川地震"条目年度修改情况折线图

百度百科的"5·12汶川地震"词条开端于2010年4月而非2008年5月的原因可能有三：其一，是2008年信息管理和有效公开还未真正形成，社会谣言较多，不适宜对汶川地震这一词条进行"全民写作"；其二，《中华人民共和国政府信息公开条例》虽然发布于2008年5月1日，但经历了汶川地震、北京奥运等考验政府信息公开决心和操作力度的事件后，在2010年首次引用了该条例在现实框架下产生判例[①]；其三，2010年4月发生了青海玉树地震，导致汶川地震的抗震救灾经验被再次提起。

另外，百度百科"5·12汶川地震"词条在2013年有个非常明显的编辑记录峰值。这个峰值可能原因有两个：第一，2013年是汶川地震5周年，其编辑记录的增加符合周年纪念的特点；第二，研究词条历史版本的修订记录可以发现，这一年度的编辑量陡然大增，可能原因之一是2013年的四川雅安芦山地震。

对于在线百科平台的书写是否会受到其他事件的影响，从而唤醒

---

①　透视政府信息公开条例实施后第一案［N］. 法制日报·视点版，2010-04-06.

我们的记忆，改变我们原本的记忆秩序，学者堪布亚（Nattiya Kanhabua）等人对书写者心态和心理机制进行了长期研究后，总结出"重燃记忆之火"的心理催化机制，包含三类"催化剂"：第一类是时间相似性（Temporal Similarity），第二类是空间相似性（Location Similarity），第三类是事件的影响（Impact of Events）。[①]因此，可以推论的是，无论是 2010 年 4 月创建词条还是 2013 年的编辑增量峰值，都符合了"唤醒"这一重燃记忆的机制。

二、条目编辑量月度分析

学者费隆（Michela Ferron）深入研究了中文维基百科条目书写和编辑的周年纪念模式后，发现在所有的周年性书写中，核心事件发生后的整数年份呈现周期性最强，例如五年、十年等。而普通年份只会在事件发生当日前后引发书写者的"记忆唤醒"，并进而对条目进行修订。[②]

那么，在中文维基百科和百度百科关于汶川地震的相关词条书写中，我们发现也存在这样的周期纪念性编辑峰值。例如，汶川地震五周年，亦即 2013 年 5 月 12 日百度百科的词条修订增量呈现显著。修改原因处还被书写者留下"5 年了，今天我们都是汶川人"的留言。然而，由于上一部分关于相近事件重叠发生将使记忆秩序发生变化，基于"重燃记忆之火"（如果是这种情况必然出现在 5 月）的可能性，故较难判定 2013 年的编辑量峰值，是单纯受到雅安地震事件对书写者的记忆催化，还是仅仅因为当年正好处于周年纪念的缘故，抑或两种因素结合的结果。

因此，本研究沿着这一思路，为解开这一归因难题，聚焦 2009 年 5 月至 2018 年 2 月这一时段，收集并整理了中文维基百科和百度百科汶川地震词条在期间的条目月度编辑量数据，来研究条目月度编

---

① Kanhabua N，Nguyen T N，Niederee C. "What Triggers Human Remembering of events? A Large Scale Analysis of Catalysts for Collective Memory in Wikipedia [C] // Digital Libraries (JCDL)，1EEE/ACM Joint Conference，2014：341-350.

② Michela F. Collective Memories in Wikipedia [J]. Memory studies，2014.

辑量的变化机理。

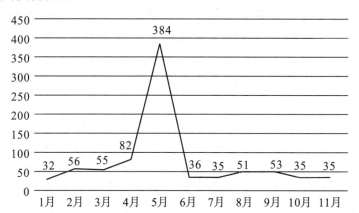

图 4-19　中文维基百科"汶川大地震"条目月度修改情况折线
图（2009 年—2018 年 2 月）

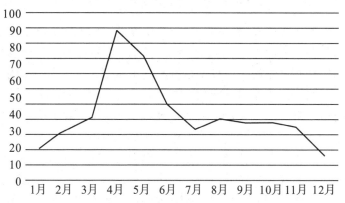

图 4-20　百度百科"5·12 汶川地震"条目月度修改情况折线
图（2009 年 5 月—2018 年 2 月）

可以看出，5 月，汶川地震事件发生月，在二者的书写中都是较
为重要的时间节点，其条目修订数量均领先其他月份。因此，可以基
本确认，基于固定的时间周期性纪念书写是存在于中文维基百科和百
度百科的汶川地震条目中的。但是，仍然可以看出，在汶川地震条目
月度修改情况的趋势发展中，5 月也并非完全处于条目编辑量的峰

值。可以说，周期性纪念书写并非峰值效应的单因。

在中文维基百科中，5 月的条目月修改量最大，作为周期性纪念书写的"5 月效应"是明显的、清晰的。而在百度百科的"5·12 汶川地震"条目中，月修改量的峰值实际上呈现出偏离 5 月、偏向 4 月的情形，两个月份在共同贡献峰值，明显高于其他月份的编辑量贡献。

如前所述，由于四川雅安地震发生在 2013 年 4 月，对汶川地震而言既具备事件相似性，又具备时间相似性，无疑成了记忆催化剂，为 4 月的汶川地震词条编辑量做了贡献。当然，相近事件重燃记忆的效应与周期性几年书写效应在不同书写平台的显著性是不同的。从图 4-19、4-20 可以看出，对于百度百科的记忆书写者而言，相近事件"重燃记忆之火"的效应更为显著。

三、条目浏览量分析：记忆唤醒的差异催化

为更进一步把握条目书写和记忆维度的时间规律，本研究统计了汶川地震在中文维基百科和百度百科中条目页面的浏览量数据。当然，从逻辑角度来说，条目浏览行为已不再属于书写，而是另一种记忆参与行为。但是赛博空间的生产本质上符合书写和观看属于同一群体的特征，即"所有人对所有人的传播"。那么，从灾难事件集体记忆建构的角度出发，浏览行为也可以从侧面来窥视记忆维度的时间规律和唤醒规律。更具体地说，这一趋势能呈现出记忆的"唤醒"，即什么时候会想起"汶川地震"？

当然，需要说明的是，本研究主要利用中文维基百科的条目浏览量数据。该数据统计是基于中文维基百科的外部工具，但这一工具的开放是在 2015 年 7 月，因此，此前的数据无法获得。另外，百度百科没有开放条目浏览量的统计工具和方法，因此无法统计。

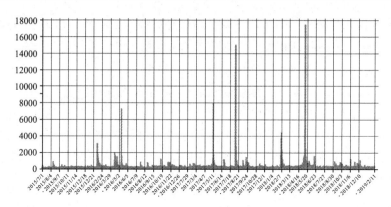

图 4-21　中文维基百科"汶川大地震"条目浏览量（2015 年 7 月—2019 年 1 月）
（来源：中文维基百科外部工具"本月页面浏览统计"）

图 4-21 反映了 2015 年 7 月到 2019 年 1 月中文维基百科"汶川大地震"条目的页面浏览量数据。可以看出，条目浏览量的线条超越 2000 的点有 10 个，分别显示出 11 个日期：2016 年 2 月 6 日（3113）、2016 年 4 月 16 日（2094）、2016 年 5 月 12 日（7306）、2017 年 5 月 12 日（7990）、2017 年 8 月 8 日（11796）、2017 年 8 月 9 日（15023）、2017 年 8 月 10 日（5122）、2017 年 8 月 11 日（2756）、2018 年 2 月 7 日（3819）、2018 年 2 月 8 日（4433）、2018 年 2 月 9 日（2397）。

针对上述条目浏览量中显著突出的日期，再进行进一步的分析和核实可以发现，这些现象符合堪布亚（Nattiya Kanhabua）关于"重燃记忆之火"的催化剂模型。

（一）时间相似性

主要是 5 月效应，在 5 月 12 日这一天必然会出现"记忆唤醒"，继而产生浏览高峰。"5·12"本身已经成为汶川地震的符号，这就已经说明时间符号在灾难记忆建构中的核心位置。

（二）空间相似性

如前所述，同样作为地震灾难，4·20 四川雅安地震、6·24 四川茂县泥石流滑坡、8·8 九寨沟地震均能成为汶川地震灾难记忆的催化剂，引发中文维基百科条目浏览量的峰值。当然，"四川"这一事件发生地的空间相似性，也加大了这一记忆催化效应。

（三）事件与空间相结合的相近性

2016 年的 2·6 台湾高雄地震、4·16 日本九州地震、2017 年的 9·19 墨西哥地震、2018 年的 2·4 台湾花莲地震等，具备事件相似性的催化效应，显著影响了中文维基百科词条地震的浏览量。当然，由于地理位置主要在中国台湾与中国境外，与四川距离较远，因此空间相似性的不足削弱了事件相似性的催化效应。

第六节　记忆书写的篇幅变迁
与编辑历史：记忆协作与争夺

一、词条的书写和规则

对于词条的书写而言，不同的书写规则设置导致了全然不同的书写方式。因此，有必要在对书写的篇幅和内容编辑进行讨论和分析之前，探讨一下中文维基百科和百度百科不同的书写规则。

从对书写者的身份审核来看，由于中文维基百科的用户可以在简单注册后直接进行条目的编辑。因此，它的书写者是来自世界各地的用户，由于国家、民族和身份的多样化必然导致书写者的价值观、角度、风格和立场的多样化。与中文维基百科不同，百度百科的用户注册程序就较为复杂，为确保负责任的言论，百度百科对书写者提供了较为严格的审核程序，通过一段时间的机械和人工审核后方才能成为词条编辑者。

从词条编辑的权限来看，中文维基百科没有对词条进行任何语言和立场的限制；百度百科专门聘请了专业运营人员来对词条进行分类，并根据不同类型的词条设置了编辑权限。例如，对于医疗类的词条，百度百科进行了锁定，不允许普通用户对其进行编辑和修改。另外，保护类词条，例如汶川地震词条由于包含较大的舆论风险和社会风险，对其编辑的权限要求更高，一般是历史词条编辑的通过率较高的资深用户才被允许参加编辑。百度百科只有普通类词条才向全体用户开放编辑权限。

从记忆书写的协作角度来看，中文维基百科的用户可以就词条的某个细微之处进行探讨、辩论。当然，这种探讨主要引发大家对于条目的中立性、可供查证来源、非原创性等编辑准则的讨论。一般众多讨论者加入讨论，针对条目内容的筛选和取舍来进行答疑。因此，中文维基百科的讨论页成为记忆书写者由于身份、立场、价值观的迥异而互相竞争和冲突的竞技场。这些讨论当然最后也为提升词条文本质量起到了较显著的作用。对于百度百科而言，则没有讨论版块，对于词条的编辑和贡献最终由百度百科的运营维护人员来进行定稿，目前无法对其记忆竞争进行考察。下面在具体个案中进行对比。

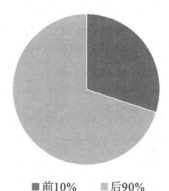

■前10%　■后90%

图4-22　中文维基百科"汶川大地震"条目用户的贡献率分布

通过对"5·12汶川大地震"条目的编辑用户进行统计发现，中文维基百科每用户的平均编辑数为4.7，而百度百科为1.15。中文维基百科相关词条编辑用户贡献率排10%的用户总字节贡献率为31.8%，排后90%的用户总字节贡献率为68.2%。也就是说，用户的"一般劳动"分布相对较为均衡。

表4-18　百度百科"5·12汶川地震"用户数量和编辑次数比例

编辑次数	用户数量	占比
1	389	90.89%
2	24	5.61%
3	10	2.34%
4	3	0.70%
5	1	0.23%
10	1	0.23%
总计	428	100.00%

　　通过百度百科"5·12汶川地震"条目的编辑者分析可以看出，约91%的用户（389名）只编辑了一次，只有两名用户的编辑次数超过了5次，他们的用户名分别是"勒杜马"和"小浪花朵朵开"，而这两个人所编辑的版本基本上是连续进行的，是对自己所编辑的上一个版本的修改，如果把连续修订自己版本视作一次编辑的话，那么实际上每位用户的平均编辑数量会更少，如图4-23。

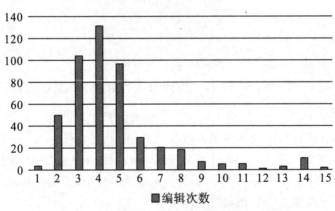

图4-23　百度百科用户等级和编辑次数的关系

　　由图4-23还可以看出，有23次词条编辑是由10级及以上的用户编写的（其中有10次是"小浪花一朵朵"用户贡献的），但通过百度百科提供的复杂版本标签进行筛选，我们发现，虽然 10 级以上的用户的编辑次数较少，但是他们对于词条的形态（复杂版本）的贡献度较大：在全部 50 个复杂版本中，10 级以上的用户以 23 次编辑贡献了 12 个复杂版本，次均贡献率 0.52；而 10 级以下的用户以 471 次编辑贡献了 38 个复杂版本，次均贡献率只有 0.08。全部 494 个版本中仅有的一个优质版本也是由高等级用户贡献的。

学者黄令贺、朱庆以数理分析的方式对百度百科用户贡献过程中的集中与分散趋势进行分析，发现"无论是在词条创建还是词条编辑过程中，都是少量的用户创造了绝大部分的价值。绝大多数的用户贡献率很小"①。结合上述用户特征我们可以得出结论，这些集中程度很高的高贡献值用户，就是由百度百科积分体系打造的高等级用户以及用户团队所凝聚起来的"核心用户"，他们表达意见的途径更多而且更容易通过词条编写委员会的审核。

因此，通过用户群体的比较分析我们发现，中文维基百科的在线协作书写框架是相对成立的。虽然百度百科本着提高用户积极性和提高词条编辑质量的初衷创建了用户积分体系和核心团队，但是其实际作用遭到了不少质疑，甚至会令人怀疑这种制度安排是否已经违背了在线协作书写"自由开放"的初衷。在这个标榜"自由开放，平民创造"的在线协作书写平台中，也出现了"精英话语"和"平民话语"的显著区分。

二、记忆协作：条目篇幅与记忆增量

学者黄顺铭、李红涛对"南京大屠杀"的在线集体记忆的书写篇幅进行趋势分析时，采用了动态视角来分析相邻编辑行为之间的字节变化，并用"增量"这个词来进行描述，分为正增量、负增量和零增量三种情况。②本研究也借用增量这一动态分析视野来描述中文维基

---

① 黄令贺，朱庆华. 百科词条特征及用户贡献行为研究——以百度百科为例 [J]. 中国图书馆学报，2013（1）.

② 黄顺铭，李红涛. 在线集体记忆的协作性书写——中文维基百科"南京大屠杀"条目（2004—2014）的个案研究 [J]. 新闻与传播研究，2015，22（01）：5-23，126.

百科"汶川大地震"词条的篇幅变迁过程。

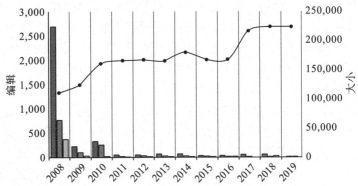

图 4-24 中文维基百科"汶川大地震"条目年度编辑量和字节变化趋势（来源：维基百科 Xtools 工具）

图 4-24 显示的是 2008—2018 年这 10 年间中文维基百科"汶川大地震"条目字节数的整体变化趋势。整体而言，该条目在过去 10 年时间里呈现出的整体"正增量"发展趋势。2008—2009 年增速较大，2010—2012 年呈现阶段性"零增量"状态，2014—2015 年呈现"负增量"状态，2018 年增速又出现停滞。

通过历史条目的查看可以得知，中文维基百科最早对于汶川地震的条目有"汶川地震""汶川大地震""5·12 地震"等。但最早的相关条目则是由用户"Theodoranian"于 2008 年 5 月 12 日 07：10 创建，初始条目只有 228 个字节，条目的内容只有标题和一句阐释性语句。

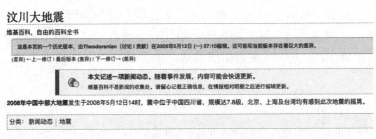

图 4-25 中文维基百科"汶川大地震"条目初始版本

之后，从 2008 到 2018 年，该条目被用户进行了 153943 次编辑，其中有效编辑为 3638 次。截至 2018 年，用户"ANNIE1993"于 2018 年 11 月 30 日 13：47 进行了最新修订，该条目用了 222954 字节，约为初始版本的 960 倍，共 8 个一级标题、32 个二级标题。通过增量关系做进一步考察，从"汶川大地震"词条的编辑增量来看，正增量共 4335 次（55.38%），负增量情形共 1290 次（31.42%），零增量情形共 416 次（13.2%）。这表明，在这十年间，该条目主要呈现出正增量的态势，而 31.42% 的负增量也表现出该词条较为激烈的争夺和纠缠关系。

从历史条目的调查来看，百度百科"5·12 汶川地震"词条则始于用户"碧海风"，于 2010 年 4 月 15 日所贡献的 85KB（87040 字节）的初始版本。由于灾难的重大，该词条甫一创建就被百度百科公司重视，将其标定为"复杂版本"。百度百科平台将该词条设置为 12 个一级标题和 9 个二级标题。由此可见，其初始版本就已经备受重视，并且资料丰富。在 2010—2018 年间，该词条被用户们参与了 475 次有效编辑。截至 2018 年 12 月 30 日，由用户"youaremine"于 2018 年 08 月 30 日 18：00 的修订版本目前仍是最新的，词条网页大小目前为 252KB（258048 字节），共 10 个一级标题、38 个二级标题。若进一步考察其增量，可发现该条目编辑中正增量情形共 123 次（25.89%），负增量情形共 65 次（13.68%），零增量情形共 286 次（60.21%）。该词条篇幅变化以零增量为主。但囿于百度百科平台统计工具的简化，本研究难以对其进行精确统计。但仅根据百度百科汶川地震词条的各历史版本来看，该词条一直备受百度百科平台所重视，将其权限升高，对其编辑也尤以小规模的微调为主，例如对不规范的机构名称、日期误差、错别字等进行修改，较小概率存在大规模增量和颠覆性修改和情形。

对比 2008—2018 年间中文维基百科和百度百科的条目篇幅变化，可以发现二者在汶川地震灾难记忆书写中均呈现从少到多的聚集过程，这既是书写的积累，又是记忆的积累。每一次修改行为，无论是信息的增加、删除和修订，甚至于对格式的修正，都暗含记忆书写者对于记忆共识的一种打破、修正和再达成。因此，考察在线记忆书写平台的协作和竞争关系，实际上是考察记忆共识的协作和竞争关系。

三、编辑战：记忆的拉锯式争夺

对于百科平台的记忆书写而言，在历史版本去梳理其变迁可以发现，其修订行为主要呈现出以下 4 类：内容增量、内容负增量、内容更改、格式调整。如前所述，这些内容增量和格式的变化都不能只从信息角度进行认知。因为本研究着眼于在线记忆书写的协作和竞争，那么身份、立场、价值观等方面的巨大差异必然引发记忆的某种争夺。对于中文维基百科而言，平台专门为条目修订和修改设立了讨论区域，以供用户在此区域进行观点的碰撞。尽管如此，我们仍然能在条目修订上发现较为激烈的记忆争夺战的呈现。接下来，将深入本研究个案的条目编辑历史中，梳理和探究在线记忆书写的争夺与编辑战。

（一）事件标签的争夺

首先是灾难事件发生之后，在 1 个星期内信息处于爆炸期，而权威信息和经查证的事实材料有待逐渐浮现，因此关于灾难事件的定义出现了首次争夺。

"汶川地震"事件标签最早是"2008 中国中部大地震"，当时地震刚发生不到 1 小时。标签建立后 1 个小时候出现"2008 年四川地震""四川大地震""512 大地震""四川特大地震""五·一二地震"等事件标签。两个小时之后，震中信息已被权威信源放出，用户"Raynorshi"提出，绵阳市、阿坝自治州是同属于四川的同级行政单位，震中位置已确定在阿坝州汶川县，先前报道有误，并将事件修订为"5·12 汶川地震"。

（二）伤亡信息的争夺

伤亡标签下面的描述包含伤亡人数、波及范围、震级等。从2008 年 5 月 12 日一直到 2008 年 6 月 27 日，不断对地震的伤亡标签进行反复修订，至 2008 年 6 月 27 日 05：37 由用户"Shibo77"为止，共进行了 342 次修订。

（三）中立性的争夺

2008 年 5 月 19 日 07：32 用户"Yxy191"设立了"媒体评论"标签，5 月 20 日 08：30"Yxy191"又将该标签改为"各方反应"，用户"Kevintown"则改为"反应及影响"。5 月 22 日 03：13 用户"AlanCheang"直接改为"负面批评"。

用户"CCFS"在 2008 年 5 月 20 日 20：23 提及中央电视台、《文汇报》、四川电视台所报道的 2008 年 5 月 10 日四川省绵竹市出现的数十万只蟾蜍迁徙的现象，并进而宣扬四川地震局提前感知地震，但地震预警未能及时发出。这样的推测出现在"负面批评"条目里实际上是将"汶川地震"这一自然灾难引向"人祸"的记忆框架。然而用户"Sameboat"却提出质疑，并添加了中国工程院院士周福霖接受新浪网的采访称："动物确实会对自然界的重大变化产生敏感和应激行为，包括地震也不例外。历史上的大地震前都有关于动物敏感反应的记录。然而，由于动物对自然界的敏感性和警觉性较强，因此不独有地震会引发这样的应激效应。"

- （当前 | 先前）○ 2008年5月21日 (三) 03:51 202.134.70.251（讨论）.. (108,067字节) (+129) .. (→外部连结)（撤销）
- （当前 | 先前）○ 2008年5月21日 (三) 03:48 Atou（讨论 | 贡献）.. (107,938字节) (−251) .. (→媒体评论：引用说只是"震前对地震趋势作过预测"，意义不清楚。这和地震已预测而瞒报完全是两件事。地震无法预测，参加本页的预测部分。)（撤销）
- （当前 | 先前）○ 2008年5月21日 (三) 03:47 Pp0912（讨论 | 贡献）.. (108,189字节) (+42) .. (→反应及影响)（撤销）
- （当前 | 先前）○ 2008年5月21日 (三) 03:45 Pp0912（讨论 | 贡献）.. (108,147字节) (+42) .. (→继肃)（撤销）

图 4-26 中文维基百科用户对于汶川地震负面条目内容的反复修复、修改、挪移

2008 年 5 月 21 日 03：48 用户"Atou"则将"蟾蜍"文字移至"征兆"条目，并寻求"CCFS"关于四川地震局"瞒报"的来源支撑并发起讨论，"CCFS"添加了新加坡《联合早报》链接作为四川地震局"瞒报"的信息来源，并称"不要无故删改"。用户"Atou"则争辩称："引用说只是'震前对地震趋势作过预测'，意义不清楚。这和地震已预测而瞒报完全是两件事。地震无法预测，参加本页的预测部分"，又将"征兆"条目改为"征兆和预警"。

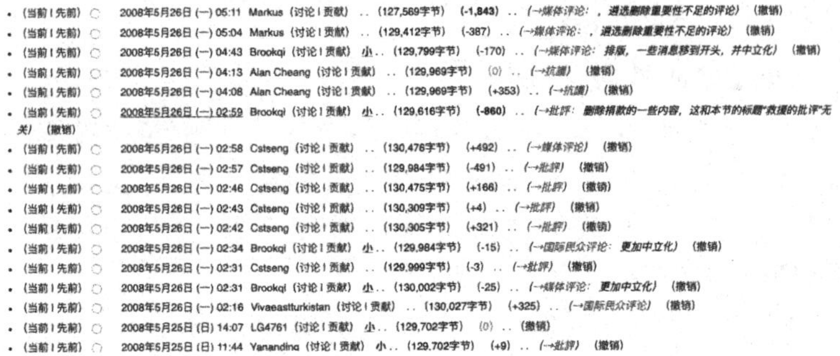

- （当前 | 先前）○ 2008年5月26日 (一) 05:11 Markus（讨论 | 贡献）.. (127,569字节) (-1,843) .. (→媒体评论：*通过删除重要性不足的评论*) (撤销)
- （当前 | 先前）○ 2008年5月26日 (一) 05:04 Markus（讨论 | 贡献）.. (129,412字节) (-387) .. (→媒体评论：*通过删除重要性不足的评论*) (撤销)
- （当前 | 先前）○ 2008年5月26日 (一) 04:43 Brookqi（讨论 | 贡献）小 .. (129,799字节) (-170) .. (→媒体评论：*排版，一些消息移到开头，并中立化*) (撤销)
- （当前 | 先前）○ 2008年5月26日 (一) 04:13 Aian Cheang（讨论 | 贡献）.. (129,969字节) (0) .. (→抗议) (撤销)
- （当前 | 先前）○ 2008年5月26日 (一) 04:08 Aian Cheang（讨论 | 贡献）.. (129,969字节) (+353) .. (→抗议) (撤销)
- （当前 | 先前）○ 2008年5月26日 (一) 02:59 Brookqi（讨论 | 贡献）小 .. (129,616字节) (-860) .. (→批评：*删除措散的一些内容，这和本节的标题'救援'的批评'无关*) (撤销)
- （当前 | 先前）○ 2008年5月26日 (一) 02:58 Cstseng（讨论 | 贡献）.. (130,476字节) (+492) .. (→媒体评论) (撤销)
- （当前 | 先前）○ 2008年5月26日 (一) 02:57 Cstseng（讨论 | 贡献）.. (129,984字节) (-491) .. (→批评) (撤销)
- （当前 | 先前）○ 2008年5月26日 (一) 02:46 Cstseng（讨论 | 贡献）.. (130,475字节) (+166) .. (→批评) (撤销)
- （当前 | 先前）○ 2008年5月26日 (一) 02:43 Cstseng（讨论 | 贡献）.. (130,309字节) (+4) .. (→批评) (撤销)
- （当前 | 先前）○ 2008年5月26日 (一) 02:42 Cstseng（讨论 | 贡献）.. (130,305字节) (+321) .. (→批评) (撤销)
- （当前 | 先前）○ 2008年5月26日 (一) 02:34 Brookqi（讨论 | 贡献）小 .. (129,984字节) (-15) .. (→国际民众评论：*更加中立化*) (撤销)
- （当前 | 先前）○ 2008年5月26日 (一) 02:32 Cstseng（讨论 | 贡献）.. (129,999字节) (-3) .. (→批评) (撤销)
- （当前 | 先前）○ 2008年5月26日 (一) 02:31 Brookqi（讨论 | 贡献）小 .. (130,002字节) (-25) .. (→媒体评论：*更加中立化*) (撤销)
- （当前 | 先前）○ 2008年5月26日 (一) 02:16 Vivaeastturkistan（讨论 | 贡献）.. (130,027字节) (+325) .. (→国际民众评论) (撤销)
- （当前 | 先前）○ 2008年5月25日 (日) 14:07 LG4761（讨论 | 贡献）.. (129,702字节) (0) .. (撤销)
- （当前 | 先前）○ 2008年5月25日 (日) 11:44 Yananding（讨论 | 贡献）小 .. (129,702字节) (+9) .. (→批评) (撤销)

图 4-27　中文维基百科用户对于汶川地震负面条目内容的反复修改、删除和补充

正如荷兰文化哲学家约斯·德·穆尔在《赛博空间的奥德赛——走向虚拟本体论与人类学》中所说："赛博空间并不是超越我们日常生活的一个自主、自由的地带，而是一个与我们的日常现实性紧密交织在一起的空间。"[①] 这个基于连接世界上所有电脑终端的新媒体，由数字化储存、处理和传播的虚拟世界为汶川地震的灾难记忆提供一个与日常的、物理的现实世界紧密交织的空间。亦或说，赛博空间的灾难记忆建构的探讨，总是与现实世界的灾难记忆建构相对而生。

加拿大传播学家戴维·克劳利、保罗·海尔的《传播的历史：技术、文化和社会》指出，赛博空间具备开放性、互动性、融合性等特点。[②] 所谓开放性是指，互联网与传统的媒介相区别，不再是一个封闭的、有限制的、有规则的区域，而是一切信息在此可以自由流转，打破空间和时间的限制，实现所有人对所有人的传播。因此，赛博空间就具备打破现实与虚拟、真实与仿象的超越性，超越原来传统文本的限制而形成所谓"超文本"。而互动性，则是指在赛博空间，文本并只是像传统文本那样被生产出来再被消费和观看，而是大量的公众

[①] 约斯·德·穆尔. 赛博空间的奥德赛——走向虚拟本体论与人类学 [M]. 麦永雄译. 广西师范大学出版社，2007.

[②] 戴维·克劳利，保罗·海尔. 传播的历史：技术、文化和社会 [M]. 董璐，何道宽，王树国译. 北京大学出版社，2011.

在赛博空间中通过文本进行互联互通，并使得文本的意义不断异延、播撒、增补，在此过程中又进一步地促进公众之间的沟通和交流，因此可以看出，赛博空间中的公众不再是简单的文本接受者和被动消费者。融合性指多种媒介的综合和融合。不同于传统媒体，新媒体都具有一种共同的数字编码。

如前所述，汶川地震灾难记忆是一种社会行为，人们在了解、关注、参与、反思这场地震中参与到灾难记忆的构建之中。灾难记忆并非只是对客观事实的追溯和记录，更是一种不断向当下性需求靠拢的建构。因此灾难记忆从灾难事件发生之后便开始进行建构，并通过媒介化的过程为人们认知、传播、讨论、争执，不断持续下去。至于在此建构过程中，尤其是新媒体的超链接文本特性，汶川地震的灾难记忆是否有不符合事实和公正的杂音也是可预见的，偏离和纠偏也处在一个变动不居的过程中。

从 2008 年及其后的媒介环境来看，汶川地震处于整个媒体格局不断转型的局面下，传统的大众媒体进行记忆建构的情形逐渐在式微，而新媒体的呈现和报道更多起到了汶川地震灾难记忆建构的作用。新媒体技术所导致的传受方式改变，使得其更加具备互动性。新媒体环境下的灾难记忆仍然存在官方言说，但同时也可以看到更多的属于个体、民间的记忆建构议程。新媒体对个体的赋权为灾难记忆建构带来了大众化书写的可能性，进而与传统媒体"官方"生成的灾难记忆产生竞争和对话。

对于汶川地震这一灾难事件除了被传统媒体形态以有专业范式的方式得以传播和记录外，在 2008 年至今数字媒体飞速发展的时代里，更变成一种事无巨细的备忘录的建立与重建。在新媒体——这一虚拟的赛博空间中，人们得以以互联网居民的平等身份共同构建一个记忆社区，通过中心化和民主化的方式参与到记忆构建中去。

无论是中文维基百科还是百度百科，都具有相当庞大的用户基数，其词条覆盖范围也令传统百科全书不能及。因此，其知识分享的机制和意义已经超越这些词条本身的知识维度，含有较为强烈的象征意义和重建色彩：既象征着知识更为自由和快捷的流动，并且以一种惊人的方式使得知识的积累呈指数型增加，还意味着这些平台能将全世界各个角落的人聚集在一起，实现人际关系的扁平化，以对所谓知识的权威构成一种挑战，重建全球记忆秩序。因此，如安娜·瑞丁（Anna Reading）所说，使得"在地理上彼此远离的参与者能够在同一个平台上就不同的观点进行表达和展开争论，从而达成并认可共享的知识，而这些知识也就构成了集体记忆"①。

在这一意义上，以中文维基百科或百度百科为首的平台，由于能够对网络书写者开放写作和编辑的权限，使其能根据自身所掌握的资料和情况，对词条贡献自己的信息，以此方式参与集体记忆的构建。一方面在这类平台中，用户可能来源于世界的任何角落，这就决定了这些用户对待同一词条可能拥有不同的视角、不同的解读方式甚至不同的立场；另一方面，由这种超多视角（或者是超多个人记忆）集合的集体记忆载体，可能会呈现出更加多元化的叙事。

---

① Reading A. Memory and Digital Media: Six Dynamics of the Globital Memory Field [M] //On Media Memory: Collective Memory in a New Media Age. Palgrave Macmillan, 2011.

第五章 新型媒体传播效果再发现

第一节 学术社区：持续粘度

网络学术社区作为网络社区中的重要类型，对于使用者而言，在学术资源传播与分享、学术成果交流与讨论、学术能力自我肯定与确认等方面的用户体验决定着其对该网络学术社区的持续使用意愿和行为。碎片化、移动化、场景化的今天，网络学术社区作为一类尚未成熟的新型媒体，需要及时判断自身的不足，有针对性地发展，才能更好地进行知识信息的生产与传播。

一、以强势弥补弱势

同为学术性质的交流平台，新型的学术交流工具如微信公众号、订阅号等，迅速占领了科学传播、学术传播等领域的使用市场。对比这些交流工具，网络学术社区确实暴露出很多短板和问题，如网络学术社区很难在技术和应用层面满足受众移动化、碎片化的需要，尽管这种获取、分享信息的方式对于学术研究具有重要意义，能够与线下学者们的学术生产、创造、交流活动产生交集甚至同步；再如网络学术社区受匿名规则的影响，不能给受众带来基于熟人或者半熟人的社交网络形成的信息网络的"安全感"和"福利"，这对受众的使用粘度造成很大冲击。

但同时网络学术社区能够提供足够集中、权威、有更多交流空间的专业文献或信息资源。因此，网络学术社区在学术信息资源的拥有上具有前期优势，需要继续巩固和加深这种优势，通过强化这种优势来弥补关系网络和使用方式上的不足。进一步讲，信息生产上要巩固这种资源优势，通过更多奖励机制或者社区内部身份认同等方式确保信息资源的稳定性，从而在资源上做到持续累积；在营销和运行要扩大宣传力度，找到目标受众，做好精准推送，吸引更多受众加入网络学术社区。

二、以交换带动社交

前文有提到，学术社交行为成为影响受众选择并持续使用该网络学术社区的重要变量之一。这种学术社交行为一般外在表现为与社区内用户的学术交流与互动，内在表现为对自身学术能力的反思与要求。因此提升网络学术社区用户粘度的重要环节离不开学术对社交功能的开发。

对于网络学术社区而言，前面提到的信息资源，是网络学术社区区别于其他类型线上学术交流平台的相对优势之一。在巩固这个优势内生性的同时，也要注意拓展其外延性的可能，如基于信息资源交换基础上的学术社交行为。如何通过学术信息资源的交换来促进学术社交？一要做到学术信息资源交换的平等性、自主性和有偿性，这需要网络学术社区提供一个安全、稳定的交流环境，比如一些非法违规广告、学术造假信息等应该被彻底清理整治；还需要网络学术社区尽早实现实名制，在不能实现实名化的阶段，也要利用监督机制，给用户提供一个健康、和谐的沟通背景。更重要的是，基于学术资源的知识产权意义，所以做到有偿交换至关重要。二要通过受众在进行信息资源交换过程中对该网络学术社区的身份认同感和情感归属感，在这个前提下才能聚合一批用户粘度较高的固定受众，同时亦是有信息资源交换价值的受众，也更容易产生学术社交行为。

三、以线上打通线下

对于使用网络学术社区的受众而言，由于匿名机制，很难判断其真实的社会身份，不过可以肯定的是，这部分受众是对学术问题、学术知识等与学术领域有兴趣的用户，因此离开虚拟空间，在现实生活中，这部分用户仍有较大可能具有相同或相似的特点、爱好等特征。而将线上的弱关系延伸到现实生活中的强关系，再反过来作用于在线上的使用粘度，这对于网络社区用户粘度的提升，是一条可以参考的路径，尤其对于学术社区这个性质相对特殊的网络群体而言。

因此可以通过在网络学术社区中定期举办线下学术沙龙、座谈会、新书发布会等形式打通受众线下线上两个空间的隔阂，让学术资源的获取行为、学术成果的交流行为、学术能力的自我确认行为都回归到交流行为，在实实在在的时间、空间范围内产生深度交流，从而反哺线上的互动。

第二节　微信运动：多重革新

微信运动是腾讯推出的一个类似计步数据库的公众账号，其主要功能在于记录用户每天行走的步数。微信运动的相关操作很方便，先在微信中搜索微信运动公众号然后关注微信运动公众号即可，关注后能实时了解自己的运动数据，微信运动中的排行榜更新后还能清楚看到自己在好友中的排名，除了与好友 PK 运动量，还能通过点赞来表达对朋友一天运动量的认同或者通过在朋友圈"晒步数"来分享自己的运动乐趣。新型媒体在新形势下进行了思维、内容与体制的革新，具体到健康传播视域下的新型媒体微信运动，思维、功能与技术三方面的革新在微信运动中发挥着重要的作用。微信运动兼具人际传播与大众传播的功能，通过系列革新让用户成了新技术的使用者和受益者，也使得更多人参与到运动与健康的行动中。

一、思维革新——强关系传播

微信运动进行了思维上的革新。微信运动属于打造了强关系运动社交应用的观念，注重人际传播。根据美国社会学家马克·格兰诺维特（Mark Granovetter）的人际关系理论，微信运动相当于一个强关系网络，微信运动的好友具有较强的情感因素维系着人际关系，人们交往往往比较紧密，攀比心理会使得人们密切关注排行榜上自己与好友数据的更新，从而督促自己达到理想步数甚至促使自己努力运动超过好友。而且，熟人关系链可以增强人们使用微信运动意向的强度。微信运动还践行便携性、简洁性的理念，只需一部智能手机便能打开运动社交的大门，而且微信运动的界面简洁而流畅，为其赢得广泛用户并为增强用户粘性奠定了基础。

二、功能革新——多维度参与

微信运动进行了功能上的革新。微信运动的功能集娱乐性与社交性于一体，微信运动不仅能够实现与好友运动量的 PK，还能和好友互相点赞表示认同，如果排名第一还能够占领朋友们的封面，并且可以将自己满意的成绩分享到朋友圈，如果用户觉得独自运动的方式比较孤独，还可以"发起步数挑战"建立"微信运动群"与群内的好友进行更加深入的运动量 PK，形成良性互动的同时使人们在娱乐中强身健体。微信运动还开发了"互联网＋公益"功能，腾讯公益联合微信运动推出的"益行家"平台鼓励人们通过运动做公益，这种公益活动诉求是一个良性的循环，勉励人们借助微信运动平台通过点赞、排名、分享、捐步数等激励更多人加入运动公益中，使人们在形成长期参与有氧运动习惯的同时，养成文明健康的生活方式与健身理念。

三、技术革新——可视化感知

微信运动进行了技术上的革新。微信运动通过技术革新使得运动数据可视化，在技术支持下微信运动能轻松获取用户的运动信息。微信运动与智能手机、智能可穿戴设备紧密相连，不仅能把人们的运动数据通过步数记录可视化，还可以将步数进行管理，用户可以查找历史步数、排名、点赞等，让用户随时掌握自己的运动量，以有效地进行锻炼。正如麦克卢汉提出的"媒介是人体的延伸"，微信运动延伸了人们对于运动的感知能力。健康传播视域下新型媒体的未来发展趋势应该以人性化为向导，让技术回归人性，重视用户体验，努力实现媒介与用户感官的和谐相融。

第三节　图解新闻：动机入手

传统媒体在进行数字化转型，积极应对新形势下的困境与挑战时，不仅要在内容、风格、采编发布流程上创新，也应注重新闻报道方式的创新，其中，编制图解新闻甚至创立图解新闻专栏，是一种重要的创新方式。那么，传统媒体在图解新闻生存实践中，应当从哪些角度发力，从而实现创新，增强新闻传播效果呢？基于实证研究结果，传统媒体在利用图解新闻这种独特的新闻报道方式来吸引受众、增强传播效果时，应当针对受众的四类媒介接触动机，分别做出积极的应对之策。

一、增强娱乐元素，警惕过度娱乐化

一方面，新闻媒介机构在图解新闻的生产实践中，应当适当增加娱乐元素，增添趣味性。新闻从业者应当灵活地将各类数据转化为简洁的图表，通过精美的图表，增加图解新闻的视觉化元素，实现数据的艺术化表达；通过各类图形、漫画，简洁展现新闻报道中的核心内容，激发受众对该新闻资讯的阅读兴趣；同时，对于新闻报道中错综复杂的事件关系，也可以利用优美的线条、流程图等加以诠释，将复杂的信息直观地呈现给受众，让受众能够在一种轻松、愉悦的状态下阅读新闻资讯，从而实现更好的传播效果。

另一方面，在将传统的文字报道转化为图解新闻的过程中，也要警惕过度娱乐化的倾向。新闻媒介机构在图解新闻生产过程中，应当根据具体的题材差异，灵活设置娱乐元素，对娱乐性的追求也应适度，而不能无视题材差异，一味地追求娱乐效果，否则，就难以真正满足受众的媒介接触需求，导致新闻的过度娱乐化，甚至可能会削弱其传播效果。

二、激发受众的转发欲望

在新闻生产过程中，新闻从业者不能忽视图解新闻在转发、分享

等方面的传播优势，通过合理调整图解新闻的大小、长度，以及在语言风格、标题拟定等方面进行发力，使其更易于收藏、转发，从而扩大新闻资讯的传播广度，提升其传播效果。此外，在图解新闻的选题上，也应当选取一些社会热点、更具话题性的议题，使受众在阅读图解新闻的过程中，愿意主动转发分享，并与他人进行讨论，在此过程中实现社会整合需求的满足。着眼于图解新闻对核心新闻信息的提炼和对信息的逻辑归纳，提升信息的直观化程度，固然是提升新闻传播效果的途径之一，但从受众的社会整合需求出发，为受众的图解新闻转发行为提供便利，扩大该新闻资讯的影响人群范围，也是优化图解新闻传播效果的一种新思路。

三、对新闻信息进行艺术化表达

图解新闻的新闻生产过程，除了传统意义上的新闻采、写、编，还包括一个特殊的美术编辑过程，是一种艺术化表达方式。图解新闻因而能够利用诸多的视觉化元素，让受众在接收新闻信息的同时体验到美感。在这种美感的获取过程中，图解新闻对读者情绪上的愉悦作用也得到了凸显。

因此，传统媒体在通过图解新闻形式来提升新闻信息传播效果的过程中，应当着眼于如何对新闻信息进行艺术化呈现，从而满足受众的情感需求。对于新闻从业者而言，在具备优秀的新闻敏感度和采写编能力的同时，也应当提升自身的美学素养，使图解新闻更具审美价值，满足受众的情感需求。对于新闻信息的艺术化表达而言，除了注重视觉上的美感，还应当在语言的美感上发力。

四、提供高度综合化的优质内容

与一般性的文字报道相比，图解新闻具有五方面优势：丰富直观的视觉呈现、系统综合的叙事表达、选题的多样性、通俗易读的受众体验、更为强大的传播效果。① 其中，系统综合的叙事表达，是图解新闻区别于传统报道方式的一个重要特征，图解新闻的新闻信息，是经过新闻从业者的精心提炼，具有高度综合性的核心信息。

传统媒体在通过发布图解新闻、增强新闻传播效果的同时，也要注重新闻报道的内容质量。坚持新闻信息的真实性、客观性和公正性，不让深入、调查性报道式微，提升新闻从业者专业素养，才能为图解新闻的发展提供坚实的土壤。此外，新闻媒介机构在发布图解新闻的同时，也应当注重传统的文字报道方式，让受众能够通过阅读深度的新闻报道，对新闻事件进行更加充分、全面的了解。只有为受众提供高度综合化的优质内容，满足受众的认知需求，才能推动图解新闻的长远、健康发展。

第四节　赛博空间：记忆争夺

汶川地震灾难记忆是一种社会行为，人们在了解、关注、参与、反思这场地震中，也参与到灾难记忆的构建之中，从 2008 年及其后的媒介环境来看，汶川地震处于整个媒体格局不断转型的局面下，传统的大众媒体所进行记忆建构逐渐在式微，而新媒体的呈现和报道更多起到了汶川地震灾难记忆建构的主要作用。新媒体技术所导致的传受方式改变，使得其更加具备互动性。除了新媒体环境下灾难记忆的官方言说，也可以看到更多的属于个体、民间的记忆建构议程。新媒体对个体的赋权为灾难记忆建构带来了参与式书写的可能性，进而与传统媒体"官方"生成的灾难记忆产生竞争和对话。

对于"汶川地震"这一灾难事件除了被传统媒体形态以有专业范式的方式得以传播和记录外，在 2008 年至今数字媒体飞速发展的时代里，更变成一种事无巨细的备忘录的建立与重建。在新媒体——这一虚拟的赛博空间中，人们得以以互联网居民的平等身份共同构建一

---

① 陈功，周鹏. 图解新闻的传播特征、适用范围与发展趋势［J］. 当代传播，2015（4）：101.

个记忆社区，通过去中心化和民主化的方式参与到记忆构建中去。在这一意义上，以中文维基百科或百度百科为首的平台，由于能够对网络书写者开放写作和编辑的权限，使其能根据自身所掌握的资料和情况，对词条贡献自己的信息，以此方式参与集体记忆的构建。

一、新媒体记忆议程的建构

灾难记忆并非只是对客观事实的追溯和记录，更是一种不断向当下性需求靠拢的建构。因此灾难记忆从灾难事件发生之后便开始启动建构，并通过媒介化的过程为人们认知、传播、讨论、争执的平台，不断持续下去。至于在此建构过程中，尤其是新媒体的超链接文本特性，汶川地震的灾难记忆是否有不符合事实和公正的杂音也是可预见的，偏离和纠偏也处在一个变动不居的过程中。

在记忆议程之中，新媒体这一媒介与传统大众媒体相比有着不同的新特性。从记忆议程的角度出发，研究新媒体对于汶川地震的报道不同于传统媒体的一些特性：首先是记忆设置的超媒体性，即在多种媒体中非线性地组织和呈现信息；其次是记忆议程设置的实时性尤为突出，事件的发生和记忆的建构不再有时间的延宕和空间的距离，信息保真度更强；最为重要的一个特征是新媒体的交互性。从某种程度上来说，当"官方"这一无处不在的言说者可以较为严格地把控或"把关"传统媒体对于灾难的呈现和纪念的言说时，新媒体的言说更多呈现的是即时的、互动式的交流，或有可能打破一种记忆秩序和壁垒，使得记忆秩序也呈现出去中心化的特点。

二、记忆书写的多色光谱

基于在线写作书写平台的开发性特性，平台上的"作品"——中文维基百科和百度百科词条总是处于可以编辑的状态，对于同样问题的不同观点永远可以通过"编辑战"影响词条的文本内容，从而导致中文维基百科词条成了一种"永远无法完成的草稿"。无论是中文维基百科还是百度百科，都具有相当庞大的用户基数，其词条覆盖范围令传统百科全书不能及。因此，其知识分享的机制和意义已经超越这些词条本身的知识维度，含有较为强烈的象征意义和重建色彩：既象征着知识更为自由和快捷的流动，并且以一种惊人的方式使得知识的积累呈指数型增加，又意味着这些平台能将全世界各个角落的人聚集在一起，实现人际关系的扁平化，以对所谓知识的权威构成一种挑战，重建全球记忆秩序。

虽然开放的在线书写是民众"言说者"反思官方言说的场域，但也是不同记忆民众的竞争场域。在针对百科条目的"前区"记忆文本分析中，中文维基百科用貌似角度客观、角度多样的写作，注重事发的过程和过程中出现的问题和细节，且尽量在灾难记忆的建构框架中采用一种民间视角，并试图将"官－民""媒体－民众"进行解构性的话语框架。而国内的百科平台"百度百科"的叙事主体则呈现出更多的宏大叙事，其背后是精英视角且闪烁着"官方"言说者的身影，与中文维基百科形成了较鲜明的对比。从词频分析来看，中文维基百科因其多元化征引故总的主观化程度是弱于百度百科的，更多呈现出的是质疑、反思和动态重构，百度百科则在认知历程中体现的是静态信息呈现和笃定信任的姿态。这也成为中文维基百科记忆协商和争夺较多的原因之一。通过年、月编辑量的分析，还可以发现记忆书写的时间规律，即基于时间相似性的纪念性书写模式，且容易被同类灾难事件引发"记忆唤醒"，显然"唤醒"规律对于百度百科的记忆公众而言，其建构效果更为显著。另外，书写篇目幅度的变化也印证了前述媒体议程的分期性结论。在对记忆协作与争夺的研究中发现，"精英话语"和"平民话语"有显著分别。

尤其值得注意的是记忆公众并非均质的存在，也不见得只以精英、平民这个二元光谱来进行划分。记忆公众是复杂的。它是一个以自身的文化、情感框架和政治诉求而为自己"立言"的矛盾集合体，个体的矛盾和集体的矛盾被综合在一起，形成多色光谱。因此，在记忆书写的编辑中所呈现的合作、协商和争夺也是值得进一步进行更为细化的探究，方能拓宽和加深记忆受众研究这一重要视野。

参考文献

白玉. 学术虚拟社区持续意愿的影响因素研究 [J]. 图书馆学研究, 2017 (5).

本尼迪克特·安德森. 想象的共同体：民族主义的起源与散布 [M]. 吴叡人，译. 上海：上海人民出版社，2003.

蔡骐，曹慧丹. 网络传播中意见领袖的行为机制 [J]. 现代传播, 2014 (12).

蔡骐. 网络虚拟社区中的趣缘文化传播 [J]. 新闻与传播研究, 2014 (9).

蔡竺言，朱丽丽. 大学生在网络社交平台的虚拟迁移 [J]. 南京邮电大学学报，2014 (3).

巢乃鹏，孙洁. 手机电视使用的影响因素研究 [J]. 中国广播电视学刊，2012 (1).

陈功，周鹏. 图解新闻的传播特征、适用范围与发展趋势 [J]. 当代传播，2015 (4).

陈明红. 学术虚拟社区用户持续知识共享的意愿研究 [J]. 情报资料工作，2015 (1).

陈燕. 网络图片新闻报道探析 [J]. 当代传播，2008 (2).

陈奕，凌梦丹. 微博"碎片化阅读"的传播麻醉功能解读 [J]. 编辑之友，2014 (5).

陈振华. 集体记忆研究的传播学取向 [J]. 国际新闻界，2016 (4).

程美华. 试论网络图片新闻故事的编辑特色 [J]. 新闻界，2011 (3).

初琦，张晓宇．试从新闻价值标准看新闻叙事框架的意识形态属性
　　［J］．东南传播，2007（4）．

戴维·迈尔斯．社会心理学［M］．张智勇，乐国安，侯玉波，译．
　　北京：人民邮电出版社，2006．

邓朝华，鲁耀斌．电子商务网站用户的感知因素对满意度和行为的影
　　响研究［J］．图书情报工作，2008，52（5）．

邓胜利，管弦．基于问答平台的用户健康信息获取意愿影响因素研究
　　［J］．情报科学，2016，34（11）．

段庆锋．我国科研人员在线学术社交模式实证研究：以科学网为例
　　［J］．情报杂志，2015（9）．

方洁，颜冬．全球视野下的"数据新闻"：理念与实践［J］．国际新
　　闻界，2013（6）．

郭恩强．报人之死：张季鸾逝世的遗体政治与集体记忆［J］．国际新
　　闻界，2015（12）．

郭恩强．多元阐释的"话语社群"：《大公报》与当代中国新闻界集体
　　记忆——以2002年《大公报》百年纪念活动为讨论中心［J］．新
　　闻大学，2014（3）．

郭可．当代对外传播［M］．上海：复旦大学出版社，2003．

郭羽，伊藤直哉．基于使用与满足理论的微信使用行为与效果研究
　　［J］．新闻界，2016（8）．

韩立新，刘洪亮，苏敏．"微信运动"互动功能对大学生的影响［J］．
　　青年记者，2017（29）．

韩巍．数据新闻与可视化报道：以财新传媒为例［J］．新闻与写作，
　　2014（4）．

韩晓宁，易新航，任甜甜，等．基于技术接受模型的传媒众筹支持意
　　向影响因素研究［J］．国际新闻界，2016（2）．

何徐麒．从符号学角度看"读图时代"［J］．新闻世界，2010（6）．

贺建平，王永芬，马灵燕．受难与国耻建构："重庆大轰炸"集体记
　　忆的媒介话语策略［J］．国际新闻界，2015（12）．

胡春阳．经由社交媒体的人际传播研究述评：以EBSCO传播学全文

数据库相关文献为样本 [J]. 新闻与传播研究，2015 (11).

胡明川. 网络图片新闻的三大发展趋势 [J]. 编辑之友，2009 (4).

胡翼青，张婧妍. 功能主义传播观批判：再论使用满足理论 [J]. 新闻大学，2016 (1).

胡正荣，唐晓芬，李继东. 新媒体前沿 [M]. 北京：社会科学文献出版社，2013.

贾新露，王曰芬. 学术社交网络的概念、特点及研究热点 [J]. 图书馆学研究，2016 (5).

江珊. 浅析网络图解新闻内容特征 [J]. 中国报业，2017 (2).

卡尔·霍夫兰，欧文·贾尼斯，哈罗德·凯利. 传播与劝服：关于态度转变的心理学研究 [M]. 张建中，李雪晴，曾苑，等译. 北京：中国人民大学出版社，2015.

凯利·莱特尔，朱利安·哈里斯，斯坦利·约翰逊. 全能记者必备：新闻采集、写作和编辑的基本技能 [M]. 宋铁军，译. 北京：中国人民大学出版社，2005.

匡文波. 基于技术接受模型的微信使用行为研究 [J]. 国际新闻界，2015，37 (10).

兰洁. 从图解新闻看可视化新闻创新：以人民网为例 [J]. 新闻战线，2018 (1).

乐晓磊. 媒体狂欢的多视角观察：中国媒体娱乐化趋势冷观热议 [J]. 新闻记者，2007 (4).

李红涛，黄顺铭. 传统再造与模范重塑：记者节话语中的历史书写与集体记忆 [J]. 国际新闻界，2015 (12).

李良荣. 西方新闻事业概论 [M]. 上海：复旦大学出版社，2006.

李玲丽，吴新年. 科研社交网络的发展现状及趋势分析 [J]. 图书馆学研究，2013 (1).

李文君. 大学生微信运动的使用心理研究 [J]. 传播与版权，2016 (12).

李希光. 新闻学核心 [M]. 广州：南方日报出版社，2002.

林聚任. 社会网络分析：理论、方法与应用 [M]. 北京：北京师范大学出版社，2009.

刘亚秋．"青春无悔"：一个社会记忆的建构过程［J］．社会学研究，2003（2）．

刘于思，杨莉明．记者的微博使用与职业群体社会资本：社会网络分析的视角［J］．新闻界，2013（21）．

陆亨．使用与满足：一个标签化的理论［J］．国际新闻界，2011（2）．

罗杰·福勒．语言学与小说［M］．於宁，徐平，昌切，译．重庆：重庆出版社，1991.

马克·波斯特．第二媒介时代［M］．范静哗，译．南京：南京大学出版社，2005.

马歇尔·麦克卢汉．理解媒介：论人的延伸［M］．何道宽，译．北京：商务印书馆，2000.

曼纽尔·卡斯特．网络社会的崛起［M］．夏铸九，王志弘，等译．北京：社会科学文献出版，2003.

梅琼林．解析新闻"娱乐化"倾向的成因［J］．当代传播，2006（1）．

潘霁．恢复人与技术的"活"关系：对使用与满足理论的反思［J］．国际新闻界，2016（9）．

潘曙雅，周炎炎．时政新闻微信推送的可视化传播：以财新"打虎"系列报道为例［J］．新闻与写作，2015（4）．

彭兰．"信息是美的"：大数据时代信息图表的价值及运用［J］．新闻记者，2013（6）．

彭兰．网络传播概论［M］．北京：中国人民大学出版社，2012.

皮埃尔·布迪厄，华康德．实践与反思：反思社会学导引［M］．李猛，李康，译．北京：中央编译出版社，1998.

邱均平，等．网络计量学［M］．北京：科学出版社，2010.

屈宝强．网络学术论坛中的科研合作行为及其反思：以"小木虫"学术论坛为例［J］．科技管理研究，2010（10）．

任悦．视觉传播概论［M］．北京：中国人民大学出版社，2008.

荣荣，柯慧玲．基于使用与满足理论的微信用户"点赞"行为动机研究［J］. 新闻界，2015（24）.

阮超男. 网络数据新闻的发展探析：以新浪图解天下为例［J］. 新闻世界，2014（12）.

沈阳，杨艳妮. 中国网络意见领袖社区迁移影响因素及路径分析［J］. 国际新闻界，2016（2）.

舒丽萍. 从财新网"数字说"看国内可视化新闻的生存之道［J］. 东南传播，2016（8）.

斯蒂芬·李特约翰，凯伦·福斯. 人类传播理论［M］. 史安斌，译. 北京：清华大学出版社，2009.

唐伶俐. 数据新闻在可视化传播中的应用［J］. 中国报业，2017（24）.

仝召娟，许鑫，钱佳轶. 基于关联数据的非遗数字资源聚合研究［J］. 图书情报工作，2014（21）.

托伊恩·A. 梵·迪克. 作为话语的新闻［M］. 曾庆香，译. 北京：华夏出版社，2003.

王斌. 从技术逻辑到实践逻辑：媒介演化的空间历程与媒介研究的空间转向［J］. 新闻与传播研究，2011（3）.

王贵刚. 图表新闻的阅读成本［J］. 新闻战线，2014（3）.

王洪伟，郭恺强，杜战其. 用户通过点评网站获取评论信息的使用意愿影响因素研究［J］. 情报科学，2015，33（12）.

王俊玮，吴三军. 读图时代的意义解码能力探讨［J］. 新闻界，2007（2）.

王秀丽，王天定. 数据新闻可视化设计的反思与创新路径：以2014"数据新闻奖"作品为例［J］. 新闻界，2015（9）.

王秀丽. 网络社区意见领袖影响机制研究：以社会化问答社区"知乎"为例［J］. 国际新闻界，2014（9）.

韦路，张明新. 网络知识对网络使用意向的影响：以大学生为例［J］. 新闻与传播研究，2008（1）.

温亮明，余波，张妍妍，等. 社交媒体用户信息共享影响因素模型构建［J］. 情报科学，2017，35（4）.

吴定海. 在浅阅读与深阅读的契合中寻求报纸的生存策略［J］. 新闻

记者，2010（5）.

吴明隆. 问卷统计分析实务——SPSS 操作与应用 [M]. 重庆：重庆大学出版社，2010.

夏德元. 图像转向：读图时代的内容产业困局与出路 [J]. 新闻记者，2015（7）.

冼晓露. 浅析新浪"图解"的数据新闻实践 [J]. 新闻世界，2014（12）.

徐美凤，叶继元. 学术虚拟社区知识共享研究综述 [J]. 图书情报工作，2011（13）.

徐腾飞，颜清华，彭兰. 信息图表助力科技类新闻的可视化报道 [J]. 新闻界，2013（16）.

徐腾飞，颜清华. 一张图表教你读懂"两会"：信息图表在媒体"两会"报道中的应用 [J]. 新闻界，2013（8）.

许伟. 基于社会网络的学科服务微博圈研究 [J]. 情报科学，2015（2）.

许向东. 互动式信息图表的应用及设计研究 [J]. 国际新闻界，2013（1）.

薛可，余明阳. 国家形象塑造中的媒体角色：以汶川地震报道为文本 [J]. 国际新闻界，2008（11）.

薛薇. 基于 SPSS 的数据分析 [M]. 北京：中国人民大学出版社，2014.

严宏伟. 微媒体舆论引导：策略·方法·案例 [M]. 北京：国家行政学院出版社，2013.

颜清华，徐腾飞，彭兰. 形式重构内容：信息图表在文化专题报道中的应用 [J]. 新闻界，2013（20）.

阳翼，宋鹤. 政务微信受众的"使用与满足"研究 [J]. 现代传播，2015（4）.

尹鸿，李彬. 全球化与大众传媒：冲突·融合·互动 [M]. 北京：清华大学出版社，2002.

于洋，刘骏瑶，彭兰. 信息图表在融合新闻报道中的运用：以"马航失联"事件为例［J］．新闻界，2014（13）．

袁文丽，赵春光．基于社交媒体用户迁移的微博价值分析［J］．编辑之友，2015（4）．

詹姆斯·凯瑞．作为文化的传播："媒介与社会"论文集［M］．丁未，译．北京：华夏出版社，2005．

张昆．国家形象传播［M］．上海：复旦大学出版社，2005．

张敏，罗梅芬，聂瑞，等．信息生态视域下移动健康信息消费行为分析：以健康可穿戴技术为例［J］．图书情报知识，2017（3）．

张敏，郑伟伟．基于信任的虚拟社区知识共享研究综述［J］．情报理论与实践，2015（3）．

张庆园．传播视野下的集体记忆建构［M］．北京：中国社会科学出版社，2016．

张信勇．LIWC：一种基于语词计量的文本分析工具［J］．西南民族大学学报（人文社会科学版），2015（4）．

张亚琼．大学生群体媒介使用需求动机研究：基于对高校微信平台关注度的调查［J］．中国报业，2016（16）．

张铮，于伯坤，李府桂，等．微信运动使用对健康行为的影响：基于计划行为理论分析［J］．新闻界，2017（6）．

赵芳．基于关联数据的网络社区学术资源聚合模式研究［J］．图书馆学研究，2016（10）．

赵杨，李露琪．国内外学术社交网络研究现状述评与思考［J］．情报资料工作，2016（6）．

赵英．政府电子公共服务系统的用户接受影响因素研究：基于成都市的实证分析［J］．四川大学学报（哲学社会科学版），2014（6）．

赵宇翔，朱庆华．博客接受模型：影响用户接受和更新博客的实证研究［J］．情报理论与实践，2009（4）．

赵远婕，苏晖阳．T2O电子商务模式中的电视用户采纳行为研究［J］．新闻界，2016（17）．

钟智锦，林淑金，温仪，等．内地网民情绪记忆中的香港澳门回归［J］．新闻与传播研究，2017（1）．

周亮. 语义网环境下数字图书馆的资源聚合模式研究 [J]. 图书馆界，2015（3）.

周咏缗. 大数据时代信息图表新闻的生存之道 [J]. 新闻界，2014（1）.

朱炳祥. 社会人类学 [M]. 武汉：武汉大学出版社，2009.

朱静雯，方爱华，刘坤锋. 移动阅读沉浸体验对用户黏性的影响研究 [J]. 编辑之友，2017（4）.

邹霞，谢金文. 移动新闻用户满意度的影响因素研究：基于上海五所高校学生的调查 [J]. 新闻大学，2017（5）.

AGARWAL R，PRASAD J. Are Individual Differences Germane to the Acceptance of New Information Technologies? [J]. Decision Sciences，1999（2）：361−391.

DAVIS F D，BAGOZZI R P，WARSHAW P R. User Acceptance of Computer Technology：A Comparison of Two Theoretical Models [J]. Management Science，1989（8）：982−1003.

GEFEN D，STRAUB D W. Gender Differences in the Perception and Use of E-Mail：An Extension to the Technology Acceptance Model [J]. Mis Quarterly，1997（4）：389−400.

JENG W，DESAUTELS S J，HE D，et al. Information Exchange on An Academic Social Networking Site：A Multidiscipline Comparison on Research Gate Q & A [C]. Association for Information Science and Technology，2017（3）：638−652.

后　记

　　《变迁与革新：传播格局演进下的媒体效果实证研究》一书历时一年多的写作，其间经过多次修改、润色，终于付梓了。这是由蒋晓丽教授主持的国家社会科学重点基金项目"传统媒体与新型媒体融合发展研究"、四川省社会科学规划文化产业专项课题重大项目"四川媒体融合与文化产业转型创新研究"的研究成果之一，也是蒋老师和四川大学网络与新媒体专业的博士生王迪、四川大学新闻学专业的博士生夏晓非、四川大学文化批评专业的博士生叶茂以及四川大学新闻学的硕士生方璘琰近年来围绕全媒体时代的传播效果进行研究的系统化总结。

　　近年来，传播技术不断革新，传播媒体不断演进，传播格局不断重塑，传播生态愈加复杂，这既是一个关乎媒体机构转型的行业性的问题，又是一个与塑造社会新面貌、谋求社会共同福祉相关的基础性问题。全媒体时代的传播效果研究应该围绕新型媒体不同的传播主体建构系统而规范的体系，这有利于新型媒体提升内容生产力与技术竞争力，在改革创新中掌握变革的主动权，在突破未来中赢取发展的话语权。

　　本书的特色之处在于，从新型媒体中的各种媒体形态入手，采用实证的研究方法，考察新型媒体在时下的传播效果和影响，以期扩大其传播力和影响力，为当下与未来的媒体发展实践提供参考。但在编写过程中，难免会有力不从心的时候，所幸研究团队全体成员都在尽最大努力对研究进行完善，同时本书的相关论证与业界实际存在一定的出入，若有未尽之处，且作抛砖引玉之用，希望读者能够在阅读过程中帮助我们不断修正和完善。

为了深入探究传播格局不断变化中的媒体效果，展开多角度、多元化的思考和研判，蒋晓丽教授组织了研究团队共同承担本书的编写工作。本书撰写人员的具体分工如下：绪论——王迪，第一章——王迪，第二章——夏晓非，第三章——方璘琰，第四章——叶茂，第五章——夏晓非。

感谢在编写过程中所参考、借鉴的大量学术专著、期刊论文，以及报纸与网站文章的作者们。虽然在对这些成果的使用过程中，笔者尽量通过脚注和参考文献的形式做到规范引用，但由于参编人员较多，引文、资料出处较多，在标注过程中难免有遗漏与不尽如人意之处，在此深表歉意并恳请海涵，同时希望诸君不吝赐教，以便今后修订时能逐一标明。

感谢给予本书大量支持的各位专家、同行与朋友们，感谢四川大学出版社徐燕老师、宋颖老师及其他编辑老师对本书所付出的辛勤劳动。